新媒体·新传播·新运营 系列丛书

U0683894

短视频运营与案例分析

| 微课版 | 第 2 版 |

乔陆◎主编

李旭东 王一方 陈静◎副主编

N e w   M e d i a

人民邮电出版社

北 京

图书在版编目（CIP）数据

短视频运营与案例分析 ：微课版 / 乔陆主编.
2版. -- 北京 ：人民邮电出版社，2025. --（新媒体·
新传播·新运营系列丛书）. -- ISBN 978-7-115-65295
-9

Ⅰ. F713.365.2

中国国家版本馆 CIP 数据核字第 2024VD3677 号

内 容 提 要

　　在新媒体时代，短视频已经成为重要的流量入口和营销渠道，而各类短视频平台成为商业营销和打造个人 IP 的重要阵地。本书通过案例系统地剖析了短视频运营的策略与方法，全书共分为 10 个项目，主要包括短视频概述、短视频运营定位、短视频内容策划、短视频团队组建、短视频拍摄、短视频后期剪辑、短视频引流"涨粉"、企业号运营、商业变现，以及短视频"达人"账号运营分析。

　　本书内容新颖，案例丰富，既适合作为高等职业院校电子商务类、市场营销类、新媒体类相关专业的教学用书，也可供短视频运营者、自媒体创业者及需要利用短视频营销的企业和个人阅读参考。

◆ 主　编　乔　陆
　　副 主 编　李旭东　王一方　陈　静
　　责任编辑　曹可可
　　责任印制　王　郁　胡　南

◆ 人民邮电出版社出版发行　　北京市丰台区成寿寺路 11 号
　　邮编　100164　　电子邮件　315@ptpress.com.cn
　　网址　https://www.ptpress.com.cn
　　固安县铭成印刷有限公司印刷

◆ 开本：787×1092　1/16
　　印张：13　　　　　　　　　　　2025 年 6 月第 2 版
　　字数：307 千字　　　　　　　　2025 年 8 月河北第 2 次印刷

定价：54.00 元

读者服务热线：（010）81055256　印装质量热线：（010）81055316
反盗版热线：（010）81055315

随着短视频的快速发展，当下各类短视频平台已经成为商业营销和打造个人 IP 的重要阵地，众多品牌企业和"网红"通过短视频实现了用户增长和变现，整个社会已经进入短视频时代。因此，企业或个人要与时俱进，抓住短视频流量风口。

短视频运营是指利用短视频平台进行产品宣传、营销与推广等一系列活动，通过策划与品牌相关的优质且具有高传播性的视频内容，向用户精准地推送信息，提升品牌或 IP 的知名度，从而充分利用"粉丝"经济达到相应的营销目的。

短视频运营是一个整体性的系统化工作，如果不懂短视频运营技巧，即使付出很多精力和成本拍摄短视频，观看者往往也寥寥无几，"涨粉"、变现更是无从谈起。因此，如何在激烈的竞争中脱颖而出，抢占短视频流量红利，是每个短视频运营者必须关注的问题。

为了帮助读者更好地进行短视频策划、创作与运营，编者特意编写了《短视频运营与案例分析（微课版）》图书，其受到了广大师生与读者的好评。但短视频行业日新月异，当前短视频行业需要更多具有前瞻性、技术性、创新性的短视频创作与运营人才。为了紧跟时代的发展，我们立足新发展阶段，贯彻新发展理念，在深刻了解短视频行业新发展情况的基础上，对《短视频运营与案例分析（微课版）》的内容进行了修订。

本次主要修订的内容如下。

• 根据短视频行业的发展变化，对第 1 版主体内容进行了部分调整，并对第 1 版中比较陈旧的数据和案例进行了全面更新，内容更新颖，案例更丰富，更能体现当前市场环境下短视频运营工作的特点。

• 将全书体例调整为项目任务式，每个项目下包含若干个具体的任务，最后通过项目实训的形式让学生将所学知识应用于实践，让学生在教中学，在学中做，增强学生应用所学知识进行实践的能力。

• 本书以立德树人为根本任务，新增了"素养目标"和"素养课堂"等板块，致力于跟上新时代发展的步伐，培养高素质、重应用、善创新、强能力的应用型人才。

与第 1 版相比，本版的内容更加新颖，与时俱进，更注重理论与实践的结合，突出时代性、实用性和科学性，更有利于教师的课堂教学和学生对知识的吸收。

本书提供了丰富的立体化教学资源，包括微课视频、PPT 课件、教学大纲、教案、课程标准、案例素材等，教师可以登录人邮教育社区（www.ryjiaoyu.com）搜索本书书名下载获取。

本书由乔陆担任主编，由李旭东、王一方、陈静担任副主编。由于编者水平有限，书中难免存在疏漏之处，恳请广大读者批评指正。

编　者
2024 年 4 月

目录

项目一
走进短视频，抓住新媒体时代流量风口

知识目标

➢ 了解短视频的特点与发展历程。
➢ 掌握爆款短视频的必备要素。
➢ 了解短视频快速发展的原因。
➢ 了解短视频平台的主要类型。

能力目标

➢ 能够提炼出爆款短视频的必备要素。
➢ 能够识别短视频平台的类型。

素养目标

➢ 响应国家创新驱动发展战略，推进短视频行业健康发展。
➢ 在短视频创作中弘扬工匠精神，培养精品意识。

2016 年被称为"短视频元年"，在接下来的几年时间里，短视频行业迅速发展，互联网巨头纷纷进入短视频行业。截至 2023 年 12 月，全网短视频账号总数达 15.5 亿个，主要短视频平台日均短视频更新量近 8000 万条，短视频用户的黏性很强，人均单日使用时长达到 151 分钟。短视频行业的市场竞争格局趋于稳定，内容创作更加精细化，商业变现模式也逐渐成熟。如何快速抓住短视频红利，是很多短视频从业者关注的焦点。

任务一　认识短视频

短视频是一种继文字、图片、传统视频之后新兴的互联网内容传播形式，它融合了文字、语音和视频，可以更加直观、立体地满足用户表达和沟通的需求，满足用户之间展示与分享信息的诉求。短视频是指视频长度以"秒"计数，主要依托移动智能终端实现快速拍摄和美化编辑，可以在社交媒体平台实现实时分享的一种新型媒体传播形式。

当前，短视频行业正在快速发展，用户数量持续增长、行业规模持续扩大、社会影响力持续增强，已经成为移动互联网产业的重要组成部分。抖音、快手等头部短视频平台在下载量、排行榜和应用市场评论数等维度均体现出强大的竞争力，近年来，随着微信视频号的异军突起，短视频平台格局逐步从"两强领跑"发展为"三足鼎立"之势，其他短视频平台（如央视频、西瓜视频、腾讯微视、好看视频等）也都基于各自定位和特色，在垂直细分领域持续深耕。

一、短视频的特点

短视频与传统视频相比，主要以"短"见长，其主要特点如下。

1. 短小精悍，内容丰富

短视频的时长一般为15秒到5分钟，短视频的内容融合了技能分享、幽默娱乐、时尚潮流、社会热点、街头采访、公益教育、广告创意、商业定制等。短视频短小精悍，内容丰富，题材多样，灵动有趣，娱乐性强，注重在开始3秒内吸引用户，视频节奏快，内容紧凑，符合用户碎片化阅读的习惯。

2. 使用门槛低，生产流程简单

相较于传统视频，短视频大大降低了生产和传播的门槛，实现了生产流程简单化，甚至创作者利用一部手机就可以完成拍摄、制作、上传与分享。目前主流的短视频App，大都具有一键添加滤镜和特效等功能，且各种功能简单易学，使用门槛低。

3. 富有创意，极具个性化

短视频的内容更加丰富，表现形式也更加多元化，更符合"90后"和"00后"个性化和多元化的审美需求。用户可以运用充满个性和创造力的制作和剪辑手法创作出精美、震撼的短视频，以此来表达个人想法和创意。例如，运用比较动感的节奏，或者加入幽默的内容，或者进行解说和评论等，让短视频变得更加新颖。

4. 传播迅速，交互性强

短视频的传播门槛低，渠道多样，容易实现裂变式传播与熟人间传播。用户能轻松实现在平台上分享自己制作的视频，以及观看、评论、点赞他人的视频。丰富的传播渠道和方式使短视频传播的力度大、范围广、交互性强。

5. 观点鲜明，信息接受度高

在快节奏的生活方式下，大多数人在获取日常信息时习惯追求"短、平、快"的消费方式。短视频传播的信息观点鲜明、内容集中、言简意赅，容易被用户理解与接受。

6. 目标精准，触发营销效应

与其他营销方式相比，短视频营销可以准确地找到目标用户，实现精准营销。短视频平台通常会设置搜索框，对搜索引擎进行优化，而用户一般会在平台上搜索关键词，这一行为使短视频营销更加精准。

用户在"刷"短视频时经常会"刷"到广告，甚至部分短视频的播放页面中还有添加商品到购物车的链接，这便是短视频触发的营销效应，很多广告商都会通过和短视频平台合作来推销产品或者宣传品牌。

二、短视频的发展历程

在 2004 年到 2011 年长达 8 年的时间里，随着搜狐、乐视、优酷、爱奇艺等视频网站的成立及用户流量的持续增加，全民逐渐进入网络视频时代。

2011 年以后，伴随着移动互联网终端的普及和网络的提速，以及流量资费的降低，更加贴合用户碎片化内容消费需求的短视频凭借着"短、平、快"的内容传播优势，迅速获得了包括各大内容平台、用户，以及资本等多方的支持与青睐。

自 2013 年新浪微博推出"秒拍"，短视频在我国互联网的土壤上开始快速成长。2016 年，"短视频元年"开启，自此短视频进入蓬勃发展阶段。2018 年，短视频内容爆发式增长，整个行业欣欣向荣；2020 年 3 月，短视频用户规模已达 7.73 亿人。各互联网巨头都将短视频提到了核心战略地位，强势投入重金与资源来推动平台用户增长。

2020 年，腾讯上线微信视频号，放在微信的"发现"页面，位于"朋友圈"入口的下方。微信视频号内容以图片和视频为主，可以发布时长不超过 1 分钟的视频，或者不超过 9 张的图片，还能带上文字和公众号文章链接，而且不需要进入 PC 端，可以直接在手机上发布。微信视频号支持用户通过点赞、评论进行互动，也支持转发到微信朋友圈、聊天场景，与好友分享。随着微信视频号的快速发展，其已经成为短视频行业中非常重要的一个平台。

总体来说，短视频经历了萌芽期、探索期、成长期、成熟期和新常态期 5 个发展阶段。

1. 萌芽期：短视频初露锋芒（2004—2010 年）

短视频的源头有两个，一个是视频网站，另一个是短的影视节目，如短片、微电影，后者出现的时间比前者早。2004 年，我国首家专业的视频网站——乐视网成立，拉开了我国视频网站的序幕。2005 年，美国的视频分享网站 YouTube、Viddy 等备受用户欢迎，其发展经验和成功模式也引起了我国互联网企业的效仿，土豆网、56 网、激动网、PPTV 等相继上线，成为我国视频网站群体发展初期的主要成员。

视频网站在国内刚兴起时，就以用户上传分享的短视频见长，例如，2006 年年初，《一个馒头引发的血案》引发了广泛关注。但在 PC 互联网时代，视频网站的内容仍以传统电视传媒的内容为主，而短视频还只是补充。进入移动互联网时代之后，短视频才得到发展。

2. 探索期：各类短视频平台崛起（2011—2015 年）

随着移动互联网时代的到来，信息传播的碎片化和内容制作的低门槛促进了短视频的发展。2011 年 3 月，北京快手科技有限公司推出一款叫"GIF 快手"的产品，用来制作、分享 GIF 图片。2012 年 11 月，"GIF 快手"转型为短视频社区，改名为"快手"，但一开始并没有得到特别多的关注。2014 年，随着智能手机的普及，短视频的拍摄与制作更加便捷，智能手机成为拍摄视频的利器，人们可以随时随地拍摄与制作短视频。

伴随着无线网络技术的成熟，人们通过手机拍摄、分享短视频成为一种流行文化。2014 年，美拍、秒拍迅速崛起。2015 年，快手也迎来了用户数量的大规模增长。

短视频的特点不只是时长短，更重要的是其生产模式由专业生产内容（Professional Generated Content，PGC）转向了用户生成内容（User Generated Content，UGC），这无疑让短视频的产量随之剧增，各类短视频平台也如雨后春笋般纷纷涌现。

3．成长期：短视频行业井喷式发展（2016—2017 年）

2016 年是短视频行业迎来井喷式发展的一年，各大公司合力完成了超过 30 笔的资金运作，短视频市场的融资金额更是高达 50 多亿元。随着资本的涌入，各类短视频 App 数量激增，用户的媒介使用习惯也逐渐形成，平台和用户对优质内容的需求不断增大。

2016 年 9 月，抖音上线，其最初是一个面向年轻人的音乐短视频社区，到了 2017 年，抖音进入迅速发展期；而快手在 2017 年 11 月的日活跃用户数超过 1 亿人。

伴随着更多独具特色的短视频 App 的出现，短视频创作者逐渐增多，短视频市场开始向精细化和垂直化发展。此时，主打新闻资讯的短视频平台开始出现，如南瓜视业、我们视频、箭厂等。

在短视频的成长期，内容价值成为支撑短视频行业持续发展的主要动力。

4．成熟期：短视频行业探索多元化商业模式（2018—2019 年）

从这一时期开始，短视频行业的市场格局渐趋稳定，一些较小的短视频平台消失，市场集中度逐渐提高，头部平台的话语权逐渐增大。在这个阶段，短视频行业也开始探索多元化的商业模式，如广告、知识付费、直播电商等。

随着 5G 的发展和增强现实（Augmented Reality，AR）技术、虚拟现实（Virtual Reality，VR）技术、无人机拍摄、全景技术等的日益成熟及广泛应用，短视频为用户带来越来越好的视觉体验，有力地促进了短视频行业的发展。

与此同时，"短视频+"的模式备受瞩目；短视频"变长"、长视频"变短"成为各视频平台探索的新方向，以抖音、快手为首的短视频平台开始进军长视频领域，以优酷、爱奇艺、腾讯视频为首的长视频平台开始开拓新的短视频模式——短视频剧，这种模式做到了视频的长短平衡，时长虽然短，但是内容完整。

5．新常态期：短视频行业迎来新的发展机遇（2020 年至今）

2020 年，观看短视频的用户数、用户在线时长都在持续增加，同时越来越多的商家将线下的生意搬到线上，短视频行业迎来了新的发展机遇。而微信视频号的诞生再次降低了短视频创作门槛，开启了"人人都是短视频创作者"的时代。

这一阶段最明显的发展趋势是短视频与直播的相互融合。短视频与直播融合具有重要意义，主要体现在以下几个方面。

- 提供多元化和丰富的内容形式，将直播和录播的优势结合起来。
- 增强互动性和参与感，在直播过程中采集用户的实时反馈和互动信息，同时通过短视频的分享传播扩大影响范围，增强了用户在内容创作中的参与感。

- 增强内容的传播力和影响力，直播的实时性和真实性，以及短视频的紧凑节奏和创意表达，使内容更易于传播和分享，同时融合后的媒体形式也更容易在社交媒体等平台上引发用户的关注和讨论，提升内容的影响力和传播效果。
- 满足用户需求和消费习惯的变化，将直播与短视频融合可以更好地结合信息的即时性，使内容形式更符合用户的浏览需要。

三、爆款短视频的必备要素

优质的短视频必定是主题鲜明、内容有价值的作品。通常来说，要想打造出爆款短视频，需要具备以下要素。

1. 创意标题

奥格威在《一个广告人的自白》中提到，用户是否会打开文案，80%取决于标题。同样，对短视频来说，标题也是最先给用户留下印象的，标题是否有创意、是否吸引人是用户是否观看短视频的关键，因此短视频的标题是影响短视频播放率的重要因素。具有创意的标题不仅能够提高短视频的播放率，还能吸引用户关注账号。

2. 优质的内容

在这个"内容为王"的时代，优质的内容才是竞争的核心要素。能够吸引用户观看的短视频通常具有两个特点，一是用户能够从中获取有价值的内容，二是用户能够从中获得情感共鸣。

3. 背景音乐

在制作短视频的过程中，要准确把握短视频背景音乐的节奏感。背景音乐决定着短视频的整体风格，短视频通过视听结合来呈现内容，而背景音乐作为"听"的元素，能够增强短视频向用户传递信息的效果。

4. 画面清晰

视频的画质决定着用户观看视频的体验感。清晰的视频画面能够给用户带来视觉上的享受，从而获得更多用户的关注。很多受欢迎的短视频，其画质很高。画面的清晰度一方面取决于拍摄硬件，另一方面也取决于视频编辑工具。

5. 精雕细琢

多方面优化短视频能够提升短视频的整体价值，专业的短视频创作团队会在编剧、表演、拍摄和后期制作等方面精雕细琢，从而打造出颇具创意、与众不同、更有市场竞争力的短视频作品。

素养课堂

在短视频创作中，精品意识的培养至关重要。精品意识也是质量第一的意识，这是一种积极向上的工作态度和精神追求，是推动创作者不断提升创作质量、追求卓越的重要动力。在新时代背景下，创作者要弘扬工匠精神，培养精品意识，以胸怀大我的境界、超越自我的追求、"建功有我"的担当，在高质量发展的时代浪潮中发挥自己的价值。

四、短视频快速发展的原因

短视频之所以能够获得"快生长"，是因为其契合用户对内容消费的需求，短视频的传播方式极大地适应了用户碎片化的生活方式。同时，短视频制作的低门槛也让更多的用户参与其中，许多短视频用户同时也是短视频的创作者，这极大地释放了短视频的生产力。此外，网络通信技术与推荐算法能够精准定位用户群体，迅速提升短视频的曝光率。这些都有力地推动了短视频的蓬勃发展。

1. 符合用户对内容消费的需求

用户对内容消费的需求可以细分为 4 个方面，即快餐化消费、寻求消费指导、获取新闻资讯、进行深度阅读，而短视频恰好契合了用户对内容消费的细分需求。

（1）快餐化消费

短视频能让用户充分利用碎片化时间直观、生动、便捷地获取信息，降低了用户获取信息的时间成本，这种快餐化消费更符合现代人的消费习惯。在移动互联网时代，短视频以短小精悍、生动有趣的特点，迅速赢得了广大用户的喜爱，从而得以飞速发展。

（2）寻求消费指导

现在人们不管做什么、买什么，不是仅依靠搜索引擎寻找指导和攻略，还可以从短视频平台搜寻信息，在吃、穿、住、行各个方面寻求消费指导。例如，通过美食类短视频学习各种美食的制作技巧；通过时尚类短视频学习穿衣打扮，提升个人形象和魅力；等等。利用短视频，用户可以对一些产品的基本信息、优惠信息及购买价值等有一个基本的了解，从而决定是否消费。

（3）获取新闻资讯

对新闻资讯的需求几乎是所有用户的需求，移动端上包含新闻资讯的内容形式有文字、图片、短视频和直播，与其他 2 种内容形式相比，短视频和直播不仅直观、明了，而且更加生动。

（4）进行深度阅读

知识内容视频化同样是用户的需求，一些用户观看短视频并不只是为了娱乐消遣，而是想通过深度学习来提升自我。

目前短视频内容同质化严重，造成了用户不同程度的审美疲劳，用户不满足于单纯的娱乐消费，还希望通过短视频获得有深度、有价值的内容，因此能够满足这种深度学习需求的知识类短视频越来越多。例如，知乎作为头部知识内容社区，专门上线了短视频专区，以满足用户对深度学习及碎片化学习的需求。

2. 互联网技术的助推

除短视频内容契合用户的消费需求外，网络通信技术与推荐算法也是助推短视频发展的重要因素。

（1）移动互联网通信技术

在互联网时代，短视频是一个顺应时代的产物，它符合互联网表达方式的演进规律，其迅猛发展的技术基础是移动互联网通信技术的发展。移动互联网通信技术的升级可以不断丰富沟通的方式，让沟通双方建立更好的沟通场景。

（2）推荐算法

推荐算法即通过一些数学算法，推测出用户可能喜欢的内容。机器在推荐之前会对用户画像和用户行为进行分析，准确判断用户的喜好，然后选出用户可能感兴趣的内容。

利用推荐算法进行个性化推荐是短视频平台的核心竞争力，可以提升用户的沉浸感。假如推荐算法不够成熟，难以形成精准的用户画像，在为用户匹配内容时就会出现偏差，会推送不恰当的内容，影响用户在观看短视频过程中的沉浸感，不利于增强用户的黏性。

任务二　短视频平台的主要类型

在激烈的竞争环境下，各类短视频平台都在寻找自己的生存模式，差异化竞争成为各自突围的战略。目前，短视频平台大致可以分为三种类型，分别为工具类短视频平台、资讯传播类短视频平台和社区类短视频平台。实际上不少短视频平台在类型划分上可能会出现交叉，并非只属于某一类型，此处只是依据短视频平台在应用商店的类别、自带的标签及风格等来划分。

一、工具类短视频平台

工具类短视频平台主要是指侧重于满足用户制作短视频需求的工具类平台，如小影、剪映、快影、必剪、秒剪、快剪辑、花瓣剪辑等。这类平台通过提供手机录制、逐帧剪辑、电影滤镜、字幕配音等功能，降低了短视频制作的门槛，让非专业人员也能利用手机剪辑出较高水准的短视频作品。

虽然现在大多数短视频 App 自带基本的剪辑功能和特效玩法，但工具型 App 由于功能强大、界面简洁，对有需求的群体依然有十分重要的作用。

二、资讯传播类短视频平台

资讯传播类短视频平台主要是指侧重于传递有价值的新闻，满足用户发现新鲜事物需求的资讯类平台。短视频作为新闻、资讯传播的方式之一，是早已被行业认可的，早在短视频火爆之前，各新闻客户端就已经开设了短视频专栏。与静态的报道相比，资讯类短视频能够更好地还原现场、解释信息、传递信息。如梨视频，梨视频拥有专业的新闻生产制作团队，以特有的新闻敏锐度，着眼于资讯类短视频这一空白领域，实施差异化竞争。梨视频建立内容收集体系，强化了 PGC 和 UGC 的结合，打造了"全球拍客计划"，通过付费征集的方式吸引用户提供原始素材，使内容更真实、更全面。梨视频还设有专业的编导团队对拍客提供的所有素材进行精选、精修，在保证内容领域广泛的同时，坚持追求高品质。

三、社区类短视频平台

社区类短视频平台主要指侧重于满足用户社交需求的视频平台，以快手、抖音等为代表，通过互动式创作分享，营造浓郁的社交氛围，吸引高黏性用户。这类平台的行业市场占有率最高，引流能力十分明显。

　　社区类短视频平台主打社交属性，以抖音为例，其以"记录美好生活"为定位，鼓励表达、沟通和记录，激发创造，丰富人们的精神世界，让现实生活更美好。抖音上线于 2016 年，一开始的定位是年轻人喜爱的音乐短视频平台，主要提供潮流、时尚、个性的短视频，搭配流行音乐，用快节奏的内容吸引年轻人观看和传播。

　　随着抖音的快速发展，其定位发生转变，增加了社交属性，用户可以通过抖音分享自己的生活，用户可以在这里结识更多的朋友，抖音之后还强化了聊天功能，用户可通过增加聊天时间和提高聊天频率来提升聊天小火苗标识的等级，并添加了视频通话、一起看、一起玩、默契问答等功能，旨在增强用户的社交黏性。

项目实训：浏览并分析短视频的内容特征

1. 实训目标

分析短视频的内容特征。

2. 实训内容

请下载几个具有代表性的短视频 App 并使用，然后分析这些 App 的内容特征。

3. 实训步骤

（1）分析短视频的内容特征

在应用商店下载热门的短视频 App，浏览其热门短视频，分析这些短视频的内容具备哪些特征。

（2）分析热门视频的爆款要素

浏览若干热门短视频以后，请总结热门短视频成为爆款的原因，以及它们都具备哪些吸引用户关注的要素。

4. 实训总结

自我总结	
教师总结	

项目二
运营定位，明确短视频运营方向

知识目标

➤ 了解运营短视频账号的目的。

➤ 掌握短视频用户需求定位的方法。

➤ 了解短视频常见的内容类型与表现形式。

➤ 掌握竞品分析的主要内容与人员选择方法。

➤ 掌握短视频账号的设置技巧。

能力目标

➤ 能够明确短视频运营目的并定位用户需求。

➤ 能够进行短视频内容类型与表现形式定位。

➤ 能够通过竞品分析准确找到自身定位。

➤ 能够设置账号名、账号头像，撰写账号简介。

素养目标

➤ 推进乡村文化创新，重塑乡土文化，涵养乡风文明，繁荣文化产业。

➤ 将中华优秀传统文化与视频创作结合起来，用情用力讲好中国故事。

　　随着短视频的火爆发展，短视频领域的竞争越来越激烈，短视频创作者要想在激烈的市场竞争中获得一席之地，就必须做好短视频账号的运营定位工作。运营定位关乎账号的生死存亡，做好运营定位才能找准短视频运营的方向，才能让后续的运营工作事半功倍。

任务一　运营短视频账号的目的

　　确定合适的目标是成功的前提，有了目标，才有前行的方向，才有达成目标的动力。要想做好短视频运营，创作者首先要明确运营短视频账号的目的，这样才能让后续的运营做到有的放矢。

一、品牌营销

　　企业运营短视频账号的目的多是进行品牌营销，扩大品牌的影响力。具体来说，企业通过短视频进行品牌营销的目的又可以细分为以下4种。

1. 提升品牌知名度

　　企业要想在竞争激烈的市场中占有一席之地，除要拥有核心竞争力外，还要善于营销，对品牌进行多渠道曝光，以提升品牌的知名度、扩大品牌的影响力。短视频具有成本低、制作简单、传播迅速等特点，是企业进行品牌宣传、提升知名度的有效渠道之一。

　　王小卤在2020年初以一款卤味虎皮凤爪入驻抖音，仅用6个月就成为天猫鸡肉零食类目销售量之首。王小卤的做法简单、直接又高效——基于抖音内容推荐逻辑，用不断更新的优质内容带来源源不断的优质流量，并最终形成叠加效应。即使到了2023年，王小卤的发展也非常不错。在备受瞩目的2023年度超级单品评选中，王小卤凭借其单品虎皮凤爪从激烈的评选竞争中脱颖而出，一举斩获"年度超级单品"和"年度品类超级单品"两项大奖。

　　王小卤致力于打造虎皮凤爪专家形象和有趣的品牌调性，通过多元化、创新性的品牌营销策略，以大剧营销、跨界联名、创意广告营销等形式深耕内容营销新通路，实现"花式破圈"。例如，2023年"双十一"至"年货节"期间，王小卤与国民度较高的动漫IP"奶龙"开展跨界联名营销，积极探索内容营销的新通路，实现了品牌影响力与销售转化力的双提升，强势闯入消费者视野，赋能销售转化。图2-1所示为抖音账号"奶龙"发布的与王小卤联名合作的短视频。

图2-1　王小卤与"奶龙"联名合作的短视频

2. 保持品牌热度

在当前竞争激烈的市场环境中，即使品牌已经在市场中有了一定的影响力，也需要时常在大众面前展露自己，以保持品牌热度，否则很容易被大众遗忘。因此，企业要善于通过各种渠道进行品牌宣传，而短视频是必不可少的一个宣传渠道。

对企业来说，除可以在短视频平台上投放信息流广告进行广告营销外，还可以在短视频平台上注册官方账号，将短视频营销日常化，加强品牌与用户的互动，在各大短视频平台上培养忠实"粉丝"，打造私域流量池，积累长期营销的资本。

例如，支付宝在抖音上注册了企业号"支付宝"，该账号经常发布一些讲解支付宝新功能、展示支付宝企业员工工作日常、阐释支付宝企业经营理念、展示支付宝获得的成就及举办的活动的短视频。借助短视频这种轻松、充满互动的方式，支付宝拉近了与用户之间的心理距离，强化了用户对支付宝品牌的认知，有利于保持支付宝品牌热度。图 2-2 所示为支付宝企业号账号主页，图 2-3 所示为该账号发布的一条展示支付宝蚂蚁森林"春季压沙"的短视频，彰显了企业的公益理念。

图 2-2　支付宝企业号账号主页

图 2-3　展示蚂蚁森林"春季压沙"的短视频

3. 推广新品

企业不仅可以借助短视频与用户进行互动，保持品牌在市场中的热度，还能借助短视频推广新上市的商品。例如，在推出新品风衣羽绒服时，波司登邀请了众多名人开设"达人"专场，同时发起"定制风羽时刻，趣味贴纸挑战赛"活动，用大量与"达人"相关的短视频强调风衣羽绒服"显瘦"这个特性，又迅速上线"什么是对降温的基本尊重"等话题，引发了大量目标人群关注波司登羽绒服，并进入其直播间。这场关于风衣羽绒服的主题活动在 5 天内全网曝光量达 7.5 亿次，品牌总销售额高达 8400 万元。

4. 打造品牌新形象

随着新媒体的发展，品牌营销的方式和内容也早已发生了变化。在当前的市场环境中，企业更加注重营销过程中品牌与用户的互动性。在新的营销环境中，对一些历史悠久的企业来说，如果仍然只是采用过去传统的营销方式开展营销活动，忽视在营销过程中与用户进行互动，则容易导致品牌和用户之间的距离越来越远，且无法吸引年轻一代用户对品牌的关注，进而导致用户群体出现断层。

因此，这些企业要想刷新用户对自己的认知，改变自身在用户心中的形象，就要调整品牌营销策略，充分运用各类新媒体，加强品牌与用户之间的互动，拉近与用户之间的距离，从而在用户心中树立新的形象。

无论是在当下，还是在未来，年轻群体的消费能力都是不容小觑的，一个企业要想在未来把握市场，就应该积极地向年轻群体靠近，采取他们喜欢的方式来开展营销活动，进而吸引他们的关注。

二、展示自我

有些人运营短视频账号是为了借助短视频平台展示自我，将自己打造成某个领域的"达人"（"达人"是一种网络用语，是指在某一领域非常专业、出类拔萃的人物，指对某方面很精通的人，即某方面的高手）。目前，在短视频平台上，常见的"达人"类型有以下5种。

- 才艺型"达人"：拥有唱歌、跳舞、绘画、制作美食、特效制作等才艺。
- 搞笑型"达人"：借助幽默、搞笑的剧情或表演娱乐大众。
- 情感型"达人"：善于洞察人的心理，通过剧情演绎、心理解读等方式抒发情感，引起用户情感共鸣。
- 专家型"达人"：通过向大众分享某些领域的专业知识、资讯等树立自己的专家形象。
- 非真人"达人"：可爱的动物或者是动画形象等。

创作者如果想要在短视频平台将自己打造成某领域的"达人"，就要根据自身条件，从自己擅长的领域切入，这样更容易成功。例如，账号"皮皮（教做菜）"的运营者擅长制作各种菜肴，他在抖音上发布制作各种菜肴的短视频，吸引了众多"粉丝"的关注。图 2-4 所示为"皮皮（教做菜）"的账号主页，图 2-5 所示为该账号发布的制作菜肴的短视频。

图 2-4 "皮皮（教做菜）"账号主页

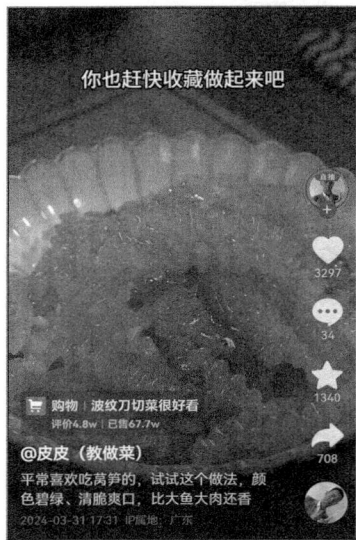

图 2-5 制作菜肴的短视频

三、销售商品

短视频的火爆发展不仅为普通用户提供了展示自我的平台，为企业提供了新的营销渠道，还有效地推动了电子商务的发展。

目前，很多短视频平台设置了购物车功能，创作者可以在短视频中添加商品链接来销售商品。凭借巨大的流量和极低的成本，很多创作者将短视频作为一个强大的商品销售渠道。

以快手平台为例，该平台上就有很多以销售商品为主要目的的短视频账号。例如，"芈姐在广州开服装工厂"这个账号就是一个纯粹的"带货"类账号，该账号发布的大多数短视频的内容是在推销商品。图 2-6 所示为"芈姐在广州开服装工厂"账号主页，图 2-7 所示为该账号发布的部分短视频。

图 2-6 "芈姐在广州开服装工厂"账号主页

图 2-7 发布的部分短视频

任务二 用户需求定位

要想做好精准定位，创作者需要对用户进行分析，首先应明确目标用户，简单来说就是拍摄的短视频是给"谁"看的。这个"谁"包含两层意思，第一层意思是视频的观众，第二层意思是潜在的用户。然后找出目标用户到底需要什么、最想得到什么，挖掘用户痛点，掌握用户的真实需求，这样才能拍出能传递价值信息的短视频，得到目标用户的认可，进而打造爆款短视频。

一、勾勒用户群体画像

不同的短视频账号，针对的目标用户是不同的，这时就需要绘制用户画像。美食、职场、旅游、才艺、美妆、萌宠等各个垂直领域都有其受众群体，短视频创作者要分析出自己品牌或 IP 的受众群体，锁定目标用户群，提炼其主要需求。以抖音为例，男性用户对游戏、汽车的偏好度较高，女性用户对美妆、母婴、穿搭的偏好度较高；"00 后"对电子产品、时尚穿搭的偏好度较高，"90 后"对影视、母婴、美食的偏好度较高，"80 后"对汽车、母婴、美食的偏好度较高；等等。

要想打造爆款短视频，就要使短视频的内容有针对性地迎合目标用户群的偏好，更快、更有效地吸引他们的目光，增加短视频的点赞数和播放量。通过绘制用户画像，短视频创作者能够更好地了解用户偏好，挖掘用户需求，从而锁定目标用户群，实现精准定位。

短视频用户画像的形成步骤如下。

1. 数据分类

确定短视频用户画像的第一步是对用户信息数据进行分类。用户信息数据分为静态信息数据和动态信息数据两大类。其中，静态信息数据是构成用户画像的基本框架，展现的是用户的固有属性，一般包含社会属性、商业属性、心理属性等信息。对这些信息，只需选取符合需求的即可。动态信息数据是指用户的网络行为数据，如消费属性、社交属性等。在选择这类信息时，也要符合短视频的内容定位。

具体来说，用户信息数据分类如图 2-8 所示。

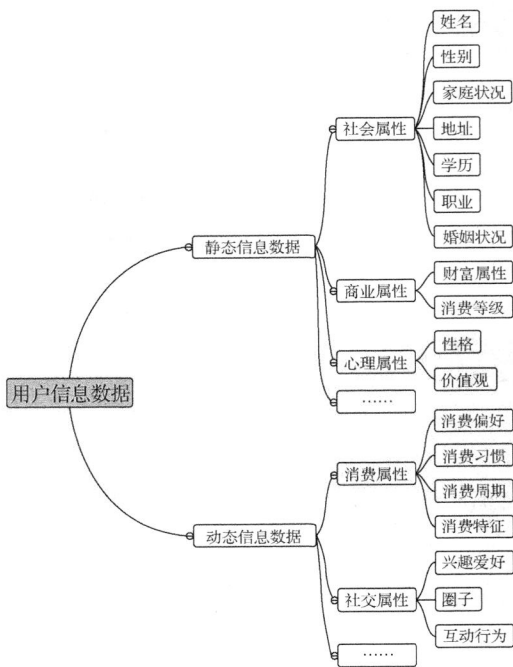

图 2-8　用户信息数据分类

2. 确定使用场景

只了解用户信息数据的分类，还不能形成对用户的全面了解，只有将用户信息数据融入一定的使用场景中，才能更加具体地体会用户的感受，还原真实的用户形象。采用 5W1H 法可以确定用户使用场景。5W1H 法的要素及其含义如表 2-1 所示。

表 2-1　5W1H 法的要素及其含义

要素	含义
Who	短视频的用户
When	观看短视频的时间
Where	观看短视频的地点

续表

要素	含义
What	观看什么类型的短视频
Why	网络行为背后的动机，如关注、点赞或分享等行为
How	将用户的动态和静态使用场景结合，洞察用户使用的具体场景

3. 设计沟通模板

要提前准备好沟通模板，以防止调查访问时措辞不当或者提问顺序的变化对用户造成影响，导致研究结论出现偏差。沟通模板要根据用户动态信息数据和用户使用场景来设计，同时，还要确保能获得自身期待获取的信息。

沟通模板一般包括以下内容：常用的短视频平台、使用频率、活跃时间段、周活跃时长、使用的地点、感兴趣的话题、什么情况下关注账号、什么情况下点赞、什么情况下评论、什么情况下取消关注等。

广告界传奇人物奥格威认为，假如让用户刻意回答对某个产品的看法，他们很可能无法解释清楚。在进行短视频深度访谈时，用户同样会遇到这种情况。例如，当问用户对某条短视频的感受，或者为何关注某个短视频账号时，他们很可能无法明确地说出答案。因此，短视频创作者要学会扮演倾听者的角色，在用户讲述时认真地倾听，以摸清他们在做出某个决定时的心态，找到用户为短视频点赞、转发，以及关注短视频账号的深层原因。

4. 获取用户信息数据

要想获得用户信息数据，就需要统计和分析大量样本。因用户基本信息的重合度较高，为了节省时间与精力，短视频创作者可以通过从相关服务网站获取的竞品账号数据来获取用户的静态信息数据。

蝉妈妈是国内知名的抖音和小红书数据分析服务平台，致力于帮助国内众多"达人"、机构、品牌和商家通过大数据精准营销。下面以面部护理领域为例，介绍如何在蝉妈妈通过分析竞品账号数据来获取用户的静态信息数据，方法如下。

步骤01 打开蝉妈妈网站，注册并登录后，即可获得 3 天会员试用资格。在页面上方选择"达人"选项卡，单击"达人库"，如图 2-9 所示。

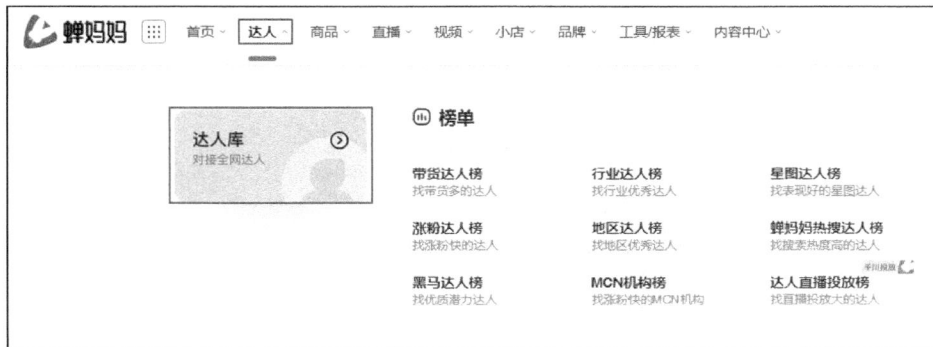

图 2-9　单击"达人库"

步骤02 进入"达人库"页面，单击"带货分类"中的"美妆护肤"，在弹出的列表

框中选择"护肤品"|"面部护肤"选项，如图 2-10 所示。此时，即可查看所有与面部护肤相关的抖音短视频"达人"账号。

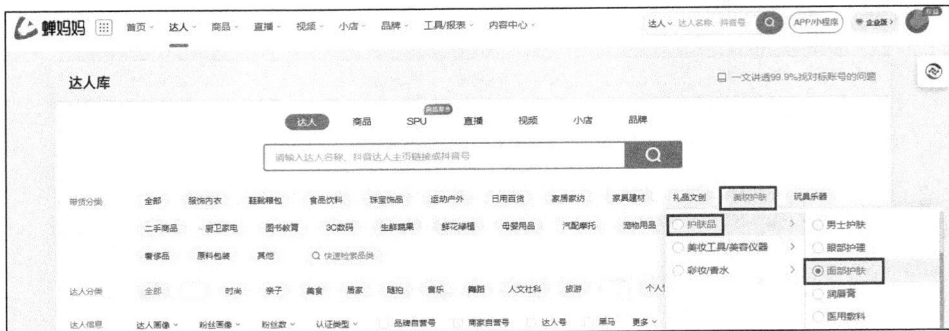

图 2-10　选择"面部护肤"选项

步骤 03 单击榜单中自己账号所属领域中的某个"达人"账号，进入该"达人"账号分析详情页，在左侧单击"粉丝分析"，然后单击"粉丝画像"中的"视频观众"，即可查看该"达人"账号的用户画像，如性别分布、年龄分布、地域分布等，如图 2-11 所示。

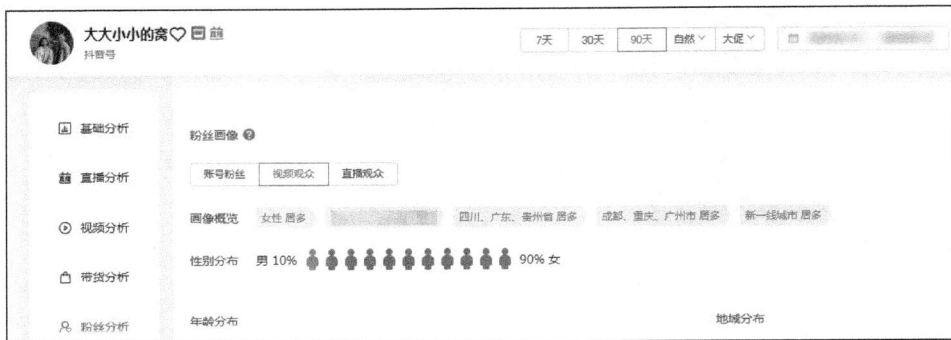

图 2-11　"达人"账号的用户画像

步骤 04 按照以上步骤，再选取几个相同领域的账号，查看其用户画像，如图 2-12 所示。将各个账号的用户画像数据进行统计归类，基本上就可以明确自己账号所属领域的用户静态信息数据了。

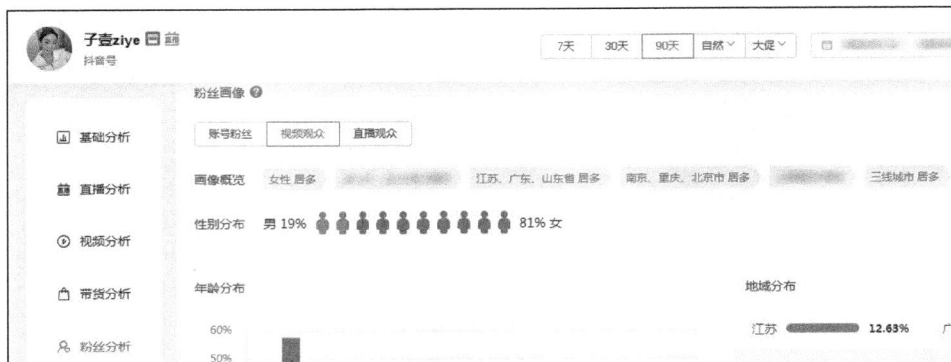

图 2-12　相同领域的更多账号的用户画像

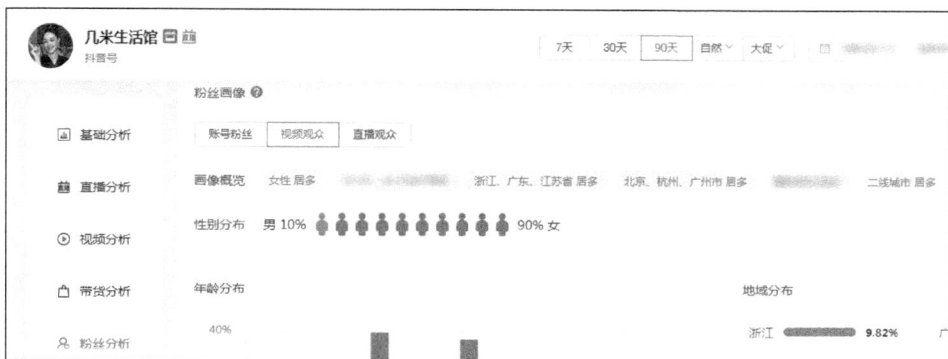

图 2-12　相同领域的更多账号的用户画像（续）

5. 形成用户画像

将静态信息数据和动态信息数据进行整合，就可以勾画出面部护肤类短视频账号基本的用户画像，具体如下。

- 性别：女性占比 80%以上，男性占比很小。
- 年龄：18～23 岁以及 24～30 岁的占比较多，用户群体年轻化。
- 地域：四川、贵州、广东、江苏、山东、浙江省的用户居多，北京、杭州、广州、南京、重庆、成都等城市的用户居多，同时也有二、三线城市用户。
- 常使用的短视频平台：抖音。
- 使用地点：家、公司。
- 感兴趣的话题：被推送到首页的各种面部护肤技巧，以及产品的"种草"（推荐）内容。
- 什么情况下关注账号：画面精美，产品适合自己的需求，账号持续输出优质内容。
- 什么情况下点赞：内容有价值，高于期待值。
- 什么情况下评论：内容有争议，内容引发共鸣。
- 什么情况下取消关注：内容质量下滑，不符合预期，更新太慢，广告太多。
- 用户其他特征：喜欢美食、摄影，喜欢有浪漫气息、格调高的产品。

二、挖掘目标用户人群的痛点

痛点是指用户未被满足的、急需解决的需求，短视频的内容只有戳中了用户的痛点，才具有吸引力和说服力。因此，在进行短视频策划时，要先搜集和分析用户的痛点。在搜集和分析用户的痛点时，可以按照以下 3 个维度来进行。

1. 深度

深度是指用户的本质需求，具有延展性，在创作短视频植入痛点时要考虑到痛点的深度，注重对细节的体现。例如，大部分人爱吃，但受到地域的限制，很多人吃的食物的样式比较单调，所以有些创作者就会发布一些"美食探店"类短视频，带领用户探索不同地方美食的吃法和做法，为用户带来不一样的美食体验，解决了大多数用户"想吃又不知道吃什么"的痛点。

2．细度

细度是指将用户的痛点进行细分。在细分用户的痛点时，可以参照以下步骤。

（1）对垂直领域进行一级细分，如将拍摄类细分为纪实摄影、风光摄影、人像摄影、商业摄影、新闻摄影等。

（2）在上一步的基础上再做细分，如将人像摄影细分为婚纱摄影、个人写真、儿童摄影等。

（3）在上一步的基础上确定目标人群，如目标人群是育儿家庭，对儿童摄影会更感兴趣。

（4）以上一步为基础确定一级痛点，如上述用户的痛点是如何对不积极配合的儿童进行拍摄，并充分体现出儿童天真活泼的特点。

3．强度

强度是指用户解决痛点的急切程度，如果能够找到用户的高强度痛点，短视频成为爆款的概率就会很大。高强度痛点是指用户主动寻找解决途径，甚至消费也要解决的痛点。短视频创作者要及时发现这些痛点，给用户反馈的渠道，或者在短视频评论区仔细分析用户评论，从中寻找用户急切需要解决的痛点。

任务三　内容类型定位

短视频的内容类型多种多样，短视频创作者最好从自己擅长的领域出发来确定自己短视频的内容类型，并在创作短视频时加入独特的创意，从而形成强大的竞争力。

一、情景短剧类短视频

情景短剧类短视频的关键是在故事情节上能够引发用户的情感共鸣，使其主动点赞、评论和转发。情景短剧一般由两人或多人一起表演，与小品、小剧场的形式类似，是"吸粉"效果较好的一种内容类型。例如抖音账号"有个同事叫老张"，其作品以情景短剧为主，作品之间有情节上的联系，通过简短的故事情节展现出职场中的人际交往、沟通与处事技巧，如图2-13所示。该账号的短视频中演员的表演生动自然、风趣幽默，故事情节符合职场现实，因此引发了职场人士的强烈共鸣。

图2-13　"有个同事叫老张"账号主页和短视频

二、美食类短视频

所谓"民以食为天"，美食类节目一直拥有非常大的受众群体。在短视频行业，美食类短视频也是颇受欢迎的短视频类型之一。一般来说，美食类短视频细分为以下 3 类。

1. 美食教程类

美食教程类短视频是指分享美食制作技巧的短视频，用户通过观看短短几分钟的短视频，就可能会掌握一道美食的制作方法，如"麻辣德子""日食记""米粒厨房"等都是美食教程类短视频账号。图 2-14 所示为抖音账号"米粒厨房"发布的一条制作锅包肉的短视频。

图 2-14 "米粒厨房"发布的短视频

在各大短视频平台上，美食教程类短视频数不胜数，该领域的竞争非常激烈，创作者要想在此领域获得一席之地，需要充分发挥创意，体现出自身的特色。

2. 美食品尝类

所谓美食品尝类短视频，就是展现创作者去不同的地方品尝、测评美食的过程的短视频，这类短视频就像美食指南，带领用户去发现、选择不同的美食。

3. 传递生活状态类

其实，美食类短视频并不一定是仅围绕食物本身的，创作者也可以从食物的外围出发，从美食中挖掘精神内涵，通过制作美食向用户传达某种生活状态，从而赋予美食类短视频深厚的文化内涵。

例如，在抖音账号"乡愁"发布的展示乡村美食制作过程的短视频中，创作者为用户营造了一种田园、淳朴、接地气的生活状态，农田忙碌的身影、娴熟的做饭动作，以及乡村的淳朴民风，为人们展现了乡村的真实生活。图 2-15 所示为抖音账号"乡愁"发布的短视频。

图 2-15 "乡愁"发布的短视频

素养课堂

　　文化振兴既是乡村振兴的重要内容，也为实现乡村全面振兴注入活力。乡村文化振兴要推进乡村文化创新，重塑乡土文化，涵养乡风文明，繁荣文化产业，为乡村振兴注入文化凝聚力、精神推动力和产业振兴力。

三、知识分享类短视频

　　知识分享类短视频是非常实用且容易"涨粉"的短视频类型，创作者可以在短视频中分享一些干货，如化妆的技巧、服装搭配的技巧、拍照摄影的技巧、制作 PPT 的技巧、提升英语口语能力的技巧等，也可以在短视频中分享生活中实用的小妙招，让用户观看短视频后能够学有所得。例如，抖音账号"余小白手机摄影"在短视频中分享用手机拍摄照片的技巧，这些技巧简单而实用，受到了很多用户的喜爱。图 2-16 所示为该账号发布的短视频。

图 2-16　"余小白手机摄影"发布的分享拍照技巧的短视频

　　创作此类短视频时，短视频内容首先要通俗易懂，要能对用户起到很好的指导作用；其次实用性要强，能够切实解决用户在工作或生活中遇到的问题或困难；最后效果要明显，能够提升用户的观看体验。创作这类短视频要注重知识传播，并形成自己的风格特色，从而促使用户关注、转发和分享。

四、才能展示类短视频

　　才能展示，包含唱歌、跳舞、乐器演奏、健身、曲艺表演等。才能展示类短视频主要展示视频中人物的才艺，强调观赏性和娱乐性，是目前短视频中比较主流的一种类型。例如"楠楠钢琴演奏"通过在抖音平台上展现自己的钢琴演奏才艺，收获了大量"粉丝"。图 2-17 所示为"楠楠钢琴演奏"发布的展示钢琴演奏才艺的短视频。

图 2-17　展示钢琴演奏才艺的短视频

五、商品测评类短视频

商品测评是以商品为对象进行测评，先"测"后"评"，通过对某种商品进行使用，或者按照一定的标准做功能性或非功能性的检测，然后分析结果，做出评价，分享给用户，目的是帮助用户从众多商品中筛选出质量有保障、体验感好、适合自己的商品，从而促成消费。

商品测评的关键是测评人一定要保持客观、公正的态度，做出数据分析和客观评价，促使用户对所需商品做出正确的购买行为。在商品测评类短视频中，一般会把通过测评的商品链接呈现出来，用户可以自行点击购买。

按照内容侧重点的不同，商品测评又分为两类：一类是严肃测评，比较注重"测"的部分，利用科学的手段按标准进行专业性的检测，而"评"的部分更多的是基于数据资料进行理性的评论并提出建议；另一类为轻松测评，更注重"评"的部分，且基于感性的体验（如商品的外观、使用的顺畅度等）对商品进行描述与评论，具有一定的表演性与娱乐性。

例如抖音账号"陈大胆测评"，该账号的内容定位是帮助用户测评其担心有质量问题的商品，其测评的商品多为用户日常生活中高频使用的商品，如油污净、清洗剂、收纳袋等。其短视频作品通常为首先呈现一段卖家秀视频，然后博主亲自验证该商品，若符合要求，会向用户推荐。"陈大胆测评"账号主页和短视频如图 2-18 所示。

图 2-18　"陈大胆测评"账号主页和短视频

六、访谈类短视频

以前访谈常见于传统媒体的新闻节目中，记者通过与被采访者有目的的交流，获取具有传播价值的真实信息。但是，随着时代的发展，访谈的范围越来越广泛，如街头访谈、专家访谈、名人访谈等。目前短视频创作者把访谈运用到短视频创作中，通过访谈挖掘出有价值的信息，利用社会大众所关注的热点话题，找到真实而有趣的回答，进而吸引用户关注。

例如，抖音账号"远见访谈"发布的短视频中的主持人通常采访中国的年轻创业者，针对这些创业者的经历和创业思路展开交谈，然后截取这些创业者的高质量回答并发布，吸引了不少用户的关注。"远见访谈"发布的短视频如图 2-19 所示。

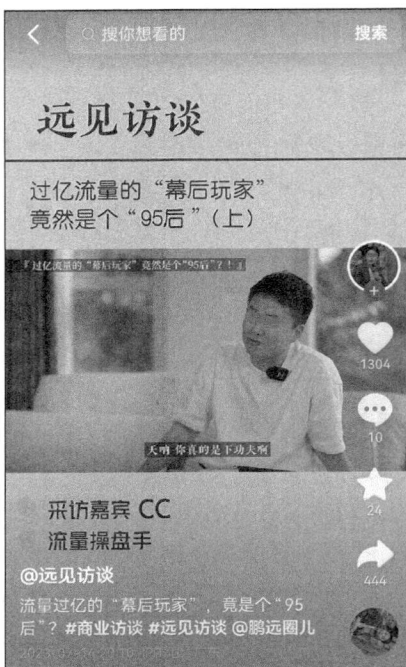

图 2-19 "远见访谈"发布的短视频

七、探店类短视频

探店类短视频是指短视频创作者亲自到实体店中探访与体验，将感受记录并分享给用户的短视频类型。这类短视频适合精耕餐饮、旅游行业的创作者，创作者通过记录饮食、消费的整个过程，向用户展示环境、食物、服务细节等，吸引用户关注。由于地域限制，探店类短视频通常会被平台贴上地域标签，基本上只向相关地域的用户精准展示。

例如，抖音账号"探店魔都"主要向用户提供上海逛街指南、商场购物攻略，如特色商超等，并将店铺的特色、商品价格等向用户展示，发表消费过程中的感受，帮助用户获得身临其境的感受。"探店魔都"发布的短视频如图 2-20 所示。

图 2-20 "探店魔都"发布的短视频

八、"种草"类短视频

在短视频领域，"种草"是指向用户介绍并宣传某种商品的优良品质，促使用户产生消费行为，是内容电商的重要营销手段。常见的好物推荐、清单等都属于"种草"，"种草"行为具有比较强的推销色彩。"种草"类短视频比较适合美妆、服饰、日用品等领域。根据内容的不同，"种草"分为促销型"种草"和"纯种草"两种类型。

促销型"种草"主要是向用户展示实物商品，并讲述商品的优点，刺激用户的消费欲望，达到销售目的，绝大多数的"种草"属于这种类型。某些非实物商品（如音乐、电影、电视剧等）虽在短视频平台上并不能作为直接的促销商品，但也有内容消费的市场，推荐这类商品的账号则是"纯种草"账号。

例如，抖音账号"生活有好物"就属于促销型"种草"账号，主要向用户推荐各种好用、新奇的生活好物，如图 2-21 所示。对于推荐的好物，用户能够点击短视频中提供的商品链接进行购买，实现了从前端视频到后续变现的完整闭环。

图 2-21 "生活有好物"发布的短视频

九、可爱事物类短视频

可爱事物类短视频主要包括展示可爱的婴儿、宠物或玩偶等，这类短视频的关键是以可爱制胜，利用各种事物的可爱形态达到快速吸引目光的效果。短视频创作者在创作这类短视频时，要尽情地展现视频中可爱事物的可爱之处，再配上其具有辨识度的声音，瞬间温暖人心，从而获得流量。

例如抖音账号"牛奶是只猫"，其短视频作品的主角是几只猫咪，创作者将猫咪人格化，利用拟人化的手段演绎主人和猫咪之间的趣事，再加上充满创意的配音及音效等，充分体现出猫的调皮与可爱，使该账号迅速"圈粉"。图 2-22 所示为该账号发布的短视频。

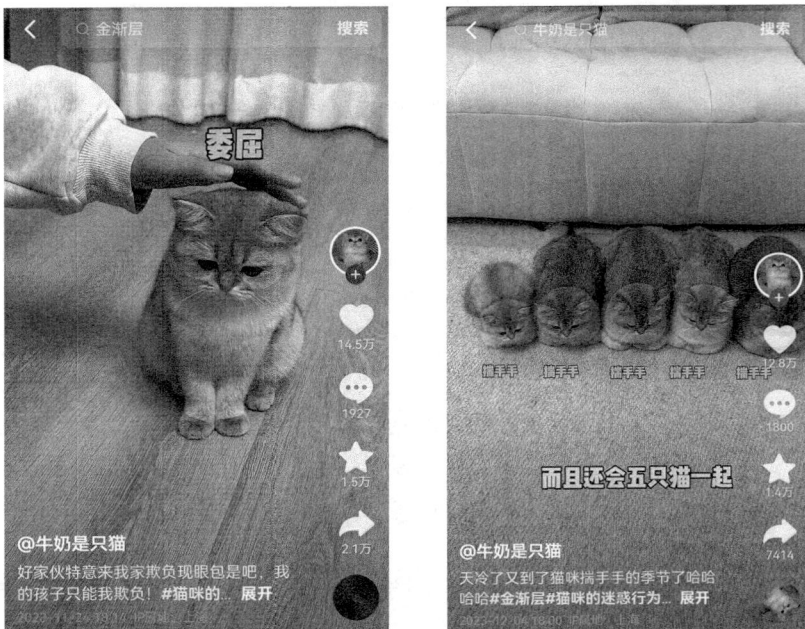

图 2-22 "牛奶是只猫"发布的短视频

十、Vlog 短视频

视频博客（Video Blog，Vlog）又称视频网络日志，是视频博主（Vlogger）以影像代替文字或照片，创作个人日志并上传网络向网友分享的视频形式。这种形式的视频重在记录生活，其主题非常广泛，可以是参加大型活动的记录，也可以是生活琐事的集合。拍摄 Vlog 时，要注意主次分明，突出重点，围绕主题，切忌拍成流水账的形式。

例如，抖音账号"晚安阿紫"的创作者是一名录音师，她用视频记录并分享自己工作下班之后的独居生活，包括起床、洗漱、做饭、吃饭、打扫卫生、外出逛街购物……多用第一视角记录，节奏轻快而流畅，视频中刻意突出一些生活中的声音，如开门声、水滴声、消息铃声等，配以生动的背景音乐，给人轻松、闲适的感觉，让用户感觉活力满满，非常具有代入感。"晚安阿紫"发布的短视频如图 2-23 所示。

图 2-23　"晚安阿紫"发布的短视频

任务四　内容表现形式定位

内容表现形式决定了创作者以何种方式向用户展示短视频的内容，不同的表现形式会给用户带来不一样的观看体验。短视频的内容表现形式主要包括以下几种。

一、实物出镜形式

所谓实物出镜形式，就是指出现在短视频中的人、物和场景都是真实的，而非虚假的。在短视频平台上，实物出镜形式是创作者们常用的一种内容表现形式。这种内容表现形式的适用范围很广，通过真实的场景、真实的人和物展现出来的内容更具真实感和代入感，更容易引发用户的共鸣。

实物出镜形式的短视频又分为真人出镜和动物出镜两种类型。

1. 真人出镜

真实的人物不仅有外在形象，还有表情、动作、语言等，所以真人出镜能让短视频的内容更加立体、生动、饱满。

创作者在选择出镜的人员时，不仅要考虑人员的外在形象，还要注重其在镜头前的表现能力，包括肢体动作表现能力、语言表现能力等。此外，还要保证所选人员与短视频中人设的贴合度，否则会让短视频的呈现效果大打折扣。

为了体现短视频的特色，在真人出镜时创作者可以采取一些比较有特色的方式，例如蒙脸出镜，出镜人物佩戴面具或使用其他工具遮住脸部，制造神秘感；也可以只让人物的双手出镜，利用双手的动作与背景音乐或台词解说的配合展示短视频的内容；还可以利用外形和性别的反差为用户制造记忆点，加深用户对短视频的印象。

2. 动物出镜

在很多短视频中，出境的是可爱的动物，如猫、狗、熊猫等，它们憨态可掬的行为表现，

短视频运营与案例分析（微课版 第2版）

再配上有趣的背景音乐或后期配音，能够给用户带来很多欢乐。

二、动画形式

　　动画是一种综合艺术，是集合了绘画、电影、数字媒体、摄影、音乐、文学等众多艺术门类的艺术表现形式。在短视频行业中，一些创作者会采用动画的形式来表现内容，如"一禅小和尚""萌芽熊园艺""奶龙"等。由于动画制作的专业性较强，且动画制作比较耗时，所以采取动画形式来表现短视频内容的通常是专业的内容生产公司。图 2-24 所示为"萌芽熊园艺"发布的短视频，图 2-25 所示为"奶龙"发布的短视频。

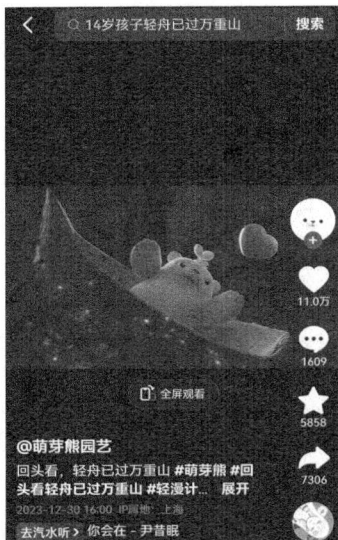

图 2-24　"萌芽熊园艺"发布的短视频　　　　图 2-25　"奶龙"发布的短视频

素养课堂

　　党的二十大报告提出，要"繁荣发展文化事业和文化产业""推进文化自信自强，铸就社会主义文化新辉煌"。动画是中华优秀文化的重要组成部分，国产动画内容创作量稳质优，精品佳作不断涌现。在新时代背景下，国产动画应力求创新，将中华优秀传统文化与动画艺术结合起来，用情用力讲好中国故事。

三、图文形式

　　图文形式通常是在几张底图上加上一些文字，通过图片与文字的结合来传达信息的艺术表现形式，如图 2-26 所示。这种表现形式简单，容易操作。采取图文的表现形式，需要精心设计其中的文字内容，使其足够惊艳，否则很难吸引用户的注意，也难以给用户留下深刻的印象。

　　图文形式的短视频以图片衔接为主，图文布局要合理，切换图片的节奏要与背景音乐的节奏相协调，给用户带来沉浸式的观看体验。

图 2-26　图文形式的短视频

任务五　竞品分析定位

　　竞品分析是对竞争对手的产品进行比较分析，是一种带有主观性的横向分析过程，通过对多个产品的整体架构、功能、商业模式、产品策略等多维度进行横向对比分析，获得结论。

　　对短视频创作者来说，做竞品分析不仅能让自己深入了解竞品的动态，及时调整自己的运营策略，为自己短视频账号的发展制定可行性方案，还能了解竞争对手的细分用户群体，帮助自己避开强有力的竞争对手，走"避强"垂直化之路。

一、什么是竞品

　　在做竞品分析之前，首先要清楚到底什么是竞品。以抖音平台为例，凡是与自己同类型的短视频及其账号都可以被称为竞品。下面从竞品的级别分类、竞品的基础架构、竞品的策略分析、竞品的发展潜力 4 个角度对竞品进行深入介绍。

1. 竞品的级别分类

　　在短视频红利时代，个人和企业纷纷入驻抖音，都想借助抖音获取流量，实现变现目标。在各种各样的抖音账号中，竞品数不胜数，如果把所有的竞品放在一起分析，则难度很大，得出的结果往往也比较模糊，根据这样的分析结果做出的定位的准确率也不会高。因此，首先要对竞品的级别进行分类，这样才能有的放矢地对各个级别的竞品逐一进行分析，从而做出精准的定位。

　　一般来说，竞品分为核心竞品、重要竞品和一般竞品 3 个级别。以短视频创作者自己的账号及短视频的水平为基准点，那些高于自己账号及短视频水平且非常有竞争力的竞品为核心竞品，高于自己账号及短视频水平但竞争力一般的竞品为重要竞品，在自己账号及短视频水平之下或者竞争力不如自己的竞品为一般竞品。

　　对于核心竞品，如果短视频创作者很难与之竞争，就学习其长处来优化自己，实施"避强"措施；对于重要竞品，要分析其优势，找到超越的突破口；而对于一般竞品，则不需要花费太多的时间，主要研究其劣势，以避免出现同样的问题。

2．竞品的基础架构

竞品的基础架构可以从以下 3 个方面来了解。

（1）信息。研究用户喜欢的竞品是如何做内容的。

（2）功能。了解竞品的功能，并据此对自己的短视频及账号进行剖析，明确自己要细化、优化的功能是什么。

（3）交互。交互是做抖音运营的最终目的，所以要从用户入手进行分析，知道每条短视频的缺点在哪里，争取做到更好。

以上 3 个方面都了解清楚后，短视频创作者即可根据自己的账号和短视频特点，把竞品优势合理地运用到自己的账号和短视频中，不断优化与完善自己的短视频账号。

3．竞品的策略分析

竞品的策略分析包括定位分析、运营策略分析和营利模式分析，如图 2-27 所示。

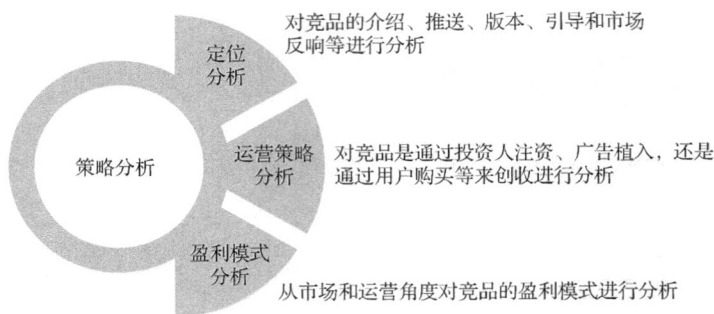

图 2-27　竞品的策略分析

经过对以上 3 个方面的分析，短视频创作者可以更好地将自己的短视频与竞品进行全面对比，进而做出更受用户欢迎的短视频。

4．竞品的发展潜力

在抖音平台上，账号的发展潜力主要包括用户规模发展潜力和市场发展潜力。短视频创作者可以对竞品，尤其是核心竞品的发展潜力进行分析，了解自己账号目前所处领域的用户和市场的体量，进而判断自己的抖音账号有没有更广阔的发展前景。

二、竞品分析的主要内容

要想把短视频账号运营好，短视频创作者必须通过科学、专业的竞品分析找到准确的自身定位，做出更能吸引用户的短视频，这样才能提高自身的竞争力。短视频创作者在做竞品分析时，需要准确把握以下四大核心内容。

1．用户习惯

用户习惯决定短视频账号所能达到的战略竞争高度，所以要对竞品用户的行为、体验、情感等进行分析，找到用户喜欢的关键点，并运用在自己的短视频上。

2．核心价值

核心价值是短视频账号的核心竞争力，短视频创作者要分析竞品，给短视频的设计、细节、定位等赋予价值，这些价值可以让用户在观看过程中停留，并做出点赞与转发等行为，从而为短视频带来巨大的流量。

3. 功能拆分

对竞品的内容功能进行拆分，仔细分析自己与竞品之间的差异，如设计特点等，从而更好地定位自己的账号，获取更多的流量。

4. 延伸服务

延伸服务做得好，能够帮助短视频创作者获得更多的流量。很多账号之所以做得好，可能不是因为短视频作品本身，而是因为与用户之间的互动沟通做得好，更能满足用户的互动需求，更符合用户的心意。总之，要注意细节，时刻关注用户体验，做好每个环节的服务。

三、竞品分析人员的选择

以抖音账号为例，在账号的不同阶段做竞品分析的人员也是不同的。

1. 研发阶段

研发阶段的竞品分析是对抖音账号的实际竞争内容进行研究，在抖音账号上发布的可以让用户看到并体验到的内容的内涵价值决定了账号在抖音平台上的市场高度，所以在研发阶段由研发人员进行竞品分析是非常重要的。

研发人员需要对竞品本身及用户对竞品的体验进行研究，如短视频的内容设计、质量，在抖音上的点击量、播放时间、播放次数、用户评论等。研发人员通过对这些内容进行分析，可以找到用户感兴趣的关键点，有针对性地结合自己的特色创作出符合用户喜好的短视频作品。

2. 运营阶段

运营阶段的竞品分析人员要在研发阶段的基础上展开数据摸底、账号推广和用户引流等工作。这个阶段应当由运营人员来做竞品分析，因为他们更懂得如何增加所发布内容的外在美，以及如何提高视频互动率。

运营人员可以通过分析竞品带给用户的体验，了解用户的实际需求，掌握竞品的优点与缺点、受用户欢迎的原因等，以此来提高短视频的内容质量，及时发现自身账号所发布的内容及在运营过程中存在的缺点并弥补。运营人员应避免违规操作，设置好发布时间与发布频次，保证发布的短视频能够获得平台的持续推荐。

任务六　账号设置定位

尽管短视频内容是核心，但创作者不能忽视短视频账号的基础设置，短视频账号的设置在很大程度上影响着关注数、点赞数、转发数和评论数等用户行为数据。短视频账号设置包括账号名、账号头像、账号简介等方面的设置。

一、设置账号名

账号名可以使用户快速了解短视频提供的内容，提高短视频传播效率。创作者要想拟定一个特别好的账号名，可以采取以下思路。

1. 简洁易记

在大多数情况下，账号名要足够简洁，账号名中不要有生僻的字词。这不仅便于用户记忆，还为账号后期的品牌植入和推广奠定了基础。

2. 易于传播

短视频账号名要朗朗上口，容易传播，如果过去已经有被广泛传播的名称，可以直接拿来使用。

3. 关键词定位

关键词可以提示账号的内容方向，如果短视频账号定位于某垂直领域，那么账号名中最好包含该垂直领域的某些关键词。例如，若创作者想要打造一个好物"种草"账号，账号名中就要带有"好物""种草"等关键词，如"好物种草杂货铺""年糕妈妈种草号"等。

4. 以数字命名

用数字为账号命名不仅能够吸引用户的注意，还能强调数字所表示的概念，如创意搞笑类账号"陈翔六点半"。

二、选择账号头像

头像是短视频账号的视觉标识，是用户辨识账号的重要途径之一。吸引用户观看账号短视频的因素，除了短视频内容和账号名，就是账号头像。短视频创作者选择账号头像时，要遵循两个原则，一是头像要符合账号本身特征，二是头像要清晰、美观。

具体来说，短视频创作者选择账号头像的方法主要有以下几种。

1. 使用真人头像

真人头像可以让用户在未进入账号主页之前就能直观地看到人物形象，有利于拉近用户与 IP 的距离。如果用户看到头像中人物的气质较好，或者风格独特，就很容易点击进入账号主页，如果短视频内容也不错，就很容易关注账号。

2. 使用图文标志做头像

使用图文标志做头像可以明确展示出短视频的内容方向，有利于强化品牌形象。例如，在线教育领域短视频账号"秋叶 PPT""秋叶 Excel"，其抖音账号的头像非常直观，强化了"秋叶 PPT""秋叶 Excel"的品牌形象，如图 2-28 和图 2-29 所示。

图 2-28 "秋叶 PPT"账号头像   图 2-29 "秋叶 Excel"账号头像

3. 使用短视频中的动画角色做头像

使用短视频中的动画角色做头像可以强化短视频中的角色形象，有利于打造动画 IP。例如，抖音账号"巴比兔"使用动画角色"巴比兔"作为账号头像，如图 2-30 所示。抖音账号"奶龙"使用动画角色"奶龙"和"小七"作为账号头像，如图 2-31 所示。

图 2-30 "巴比兔"账号头像

图 2-31 "奶龙"账号头像

4. 使用账号名做头像

使用账号名做头像时，头像的背景应为纯色，从而突出文字，更直观地呈现账号名，进而强化 IP 形象。例如，抖音账号"菜鸟美食""二更"等都是直接用账号名做头像的，如图 2-32 和图 2-33 所示。

图 2-32 "菜鸟美食"账号头像

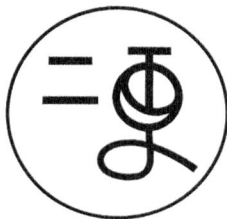

图 2-33 "二更"账号头像

5. 使用卡通头像

短视频创作者可以选取一个与自己账号内容相符的卡通形象做头像，如抖音账号"太阳探店 Plus"的账号头像，如图 2-34 所示。"太阳探店 Plus"是专注于美食探店领域的账号，该账号头像的主体部分为博主本人的卡通形象，让人感觉很亲切。

6. 卡通图像和账号名相结合

短视频创作者在设置账号头像时，还可以选择一个与账号名相关的卡通图像，将两者相结合，使用户一看到头像就能知道该账号所属的领域，同时感受到账号的风格。抖音账号"蜗牛车志"是一个专业的汽车自媒体账号，专注于体验和评价各个品牌发布的汽车，创作者在账号名上添加了一个可爱的卡通蜗牛图案，共同组成账号头像，使头像更加生动和形象，且与账号名相呼应，如图 2-35 所示。

图 2-34 "太阳探店 Plus"账号头像

图 2-35 "蜗牛车志"账号头像

三、撰写账号简介

账号简介是用户决定是否关注账号的关键因素之一，也可以将其当成文案。短视频账号简介一般有以下4种类型。

（1）表明身份。例如，"点点看房 Vlog"的账号简介为"我是点点，带你一起探索优质好宅，分享实用买房避坑指南"。

（2）表明领域。例如，"苗苗美食"的账号简介为"每日分享家常菜，用心做好每一餐"。

（3）表明理念和态度。例如，"二更"的账号简介为"记录人间寻常，发现有趣灵魂"。

（4）留下联系方式，如微信号、微博号、手机号、邮箱等。这种类型的账号简介一般与上述类型的账号简介同时出现，主要是为了将用户引流到自己的私域流量池，或者表明开通商业合作的渠道。为了不违背相关平台的规则，留联系方式时不要出现"微信""微博"等词语，可以用谐音词或字母代替。

项目实训：短视频运营定位案例分析与应用

1. 实训目标

掌握短视频运营定位的方法。

2. 实训内容

请浏览热门短视频，分析其所属账号的短视频运营定位方法，然后根据自己的优势和喜好进行短视频运营定位。

3. 实训步骤

（1）浏览并分析热门短视频

请在抖音、快手、微信视频号等平台观看热门短视频，然后总结短视频运营定位方法、短视频内容类型、内容表现形式，并在确定某一领域的某一短视频账号后，分析其竞品，对比分析该短视频账号的优劣势，最后分析其账号设置定位。

（2）模拟短视频定位

请分析自身优势和喜好，模拟短视频账号的运营定位和设置，并与同学相互讨论。

4. 实训总结

自我总结	
教师总结	

项目三
内容策划，用优质内容打造爆款

知识目标

➢ 了解短视频内容策划的原则。
➢ 掌握策划短视频选题的方法。
➢ 掌握构思短视频内容的方法。
➢ 掌握通过讲故事增强短视频情节性的技巧。
➢ 掌握优化短视频内容的技巧。

能力目标

➢ 能够运用"五维"方法论策划短视频选题。
➢ 能够借助热点策划爆款短视频选题。
➢ 能够运用模仿法、代入法、场景扩展法构思短视频内容。
➢ 能够通过讲故事的方式增强短视频的情节性。
➢ 能够设置短视频封面、标题和内容简介。

素养目标

➢ 强化短视频内容的价值内涵，防止过度娱乐化。
➢ 在创作中坚持底线思维，不能为了博取眼球而丧失底线。

在这个"内容为王"的时代，短视频的内容策划是决定短视频账号运营成败的关键因素之一。短视频创作者要想让自己的短视频脱颖而出，需要用新奇的创意来策划短视频的选题和内容，选题要新颖、贴近用户，内容要注重用户诉求。短视频创作者在短视频创作过程中要充分发挥创造力和想象力，通过演绎故事、渲染情感，引起用户的共鸣，从而打造传播力强的优质作品。

任务一 明晰短视频内容策划原则

当前，用户对短视频的质量要求越来越高，短视频创作者要想让自己的短视频在众多短视频中脱颖而出，就要在短视频的内容策划上下功夫，创作符合用户需求的短视频，这样短视频成为爆款的可能性才会增强。因此，短视频创作者在进行内容策划时需要遵守 3 个原则，即娱乐性原则、价值性原则和情感性原则。

一、娱乐性原则

娱乐性原则是指短视频的内容要有幽默感，向用户传递乐观、积极向上的生活态度。在各大短视频平台上，通常是轻松娱乐类的短视频占据热门内容的首位，这主要是因为在当今这个快节奏的社会，带有娱乐性的短视频可以在很大程度上缓解人们的精神压力，所以保持内容的娱乐性成为进行短视频内容策划需要遵循的原则之一。

研究机构对用户观看短视频的动机的调查表明，大多数用户倾向于观看有趣的内容，而那些备受欢迎的头部账号的内容在本质上都具有娱乐性，不管是段子类短视频，还是知识类短视频，都可以给用户带来愉悦、放松的感官享受。

二、价值性原则

价值性原则是指要让用户感觉短视频内容对自己是有价值的，也就是说，用户通过观看短视频能够有所收获，如获得情绪价值、知识等。

在短视频行业，涌现出越来越多的分享知识、传播知识的内容创作者，他们是拥有知识、热爱分享、熟谙技巧的科普"达人"，他们分享的这些优质内容满足了用户对知识的需求。

其实每个用户都有求知欲，都需要在生活和工作中不断地学习新知识、学习新技能，而短视频平台的兴起不仅让知识更具场景化，还进一步实现了知识普惠，促进了知识分享和知识共创。短视频打破了用户学习知识的时空限制，用户可以利用业余时间随时随地进行学习。

短视频的价值性要符合以下 3 点要求。

- 实用——拒绝华而不实，要对用户的生活和工作有所帮助。
- 专业——内容要有专业性和深度。
- 易懂——不能晦涩难懂，而要深入浅出。

素养课堂

短视频的娱乐属性很强，如今社会上出现泛娱乐化倾向，面对社会文化的泛娱乐化，应广泛践行社会主义核心价值观，增强人们的道德判断力，同时不断强化短视频的价值内涵，防止过度娱乐化。

三、情感性原则

情感是影响用户选择是否观看短视频的关键因素之一，在用户特别感兴趣的短视频类型中，带有感动、搞笑、励志、震撼、治愈等情感元素的内容都具有情感性，这些内容能够引发用户的情感共鸣。因此，创作者在创作短视频时，不仅要注重提升短视频画面质量和情节感染力，还要思考如何让内容更贴合用户的心理需求，引发其情感共鸣。

任务二 策划短视频选题

想要创作出爆款短视频，选题是关键。选题不能脱离用户，只有保证短视频主题鲜明，为用户提供有用、有趣的信息，才能吸引用户关注。

一、确定选题的基本原则

不管短视频的选题属于哪个领域，其内容都要遵循以下 5 个原则，并以此为宗旨，落实到短视频创作中。

1. 内容有新意，注重价值输出

选题内容要有创意，创意是比较抽象的概念，只可意会不可言传，因为创作选题的角度和侧重点各不相同，所以创意并没有统一的标准和框架。通过分析那些爆款短视频可以发现，它们的选题都有一个共性，那就是内容新颖、独树一帜，如"小豆花""波妞波力"等。但是，这种创意有时很难模仿，所以通常只能学习其创作思路和创意点。

另外，还要注重内容价值输出，短视频的选题内容应是有价值的内容，这样能够激发用户对短视频做出收藏、点赞、评论和转发等行为，达到裂变传播的效果。

2. 以用户为中心，保证垂直度

目前，短视频行业的竞争越来越激烈，用户对短视频的要求也越来越高，所以要注重用户体验，以用户为中心，短视频的内容切不可脱离用户的需求。在策划短视频选题时，要优先考虑用户的喜好和需求，这样才能最大限度地获得用户的认可。

此外，短视频选题必须符合账号定位，选题内容越具有垂直性，越容易引起目标用户的关注，提升账号在这一领域的专业度，从而不断增强用户黏性。

3. 紧跟网络热点，避免违规操作

在创作短视频时，创作者要对新闻事件时刻保持敏感度，善于捕捉并及时跟进热点，这样就可以使短视频在短时间内获得大量流量。但并非所有的热点都可以跟进，如果跟进不恰当的热点，就会面临违规甚至被封号的风险。每个短视频平台都有管理制度，会给出一些敏感词汇，所以创作者要时常关注平台出台的相关管理规范，远离敏感词汇，避免违规操作。

4. 选题侧重用户互动性、参与性

在策划短视频选题时，应尽可能选择一些互动性强的选题，尤其是热点话题，这类话题的受众关注度高、参与性强，同时，互动性强的短视频也会被平台大力推荐，从而增加短视频的播放量。

5. 弘扬正确的价值观，把握选题节奏

要想让短视频在各大平台上都得到有效的推广，就必须树立健康向上的价值观，只有弘扬正确价值观的短视频才能在平台上得到更好的推广位置。对于用户也是一样，只有充满正能量的短视频才能得到用户的认可，一味地为了获得短暂的人气而"博出位"的行为只会削

弱短视频账号的生命力。

　　要想让短视频账号持续健康发展，还要把握选题的节奏，因为社会是在不断发展的，用户的需求也随之不断改变。短视频的选题必须适应这种变化，紧跟潮流，根据用户的反馈不断地进行调整，同时，创作者还要把握好选题的节奏，使用户能够更好地接受。

素养课堂

　　短视频创作者在追求流量的同时，要意识到自身的社会责任，做到行业自律，成为优质信息的提供者，营造健康向上的视频氛围。同时，短视频创作者要弘扬社会主义先进文化和社会主义核心价值观、弘扬社会正能量，这是承担社会责任的一种重要方式。

二、策划选题的"五维"方法论

　　很多人在创作短视频时感觉没有选题思路，不知道从哪里入手，在这种情况下，可以从选题的 5 个维度入手，即"人、具、粮、法、环"，如表 3-1 所示。

表 3-1　选题的 5 个维度

维度	说明
人	人物。例如，拍摄的主角是谁，是什么身份，有什么属性，未来的用户群体是什么
具	工具和设备。例如，短视频的主角是一位职场女性，她平时会用到 PowerPoint、Word、Photoshop、投影仪等，这些都属于角色的工具和设备
粮	精神食粮。例如，职场女性喜欢看什么类型的书，喜欢什么类型的电影，会参加什么类型的培训，等等。要分析目标群体，了解他们的需求，从而找到合适的选题
法	方式和方法。例如，职场女性在办公室如何与领导、同事沟通，如何与客户沟通，等等
环	环境，不一样的剧情需要不一样的环境，要根据剧情选择能够满足拍摄要求的环境

　　只要围绕以上 5 个维度进行梳理，就可以做成二级或三级，甚至更多层级的选题树。以"喜欢旅游的女性"为例，可以通过选题树策划出各种各样的选题，如图 3-1 所示。

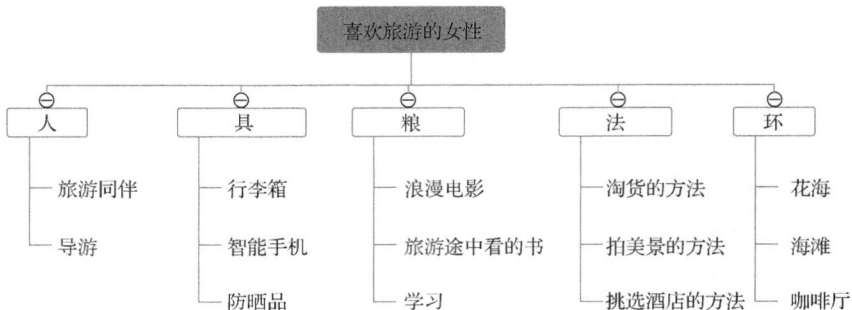

图 3-1　选题树

　　需要说明的是，制作并拓展选题树并非一朝一夕的工作，随着时间的推移，选题树中延展出来的选题内容会越来越多。有了这么多的选题内容，当遇到相关节假日或热点事件时，就可以快速而有效地确定相应的选题。

三、借助热点策划爆款选题

在短视频创作中，除自身的创意外，还要学会"蹭"热点，让短视频热度凭借热点话题迅速发酵与升温，这是一种投入少、产出高的选题方法。

1. 热点的类型

一般情况下，可以把热点分为常规热点和突发热点，其特点如表 3-2 所示。

表 3-2　热点的类型及其特点

热点类型	释义	特点
常规热点	可预见的热点，大众熟知的一些信息，如国家法定节假日、大型赛事活动、热播影视剧、社会需求热点等	①备受大众关注； ②发生的时间、持续的时长相对稳定； ③可以提前策划，减轻创作压力； ④同质化内容较多，考验视频创意
突发热点	无法预见的、突然发生的事件或活动，如突发的地震、火灾等，或者一些社会事件，如环保问题、婚育问题等	①突然爆发，要在第一时间创作并发布短视频，才能借势而上； ②流量较大，短视频的切入点要独特、新颖

2. 搜集热点的渠道

短视频创作者可以从各大资讯网站、社交平台、热门榜单中搜索热点，或者关注热门话题的热门评论，也可以挖掘出很多题材和故事。

（1）在短视频的热门榜单中寻找热点

越来越多的人习惯在短视频平台上获取新闻信息和社会热点，各大短视频平台的热门榜单反映了用户对热议话题的关注度，因此创作者在创作短视频时，应尽可能地与热点相关联，结合时下热点和舆论焦点进行创作，将热点话题的流量引到自己的短视频账号上。例如，创作者可以参考抖音平台的抖音热榜（见图 3-2）、快手平台的快手热榜（见图 3-3）及微信视频号的热门视频。

图 3-2　抖音热榜

图 3-3　快手热榜

（2）在微博热搜榜中寻找热点

微博是当前人们使用较多的社交平台之一，其口号是"随时随地发现新鲜事"，所以可以在微博上找到时下热门的新闻事件和话题，其中微博热搜榜实时反映了当下热点。

在微博热搜榜中寻找热点的方法如下。

打开微博 App 首页，点击下方导航栏中的"发现"按钮，进入"发现"页面，如图 3-4 所示。点击"更多热搜"，就会打开"热搜"页面，如图 3-5 所示。点击"更多"，还可以查看微博的视频热榜、校园热搜、体育热搜、游戏热搜、时尚热榜、美妆热榜、汽车热榜、旅游热榜、科技数码热榜、母婴热榜、健康热榜等，创作者可以根据自身所在的垂直领域选择相应的热搜或热榜查看实时热点。

图 3-4 "发现"页面

图 3-5 "热搜"页面

（3）在百度热搜中寻找热点

百度热搜以数亿网民海量的真实数据为基础，通过专业的数据挖掘方法，计算各热点事件的热搜指数（主要考量因素有搜索指数、资讯指数和互动指数），综合反映热点事件在百度平台的热度，如图 3-6 所示。

创作者根据百度热搜中的热点，可以找到适合自己进行短视频创作的选题方向。另外，创作者还可以参考百度的民生榜、财经榜、热梗榜、小说榜、电影榜、电视剧榜、汽车榜（见图 3-7）、游戏榜等垂直领域的榜单，选择适合自己的选题方向。

（4）在资讯聚合类平台中寻找热点

一些资讯聚合类平台自身并不生产内容，所有内容都由创作者发布，这些平台会根据标签把内容推送到可能感兴趣的用户面前，如今日头条网站的"推荐"和"热点"板块。创作者在这些平台上找到适合自己所属领域的热点事件后，将评论中的精华部分抽取出来，并以此为切入点制作成视频，就很容易引发用户的共鸣。

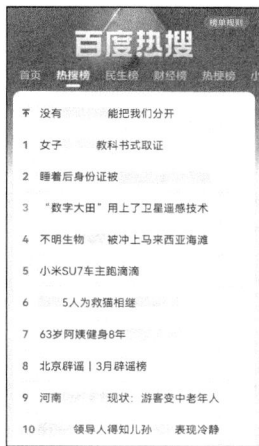

图 3-6 百度热搜

图 3-7 百度热搜的汽车榜

另外，今日头条的热榜板块中的"头条热榜"类似于微博热搜、百度热搜，会实时更新社会热点，创作者可以从中选择适合自身所属领域的选题，如图 3-8 所示。在手机屏幕上向下滑动，可以看到同城榜、财经榜、娱乐榜、科技榜、游戏榜、汽车榜、教育榜、健康榜、国际榜、房产榜、数码榜（见图 3-9）、旅游榜、"三农"榜、文化榜等细分榜单，创作者可以根据自己所属的垂直领域选择适合自己的热点。

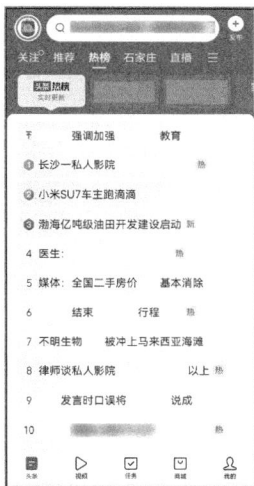

图 3-8 今日头条的热榜

图 3-9 今日头条的数码榜

从以上渠道中找热点题材并将其作为创作短视频的素材，再围绕热点评论中的精华部分策划短视频内容，这样即使不是自己的创意，也能使短视频达到吸引人们关注的效果，有利于短视频账号的运营。

3. 分析热点

当遇到一个热点时，创作者不能为了追求热点的及时性就马上将该热点植入短视频中，而应对热点进行分析，判断该热点是否值得使用，是否符合自己的短视频账号定位，以及如何围绕热点创作短视频。通常来说，创作者可以从以下几个维度对热点进行分析。

（1）热点的真实性

短视频创作者要详细了解热点的内容和始末，明白热点是如何产生的，真实过程是什么，不能为了抢占时间上的优势，而不考究热点的真实性。

（2）热点的时效性

热点具有很强的时效性，对于突发热点，短视频创作者需要判断该热点所处的传播阶段，分析该热点能否持续发酵，然后有针对性地对短视频内容进行策划。对于短期热点，短视频创作者要重视短视频的发布时间，在第一时间发布可以抢占大量流量；对于长期热点，短视频创作者要对其进行深入分析与深度解读，体现出自己的见解和看法。

（3）热点的话题性

短视频创作者要判断热点是否具备可讨论性。热点之所以能够成为热点，主要是因为它能够在用户之间形成广泛的分享和传播，所以具有话题性的热点更容易引起用户的关注。

（4）热点的受众范围

分析热点的受众范围，就是分析哪些领域、哪种类型的用户群体会对该热点感兴趣，以及这些用户群体的规模有多大。

（5）热点的相关度

热点的相关度是指热点与短视频账号定位的关联程度。如果某个热点与短视频的内容风格相契合，短视频创作者就可以围绕此热点创作短视频，从而引来大量的流量，同时加深用户对短视频账号的印象，这有利于短视频账号的长期运营。

（6）热点的风险性

短视频创作者在运用热点时，一定要保持理智，不能触碰红线，切忌使用有悖于法律法规、道德伦理的内容，不能为了"蹭"热点而没有底线。

素养课堂

短视频创作者要精心创作，更好地向公众提供有品质、有营养的内容，赢得长久流量，从而获取正当收益，绝不能为了博取眼球而丧失底线。一个健康、清朗的网络环境，需要全社会共同呵护。

4. 整体策划

短视频创作者在借助热点策划短视频内容时，需要做好以下工作。

（1）找准热点的切入角度

借助热点制造话题的本质是借势营销，短视频创作者在借热点的"势"时，首先要做的是找准热点的切入角度，要从热点中独特、新颖的基点出发，从既符合账号定位，又契合目标用户需求的关键点切入。

（2）对短视频进行整体策划

找准热点的切入点后，短视频创作者要构建短视频框架，策划展现形式。例如，是做成访谈形式、搞笑段子，还是植入故事剧情，这些都需要短视频创作者综合考虑、整体策划。

（3）创作完成后第一时间发布

因为热点是有时效性的，所以短视频创作者要保证在较短的时间内完成短视频创作，并在第一时间发布，争取抓住利用热点吸引流量的最佳时机。

任务三 构思短视频内容的方法

短视频创作者要想持续地生产优质内容，就要找到正确的构思短视频内容的方法，然后按照这些方法进行操作，这样即可建立规模化的内容生产流水线。

一、模仿法

模仿是创新的基础。创作者运营短视频账号，在尚未完全形成自己的风格前要学会模仿。采取模仿的方式创作出比原短视频更具创意的短视频是一种帮助创作者快速找到内容创意方向，实现快速引流的有效方式之一。模仿法又分为两种形式，即随机模仿和系统模仿。

1．随机模仿

所谓随机模仿，就是指创作者发现哪条短视频比较火爆，自己就参考该条短视频拍摄一条同类型的短视频。

2．系统模仿

系统模仿是指创作者寻找一个与自己短视频账号运营定位类似的短视频账号，对其进行长期的跟踪与模仿。创作者要先分析该账号中短视频的选题方向、拍摄手法、运营策略等，然后将其运用到自己的短视频创作中，进行模仿拍摄。在模仿时，创作者可以融入一些自己的创意，从而让短视频形成自己的风格。

在学习和模仿竞品账号时，创作者可以使用四维还原法。四维还原法可以帮助创作者找到大量制作类似短视频的灵感。

四维还原法的第一步是内容还原，就是将整个短视频用文本描述出来，记录大量的细节，将信息完整地呈现。

第二步是评论还原，就是查看用户在该短视频评论区的回复，寻找有代表性的评论并仔细分析，获取信息反馈，进而了解该短视频吸引人的地方，以获取创作灵感。

第三步是身份还原，就是深入了解评论区用户的年龄范围，了解该视频普遍适合哪一类人群，以确定真实的目标受众，在创作短视频时把重点放在能够吸引这一群体的兴趣点上。

第四步是逻辑还原，就是感受该短视频创作团队的规划逻辑（短视频的受众人群、传达的信息、传达信息的方式、用户想了解的内容），弄清楚团队在策划短视频时的具体想法，哪些想法与自己的想法一致，以及这些想法是否可以给自己一些启发。

二、代入法

在拍摄短视频时，创作者可能需要不断地更换拍摄场景，这样在选择与布置拍摄场景时就会耗费许多的时间和精力。那么，有没有一种方法既能免去不断更换拍摄场景的麻烦，又能保证短视频内容有足够的吸引力呢？答案是有，这种方法就是代入法。

所谓代入法，就是指创作者将某个场景作为拍摄短视频的固定场景，然后根据自身需要在这个固定的场景中不断地代入各种不同的元素来填充内容，丰富这个固定场景中的内容表现。具体来说，代入法的操作要点有 3 个，如图 3-10 所示。

图 3-10　代入法的操作要点

下面以 4S 店销售汽车为例，介绍代入法的操作方法。

- 设置固定的场景。将 4S 店的大厅作为固定场景。

- 在固定的场景中填充不同的内容。从现实生活中提炼出与客户在 4S 店买车相关的内容，如销售员向进入 4S 店的客户发传单、销售员打电话邀约客户、销售员接待客户、销售员为客户讲解车型、客户试乘试驾汽车、销售员和客户进行价格谈判、销售员向客户介绍保险项目、交易达成并签约、客户提车、客户来店保养车辆等。创作者可以将这些内容填充到 4S 店的大厅这一固定场景中，即在 4S 店的大厅里设置这些情景。

- 用充满创意的方式呈现这些内容。以上内容都是买车过程中经常遇到的情景，如果直接拍摄这些情景，短视频的内容可能会显得过于平淡，为了增强短视频内容的吸引力，创作者可以为这些内容添加新的创意。例如，销售员向进入 4S 店的客户发传单可以策划成销售员穿着玩偶服装，边唱边跳向客户发传单；销售员为客户讲解车型可以策划成在销售员讲解车型的过程中，客户提出各种搞笑的问题，销售员机智地作答；客户提车可以策划成 4S 店为提车的客户准备了一场别开生面的提车仪式；等等。

创作者将日常生活中人们在 4S 店买车时可能会遇到的各种情景提炼出来，并在这些情景中融入新的创意，拍摄成各种具有趣味性、娱乐性的短视频，就更容易吸引用户的关注。

三、场景扩展法

场景扩展法是创作者明确短视频的主要目标用户群体后，以目标用户群体为核心，围绕他们关注的话题，通过构建九宫格来扩展场景，寻找更多内容方向的方法。例如，短视频的主要目标用户群体是 35 岁左右的男女，运用场景扩展法构思内容的方法如下。

- 画出九宫格，创作者以"35 岁左右的男女"为核心，列出与之相关的 8 对核心关系，如图 3-11 所示。

爸爸、妈妈	亲密朋友	公公、婆婆（岳父、岳母）
领导、下属	35 岁左右的男女	孩子的老师
兄弟姐妹	夫妻	孩子

图 3-11　列出核心关系

- 以这 8 对关系为核心，分别构建九宫格，并在每个九宫格中都列出 8 个常见的、有冲突的沟通场景。在此，以"35 岁左右的男女和孩子"这一对关系为例进行介绍。

以"35 岁左右的男女和孩子"这一对关系为核心构建九宫格，并在九宫格中列举 8 个常见的沟通场景，如图 3-12 所示。

上学	家教	购物
辅导作业	35 岁左右的男女和孩子	出游
做游戏	做家务	吃饭

图 3-12　以"35 岁左右的男女和孩子"这一对关系为核心构建沟通场景

- 分别为九宫格中列出的每个沟通场景规划 3 段对话。例如，为"做家务"这个沟通场景规划 3 段对话，可以包括拖地时的对话、洗碗时的对话、洗衣服时的对话等，然后分别为"上学""家教""购物""出游""做游戏""辅导作业""吃饭"等沟通场景规划对话。

- 分别为图 3-11 所示的九宫格中剩余的 7 对关系列出 8 个常见的沟通场景，并分别为每个沟通场景规划 3 段对话。

这样角色之间的冲突关系会在每一个场景中都体现出来，创作者可以拓展出多段对话，为短视频内容策划提供参考。

任务四　讲故事，增强短视频情节性

生活中从来不缺好故事，这就需要我们增强把故事讲好的能力。创作短视频内容也一样，应抓住关键点，制造矛盾，巧设拐点，以故事情节提升代入感，使用户有身临其境的感觉，与剧中人物感同身受，产生强烈的情感共鸣，从而让用户观看、点赞和评论，最终成为自己忠实的"粉丝"。

一、明确故事主题和角色

短视频创作者拍摄短视频之前，首先要明确短视频要讲述一个什么样的故事，故事的主题是什么。只有明确主题，才能赋予故事灵魂，使短视频内容更具吸引力。

1. 明确主题

主题就是故事的核心，通过故事要告诉用户什么，要传递什么价值信息，或是诠释人生哲理，或是分享工作经验，或是表达对爱情、事业、婚姻的观点看法，等等。只有明确了主题，才能围绕主题来寻找素材，才能设计故事角色、语言及情节。

2. 确定类型

明确了故事的主题以后，就要确定能够表现故事主题思想的故事类型，如创业故事、爱情故事等。只有找到适合表现故事主题的类型，才能将故事完美地呈现给用户。

在短视频领域，常见的故事类型有以下几种。

- 爱情：爱情是年轻人的热门话题，与爱情相关的内容，如单相思、表白、分手等故事情节，大多数年轻人会多看几眼，而且会不由自主地把自己代入其中。

- 创业：展示那些成功背后大多数人所看不到的努力和艰辛，展示各行各业成功者的经历。

- 人物逆袭：短视频创作者可以在短视频中制造角色登场的前后反差，创造出与众不同的效果，从而撼动人心。
- 亲情：通过创造特定情境和情节，呈现亲情的力量。
- 转变：由好变坏、由坏变好的剧情类型也非常吸引人。
- 家庭：家庭成员的年龄和认知不同造成了行为错位，然后问题被愉快地解决。

3. 确定角色

确定故事的主题和类型以后，就要精选角色，因为故事的主题需要角色来承载，只有角色设置得合理、明确，才能突出故事的主题。

短视频创作者在选择角色时，需要注意以下两点。

（1）主角必须与故事主题相契合

什么样的主题就选择什么样的主角，一个严肃的主题不可能通过滑稽演员表演出来，一个幽默搞笑的主题也不可能由面部表情呆板的主角来诠释，所以主角的形象、性格、气质等必须与故事的主题相契合。

（2）适当设定次要角色

当主角无法将故事的主题完美地展现出来时，就需要设定次要角色。次要角色是根据故事情节发展需要进行配置的，主要作用是配合主角更好地呈现故事的主题。

二、根据主题搜集故事素材

要想通过短视频讲出好故事，就需要找到好故事。如何寻找好故事？这需要短视频创作者根据设定的主题搜集故事素材，经过认真筛选后，找出与主题相契合的故事素材。

故事素材的来源主要有以下3种。

1. 自身经历

每个人都有自己的亲身经历，我们身边的人和事就是最真实、最生动的，也是最直接的短视频故事素材。我们可以根据确定的故事主题，从自身经历中寻找最契合主题的故事素材，这样创作出的短视频才更真实、更自然，故事才会"有血有肉"，短视频才更有个性和感染力。

在短视频的展现形式上，可以采用多种手法。例如，采用"第三人称代入法"，提升故事的代入感，让人觉得自己就是故事的主角，仿佛身临其境；或者在故事的结尾，曝光主角的真实身份，增强故事的真实感，提升故事的感染力，营造出更为震撼的效果。

在选择自身故事素材时，短视频创作者可以从以下3个方面来考虑。

（1）最难忘的事情

短视频创作者可以扪心自问：最让我引以为豪的事情是什么，什么事情让自己最有成就感，最难忘的事情是什么，最想和别人分享的事情是什么，等等。也许自身的故事算不上多么出奇，却是自己终生难忘的，以此为素材创作的短视频更具真实感。

（2）失败的经验

谁的人生都有失意的时候，想想自己做过的最失败的事情，所承受过的最大的打击，经历失败后收获了哪些经验和教训，等等，可以以此为切入点，给人们分享自己过去的失败和总结出的经验。虽然自己曾经看起来很脆弱、很糟糕，但失败让自己变得更加强大，这些经验和教训对别人来说往往很有价值，能避免其走同样的弯路。

（3）生命中重要的人

对于在自己成长过程中出现的重要的人，如父母、老师、朋友或崇拜的人等，都可以作为故事的主角，分享与他们一起经历的事情，传递自己的价值观念。

2. 时事热点

在现实生活中，每时每刻都有新鲜的事件发生，形成了不同的热点，这些热点往往能够吸引人们的目光。因此，短视频创作者平时要多看、多听、多观察，对新闻事件始终保持敏锐性，对新发生的或者已经引起热议的事件，找到合适的视角切入，将其作为短视频的故事素材。

3. 好书、影视剧

在生活中，总有那么一两本书让自己印象深刻，像指路明灯一样指引前进的方向，甚至影响着自己的价值观，短视频创作者可以将其浓缩成简短的故事，作为短视频的故事素材，以传播正能量。

此外，还有很多人喜欢的影视剧，短视频创作者可以从中选取经典的情节作为创作短视频的故事素材，重要的是要融入自己的价值观念。

三、为情节设置矛盾冲突

一个故事是否精彩，往往取决于是否存在足够激烈的矛盾冲突。没有矛盾冲突的故事就像"流水账"，没有波澜起伏，让人觉得索然无味。短视频创作者在创作短视频时，需要刻意地制造矛盾冲突，因为有冲突就有话题，有话题就有流量，大多数人喜欢凑热闹、发表评论。

在故事情节中设置矛盾冲突，不仅能增强故事的戏剧性，使故事情节更加紧凑，扣人心弦，引人入胜，在短时间内吸引用户，还能突出人物性格，塑造更加丰满的人物形象，给用户留下深刻的印象，更便于短视频的传播与扩散。

冲突的表现形式有很多，如角色冲突、利益冲突、情感冲突、行为冲突、认知冲突、目标冲突，以及人物自身的内心冲突等。一般来说，可以从以下3个方面来设置故事的矛盾冲突。

1. 设置得失矛盾

成功与失败，得到与失去，梦想很"丰满"，但现实很"骨感"……这些都是故事情节中经常采用的桥段。每个人都想成功，但往往要历经坎坷；每个人都渴望拥有，但往往障碍重重。实现梦想的路不可能一帆风顺，都会遇到挫折和失败，只有设置得失矛盾，才更能体现出人物遭遇挫折后的坚强，以及得到的不易，才更容易打动他人，赢得更多人的关注和点赞。

2. 通过人物性格制造矛盾

短视频创作者在设计故事矛盾冲突时，可以利用人物性格的发展变化制造出强烈而又鲜明的矛盾，以此推动故事情节的发展，使故事更具吸引力。

* 巧用人物内心矛盾塑造鲜明的人物形象。例如，创业青年在拼搏的路上遇到挫折，是选择放弃还是坚持，这种矛盾冲突能够带给人们强烈的冲击力。

* 用心设计人物之间的矛盾。在生活中，人与人之间经常会因为一些小事产生矛盾冲

突，在解决矛盾的过程中，人物的性格会表现得淋漓尽致。利用人物间的矛盾制造冲突点，利用配角对主角的烘托作用来凸显主角的人物形象，把情节推向高潮。

3. 设置善与恶、正与邪的对立矛盾

故事中的善与恶、正与邪的矛盾冲突容易引发用户的共鸣，短视频创作者可以在短视频故事中适当夸大这些对立，在人和人、人与社会之间发掘善恶，剖析正邪，从而制造更加鲜明的矛盾与冲突。

四、设置故事情节发展转折点

故事情节发展转折点也叫拐点。在编创短视频故事时要巧设拐点，制造故事"神转折"，使剧情跌宕起伏，紧紧揪住人们的心。

1. 拐点设置要有新意

在编创短视频故事时，不能按照人们的正常想法来设置剧情，否则既没有悬念，也没有新意，这就要在情节发展中设置出乎意料的拐点，也就是通常所说的"不按常理出牌"，这样才能最大限度地推动故事情节达到高潮。例如，在一个搞笑剧情类的短视频中，可以通过设置一个意想不到的笑料或者情节反转，让用户感到意外惊喜。

2. 拐点设置要自然

拐点的设置不仅要符合主角的年龄、性格特点及成长环境等，还要符合自然规律，不能显得太突兀，这样更容易让人们接受。

在设置情节反转的拐点时，创作者可以采用以下方法。

* 制造假象，设置盲点。初级盲点的设置比较简单，用户很容易就能发现，主要作用是给剧情增添亮点，做法是在细节上进行多义性表达，加入干扰元素，使用户陷入假象思维；中高级盲点基本上隐含在剧情里，通过各种伏笔一步步被"揪"出来，在适当的地方露出，从而实现反转，真相被揭示时能够形成较大程度的戏剧效果。

* 展示人物身份或命运的转变。人物的转变可分为动作、身份、命运等3个方面的转变，具体到短视频中，由于篇幅太短，只能展示身份和命运的转变。

* 高级手法。高级手法则是对其他要素的反转，如博弈双方的实力反转、喜剧悲剧反转、利用用户的思维定式反转、反转中套着反转……一个让人捉摸不透的视频开头，加上意料之外的反转结尾，往往会让人感到惊喜，带来出乎意料的戏剧效果。

任务五　短视频内容优化

短视频的内容是核心，要想让短视频深入人心、传播得更广，对短视频的内容进行优化是必不可少的。短视频内容优化主要包括对短视频的封面、标题和短视频内容简介等进行优化，它们会在很大程度上影响短视频的形象，进而影响短视频的播放量和传播范围。

一、设置短视频封面

短视频封面往往用来展示短视频的核心画面，也是留给用户的"第一印象"，用户会在

短时间内决定要不要点开短视频进行观看，所以短视频封面尤为重要，它直接关系到用户的点击欲望。可以这样说，短视频封面能够直接影响短视频的播放量。

要想提高短视频的播放量，创作者就要为其设计"吸睛"的短视频封面，封面要符合以下要求。

1. 封面要有吸引力

封面要想达到"吸睛"效果，就必须有足够的吸引力，能够快速抓住用户的注意力。提高封面吸引力的方法主要有以下 4 种。

- 封面中的人物表情要夸张，夸张的表情可以传递丰富的情绪信息。
- 封面中各元素之间可以形成强烈的对比，对比效果越大，越能吸引用户点击观看。
- 引发用户的好奇心，使用户在好奇心的驱动下产生期待感，从而进一步产生点击观看的行为。
- 封面要展示出人物强烈的戏剧性动作、台词、表情等，直接冲击用户的感官，吸引用户产生观看的欲望。

2. 封面应是短视频的亮点

很多人认为短视频封面并不重要，只要内容足够好即可，所以他们往往将封面设置为系统默认画面。但是，用户往往会通过封面来判断短视频内容，从而决定是否点击观看。因此，短视频封面要将短视频中的亮点和精华展示出来，让用户直接了解短视频的内容，吸引用户点击观看。例如，如果短视频内容是干货，可以把短视频中讲解干货的清晰截图设置成封面；如果短视频内容属于幽默搞笑类，可以以其中夸张的人物形象图片作为封面。

3. 封面要与领域相关

创作者在为短视频设置封面时，要根据其所属的领域选择相应的封面，让封面与短视频内容保持一致，具有相关性。如果用户点击观看短视频后发现内容与封面不相关，不仅不会关注账号，还可能会产生厌恶情绪。

4. 封面要适应平台风格

同一短视频有时会被发布到多个平台上，这时创作者要注意更换封面，因为每个平台都有其不同的特点，要抓住各个平台的特点，设置符合平台风格的封面，这样更容易获得相应平台用户的认可，从而提高短视频的播放量。

5. 原创性要高

现在各个短视频平台都在大力扶持原创作者，封面作为短视频的一部分，也要具有一定的原创性。因此，创作者在设置短视频封面时，要建立属于自己的风格，或者专门为短视频设计一个封面，打上个人标签，形成个人特色。此外，创作者还可以设置一个固定的模板，让每条短视频的封面都形成统一的风格，这样用户就可以非常方便地在历史记录中找到创作者创作的短视频。

6. 封面的质量要高

封面的质量要符合以下要求。

- 一定要完整，如果封面上有人像，不能遮挡人脸。
- 比例要协调，不能拉伸变形。

- 构图要主次分明，被摄主体要放在焦点位置，突出重点。
- 调整原图的清晰度、亮度和饱和度等，让封面的色彩更加鲜亮。
- 封面上的文字要尽量少一些，要放在最佳展示区域，不能被播放按钮、播放时间等要素遮挡；要在不影响封面美观的前提下将文字的字号放大一些，这样显得更有视觉冲击力。
- 封面背景要深一些，如果太浅，界限感就很弱。
- 不要设置纯文字封面，不然很容易与标题混在一起，显得杂乱。

7. 禁止违规操作

在设置短视频封面时，禁止违反法律法规，封面上不能出现暴力、惊悚和低俗等内容，不能含有二维码、微信号等推广信息，也不能带有水印。如果出现违规操作，短视频就不会获得平台推荐，严重的话还会受到平台的相应处罚。

二、拟定短视频标题

在短视频运营过程中，内容是"红花"，标题是"绿叶"，只有将两者完美结合，才能增加短视频成为爆款的概率。很多时候，即使短视频的内容很平淡，但因为创作者为短视频写了一个非常吸引人的标题，短视频也可能会被推上热门，由此可见短视频标题的重要性。

在拟定短视频标题时，创作者需要把握好以下要点。

1. 提取短视频内容的关键词

现在大多数短视频平台采用推荐算法机制，这样可以更精准地明确用户的兴趣点。目前，机器算法对图像信息的确有一定的解析能力，但机器算法解析文字信息的优先级要高于图片，当短视频转为图像后，机器算法很难从短视频内容中获取相关的有效信息，而可能会直接解析短视频的标题、简介和标签等。

推荐算法机制的基本流程为：机器解析—提取关键词—按标签推荐—推送给相关用户—用户点击观看。短视频平台在分发推荐短视频时，会根据用户输入的关键词给出搜索结果列表，如果短视频标题中有用户搜索的关键词，则该短视频就会被平台推荐。因此，在拟定短视频标题时，要尽可能多地添加一些高流量关键词，这有利于增加短视频的推荐量和播放量。创作者可以使用相关的数据分析工具来查看关键词的相关热度指数，如阿里指数、微信指数、微指数、百度指数等，从而对短视频的播放量有合理的预估。

2. 引用数字

数字可以带给用户直观而具体的感受，更能被用户快速接受。短视频标题中的数字，以阿拉伯数字居多。一般来说，干货盘点类或总结分析类的短视频适合使用数字式标题。

例如，抖音账号"黑豹懂车"发布的一条短视频的标题为"驾校里面学不到的开车技巧，新手上路必备！新手开车 5 大关键技巧，都是你在驾校学不到的干货！"该标题先用"驾校里面学不到的开车技巧"吸引新手用户浏览，然后马上利用数字直截了当地提出 5 个技巧，指向明确，内容清晰，对新手用户很有帮助，能吸引新手用户马上点击观看短视频。

3. 使用热点词汇

热点词汇自带流量光环，能吸引用户点击观看短视频。创作者在拟定短视频标题时，合理地使用热点词汇可以将内容传播给更多的用户，同时也会提高短视频账号的关注度。不过热点词汇不能随意使用，而要与短视频的定位保持一致。例如，美食类短视频标题中一般不能出现娱乐类热点词汇，如果短视频的内容与娱乐热点没有太大的关联，即使短视频获取了巨大的流量，用户也难以转化为"粉丝"，推广效果并不好，甚至会起到反作用，引起用户的反感。

4. 使用第二人称

创作者在短视频标题中使用第二人称"你"，可以拉近与用户之间的关系，减弱距离感，例如，"这个技能，对你很有用！"就比"这个技能，对大家很有用！"更有吸引力。尽管短视频要呈现给所有的用户，但使用第二人称可以给用户一种为其量身定制的感觉，使其产生强烈的代入感，更愿意点击观看短视频。

5. 激发用户的好奇心

创作者在拟定短视频标题时，可以通过激发用户的好奇心，促使用户对短视频产生浓厚的兴趣，进而产生点击观看短视频的欲望。

激发用户好奇心的方法一般有以下几种。

- 使用简单疑问句。用户看到标题中的问题后，要想获得答案，就会迫不及待地点击观看短视频，以满足自己的好奇心。例如，"怎么快速清理手机垃圾？"看完这个标题以后，深受垃圾文件困扰的用户想知道如何快速清理手机垃圾，就会点击观看短视频。

- 在标题中设置强烈的矛盾冲突。存在矛盾冲突的标题会让用户产生好奇的心理，创作者可以在标题中提供两个完全不同甚至对立的观点和事实，以此来吸引用户点击观看短视频。

- 制造悬念，引发联想。例如，标题"因为一个片段，看了整部剧"，看到这一标题，用户可能会产生以下疑问。这部影视剧是什么？哪个片段有如此巨大的魅力支撑着用户看完整部剧？这样的疑问会促使用户点击观看短视频，一探究竟。

6. 指出用户的痛点

用户观看短视频的目的除消遣娱乐外，还有学习知识和技巧、解决现实问题，尤其是现实生活中特别让人头疼的问题，是用户迫切需要解决的痛点。因此，创作者不仅要在短视频内容中为用户提供解决方案，在标题中也要指出用户的痛点，以吸引用户点击观看。

例如，"小红书发了大半年，粉丝还是个位数，那是因为你没有做对这一步"，这个标题指出了很多用户的小红书账号"涨粉"困难的痛点，这类用户看到这个标题时就会想：我正在为此发愁，这个短视频是不是可以帮助我解决这个问题？因此，用户会迫切地点击观看短视频，寻找答案。

7. 引发讨论

创作者可以在短视频标题中抛出有讨论性的观点，或者提出有讨论性的话题，从而引发用户讨论，吸引用户的注意力。

8. 角色代入

角色代入，就是指在短视频标题中直接表明目标用户群体，使其知道该短视频"与我相关"，从而引起目标用户的共鸣。例如，某条短视频讲述了一个"00后"女孩与一位老人坐在一起吃饭的故事，老人误会了"00 后"女孩，以为她不懂事，最后才知道女孩很大度，还热心帮助人。这条短视频的标题是"总有人以为'00 后'是不懂事的一代，但事实真的如此吗？"很多"00 后"用户看到这个标题后会忍不住点击观看短视频，想看看短视频中"00 后"的表现是怎样的。

9．确定标题句式

创作者在拟定短视频标题时，应尽量避免用大长句，而应多用短句。除使用陈述句外，也可以使用疑问句、反问句、感叹句、设问句等句式，引发用户的思考，增强用户的代入感。目前，短视频标题以两段式和三段式居多，这两种标题格式可以承载更多的内容，使表述更加清晰，且易于用户理解，如"说走就走的旅行是真的很疯狂，但是回忆也是真的很美好啊！""自制鲜虾片！还做了原切土豆片！我把做法分享给大家"。

三、撰写短视频内容简介

短视频的内容简介对短视频的重要性主要体现在两个方面：一是让短视频的内容更立体、更丰富，让短视频更具有传播力；二是可以迅速地传达创作者的思想和意图，感染用户的情绪，吸引其关注。

1．撰写短视频内容简介的步骤

创作者要想撰写出具有感染力的短视频内容简介，一般要经历以下步骤。

第一步：搭建基本框架，即列好短视频内容简介的写作大纲，以确定内容简介的创作方向。在搭建内容简介框架时，创作者一定要弄清 4 个问题：短视频的目标用户是谁？内容简介要传递什么信息？内容简介可以带给用户怎样的情感？内容简介会导致什么结果？

第二步：找到内容简介的切入点。创作者搭建好内容简介的框架以后，要对所了解和掌握的信息进行筛选和整理加工，确定短视频内容简介的主题和切入点。

第三步：将信息转化为文字。根据确定好的主题，将搜集到的信息转化为文字，形成短视频的内容简介。

2．短视频内容简介的常见类型

短视频内容简介的类型和格式并不是固定的，但都要遵循一个共同的原则，即调动用户的情感，引发用户的共鸣。创作者在撰写短视频内容简介时，要找到目标用户的共性，挖掘出他们感兴趣的共同话题，并合理地表达出观点和态度，从而使目标用户更愿意关注短视频账号。

目前，比较常见的短视频内容简介有以下几种。

（1）互动类内容简介

为了有效激发用户的互动欲望，互动类内容简介一般采用疑问句或反问句，这种带有启发性的开放式问题不仅可以很好地制造悬念，还能为用户留下比较大的回答空间，从而增加短视频的播放量和评论数，如"有你喜欢的吗""我做错什么了""你认为怎么样"。

（2）段子类内容简介

段子类内容简介有一个共同的特征，即幽默风趣，结尾有出乎意料的反转效果。这类短视频内容简介不需要与短视频本身的内容有紧密的联系，但要有超强的场景感，让用户感觉仿佛身临其境，最大限度地引导用户进行评论。

（3）共谋类内容简介

当用户在做某件事情时，总想找一个或一群人与自己一起努力，用户的这种心理使共谋类内容简介能够产生良好的效果。共谋类内容简介可以分为励志类内容简介、同情类内容简介等多种类型，这类内容简介可以引发用户的情感共鸣，获得更多用户的关注，如"春天来了，愿意和我一起打卡健身吗""春节这几天，你是否也感受到了不一样的快乐"。

（4）悬念类内容简介

悬念类内容简介能够带给用户无限的想象空间，使其产生意犹未尽的感觉，有效地延长用户观看短视频的时间。一般来说，这类内容简介会设置反转或者留下悬念，如"最后一秒颠覆你的认知""一定要看到最后，如果你不笑算我输"。

（5）叙述类内容简介

叙述类内容简介通常是对画面进行的叙述，给用户营造置身其中的感觉，使其浮想联翩，产生共鸣。因此，创作者在撰写这类内容简介时，要选用富有场景感的故事，不能平铺直叙。

项目实训：热门短视频拆解与选题策划实践

1. 实训目标

掌握短视频内容策划原则，能够进行短视频选题策划。

2. 实训内容

请拆解热门短视频，分析之后为自己的短视频进行选题策划。

3. 实训思路

（1）拆解短视频

请选择自己感兴趣的某一垂直领域，在抖音、快手、微信视频号等平台搜索并浏览该领域的热门短视频，然后分析其策划原则与策划方法。

（2）模拟进行短视频选题策划

以"旅游"领域为例，请选择某账号的热门旅游类短视频，使用四维还原法对其进行分析，然后策划类似选题，并拟定吸引人的标题和内容简介。

4. 实训总结

自我总结	
教师总结	

项目四
团队组建，完善人员配置与管理

知识目标
- ➤ 了解短视频从业者必备的能力。
- ➤ 掌握短视频创作团队的人员构成与岗位职责。
- ➤ 掌握搭建短视频创作团队的方法。
- ➤ 掌握管理短视频创作团队的方法。

能力目标
- ➤ 能够根据实际情况搭建短视频创作团队。
- ➤ 能够对短视频创作团队实施 SOP 式管理。

素养目标
- ➤ 培养团队意识，增强沟通协作能力，提高工作质量与效率。
- ➤ 与时俱进，勇于创新，培养探索新事物、新技术的能力。

在竞争异常激烈的短视频行业，创作者想凭一己之力来运营短视频账号并非易事，只有打造一支精锐团队，才能保证持续、高效地生产出优质的短视频作品。短视频创作团队既需要编导进行统筹领导，也需要摄像师、剪辑师、演员等专业能力强的成员分工合作，所以如何实现团队成员的最佳配置并进行高效管理是短视频创作者在组建团队时首先要思考的问题。

任务一 认知短视频从业者的必备能力

短视频行业竞争异常激烈，为了提高短视频的内容质量和制作效率，抢占市场，团队创作成为当前短视频创作的主流方式。作为专业的短视频创作团队成员，需要具备以下 5 种能力。

1. 懂用户

要想使短视频获得更多用户的关注，赢得他们的喜爱，短视频从业者首先要懂用户，具备对用户喜好的洞察能力。只有对用户的典型特质、行为、心理感受和需求等了如指掌，才能创作出喜闻乐见的作品，并正确地引导用户，与其进行互动。

那么，短视频从业者如何才能获得对用户喜好的洞察能力呢？要把自己当成用户，并且在相同的场景中进行体验，从而了解用户的感受。例如，抖音账号的运营者首先要让自己成为短视频观看者，充分了解平台的特点，深度体验，总结自己被哪些短视频触动了，因为哪一点关注某账号，是什么驱动自己进行互动，等等。

2. 懂内容

短视频从业者要懂得用清晰、简单、直接的语言，采取用户乐于接受的方式，准确地向用户传达有价值的信息。此外，还要具备优秀的选题策划能力，知道用户对哪些内容感兴趣，能够通过数据分析了解用户感兴趣的内容类型，将内容以恰当的表现形式传达给用户，使用户获得良好的视听体验。

短视频从业者具备生产内容的能力是运营短视频账号的基础，只有懂内容，才能保证持续地输出优质内容，通过变换不同的选题来迎合用户不断变化的内容需求。

3. 懂数据

生产短视频的整个过程都离不开数据的支持，用数据指导内容方向，明确拍摄剪辑的侧重点，确定发布时间，调整运营工作的重心，是短视频从业者运营短视频的基本能力。

4. 懂合作

短视频创作团队成员之间要懂合作、会沟通，这样可以使团队氛围更融洽。有效的沟通既能节约时间，避免因沟通障碍出现过多返工情况，又能提高工作效率，提升内容质量。

5. 网感强

网感强体现在团队成员能够快速获得网络热点资讯，对网络事物或事件走向有感知、预判能力，对用户关注的热点高度敏感，可以快速学习网络新鲜事物。短视频从业者要了解当前有哪些备受关注的网络热点，有哪些特别受欢迎或讨论度特别高的电视剧、电影、歌曲、短视频等，有哪些流行的网络用语、表情图案，预测什么样的网络事件可能会火爆并持续发酵，预测用户对该事件的反应，并且使用网络流行词语与用户沟通。

由此可见，网感强不仅有助于内容创作，还能促进短视频从业者与用户互动。

素养课堂

短视频从业者要不断提升学习能力，勇于探索新事物，学习新技术，掌握新技能。要学会站在用户的角度思考问题，培养网络沟通能力，创作出真正符合用户需求的作品。在工作中，要保持求真务实、一丝不苟的工作态度，树立爱岗敬业、细致严谨的工作作风。

任务二　短视频创作团队人员构成与岗位职责

搭建专业短视频创作团队的第一步是了解团队人员构成及其岗位职责。一般来说，一个专业的短视频创作团队包括导演、编剧/策划、演员、摄像师、剪辑师、运营人员等。

1．导演

导演是短视频作品的总负责人，负责团队成员的组织、工作的协调、作品的质量把关等，其具体岗位职责如下。

- 根据项目要求挖掘选题，完成选题素材、故事的搜集与整理，完成项目前期策划。
- 负责组织和协调内外部团队工作，保持多方密切沟通，保障项目顺利完成。
- 参与短视频剪辑工作，以及后期调色、包装等工作。
- 参与监督整个短视频的制作过程，并对短视频内容的整体质量负责。
- 保持创新，根据短视频运营数据与用户内容消费需求持续进行短视频内容创新。

短视频导演要思维敏捷，网感强，有创新意识，思路开阔，并具备多元的创作风格，熟悉短视频制作流程，有较强的责任心，有良好的沟通能力与团队管理能力。

2．编剧/策划

编剧/策划主要进行短视频剧本的创作，负责内容的选题与策划、人设的打造，其具体岗位职责如下。

- 根据项目要求，做出符合市场需求的短视频策划方案及完整的创作构思方案。
- 具有较强的策划能力，能够独立撰写脚本大纲，对色彩、构图、镜头语言比较敏感。
- 参与拍摄与录制，推动拍摄任务的实施。
- 参与后期剪辑，负责视频包装（片头、片尾的设计）等。

3．演员

演员根据剧本进行表演，包括唱歌、跳舞等才艺表演，根据剧情、人设特色进行演绎等。演员需具备表现人物特点的能力，在需要时团队中的其他成员也可以扮演演员这一角色。

不同类型的短视频对演员的要求也不同，例如，剧情类短视频对演员的肢体语言表现力及演技要求较高；美食类短视频要求演员能够用高超的演技表现出美食的诱惑力，以达到突出短视频主题的目的；生活技巧类、科技数码类、影视混剪类等短视频对演员没有太多演技上的要求。

4．摄像师

摄像师需要按照剧本要求来完成短视频的拍摄。摄像师的水平在一定程度上决定着短视频的质量，因为内容的表现力及意境很多是通过镜头语言来表现的。优秀的摄像师不仅能够顺利地完成拍摄，还能灵活运用各种镜头语言诠释人物形象、性格等，给剪辑师留下优质的原始素材，节约大量的制作成本。因此，一名优秀的摄像师需要具备以下技能。

- 了解镜头和脚本语言的能力。摄像师要深刻理解脚本的内容，并用镜头传达脚本想要展现给用户的内容。因此，摄像师只有具备了解镜头和脚本语言的能力，才能拍摄出符合编剧/策划构想的内容。

- 精湛的拍摄技术。摄像师应熟练掌握运镜技巧，如推拉镜头、旋转镜头、跟镜头、移镜头、甩镜头等。

- 基本的剪辑能力。摄像师应具备基本的剪辑能力，这样在拍摄时能清楚哪些内容需要重点表现，哪些内容是次要的，从而有针对性地进行拍摄。

5. 剪辑师

剪辑师是制作短视频不可或缺的人员。剪辑师主要负责对短视频画面素材和声音素材进行筛选、整理与剪辑，形成一个完整的短视频作品。

在短视频拍摄完成后，剪辑师需要对拍摄的素材进行选择与组合，舍弃不必要的素材，保留精华部分，并借助编辑软件对短视频进行配乐、配音、添加特效等，其目的是更准确地突出主题，保证短视频结构严谨、风格鲜明。

剪辑师需要具备以下技能。

- 分辨素材的好坏，并对素材进行快速整理。

- 熟练地剪辑素材，例如，使画面动作衔接，不出现画面动作不连贯或重复的现象。

- 找准剪切点，在画面的顶点进行剪切。画面顶点是指动作、表情的转折点，如篮球上升到一定高度即将下落时、人物动作由笑转哭时，此时进行剪切能够给用户留下深刻的印象。

- 懂得选择配乐，能够在短视频的高潮阶段或温馨时刻加入相符的音乐。这样不仅可以增强画面的感染力，还能使画面的衔接显得更加自然。

6. 运营人员

运营人员负责短视频账号的日常运营与推广，包括账号信息的维护与更新、短视频的发布、与用户互动、数据收集与跟踪、短视频的推广及广告投放等。

运营人员需要具备以下技能。

- 数据分析能力。运营人员应能够对短视频进行数据分析，从其他优秀作品中学习经验，从中摸索规律并应用到自己的作品中。

- 学习创新能力。在工作中不断摸索前行，及时学习短视频运营的各种知识，形成自己的运营方式。

- 自我调节能力。运营人员对内要负责内容的策划，对外要负责短视频的推广引流，通常有较大的工作压力，所以运营人员要有较强的自我调节能力。

运营人员要时刻保持对用户需求的敏感度，深入了解用户的喜好、习惯及行为等，准确把握用户的需求，以便更好地完成短视频的传播推广工作。

任务三　搭建短视频创作团队

短视频创作团队越专业，职能分工就越详细，每项工作都由专人负责，能够全面提升短视频的质量。在搭建短视频创作团队时，最好招聘专业人员或者经过短期培训即可上岗的人员。但是，在账号运营初期，由于效果、收益无法预见，无法在前期就达到每项工作都由专人负责的团队配置。在这种情况下，就需要优化人员配置，根据具体情况不断调整人员结构。

一、确定配置规模

不同类型的短视频的内容创作的工作量和难度不同，所需要的人员配置自然也不相同。在组建团队时，我们可以按照资源投入和目标要求，把人员配置分为高配、中配和低配3个级别，如表4-1所示。

表4-1　团队人员配置的级别

高配（10～12人）	中配（3人）	低配（1人）
导演（1人）	内容运营人员（1人）	自编、自导、自演、自拍、自剪的全能人员（1人）
编剧/策划（1人）		
道具人员（1人）		
运营人员（1～2人）		
演员（1～2人）	演员（1人）	
化妆师（1人）		
配音师（1人）		
美工（1人）	视频制作人员（1人）	
剪辑师（1人）		
摄像师（1人）		

对个人短视频账号来说，如果在运营初期没有特别高的曝光要求，也没有变现目标，那么只需自编、自导、自演、自拍、自剪即可。但是，对企业账号来说，初始的团队需要配置2～3人，一个把控整体内容的运营人员、一个视频制作人员，如果对出镜人员要求较高，则至少要配置一名演员。

二、选择运营策略

少数资源丰富的专业团队由于投入了大量的人力和物力，人员分工明确，协同合作，所以制作的短视频更优质、更精良，而大多数企业或个人在短视频运营方面的投入是有限的，所以短视频创作要依据不同的人员配置来选择合适的运营策略。

1．3人配置

3人配置即导演、编剧/策划、运营人员的工作由一个人负责，摄像师、剪辑师的工作由一个人负责，演员的工作由一个人负责。一般3人左右的短视频创作团队是普通企业的精简标配，在运营短视频账号时，这种团队人员配置可以完成不同类型的短视频制作与推广。

在这种情况下，短视频创作最好选择实拍的形式，可以拍摄的短视频类型有小剧场表演、知识讲解、技能教学等。这种团队人员配置的优势在于适合打造IP，更具真实感，性价比高，适用范围广。

2. 5 人以上配置

5 人以上的团队，人力比较充足，发展的空间更大、可能性更高。短视频创作团队可以根据业务的需求、团队人员的实际情况等因素从深度或宽度上寻求发展。

深度，即更专业化的内容生产。例如，拍摄多人剧场型视频，在剧本、拍摄和表演上都选用专业人员；拍摄动画类短视频，选用专业的漫画师、策划人员、特效师、剪辑师等，制作上可以达到精良、专业的水平。专业度越高，内容的可替代性越低，越容易打造 IP。

宽度，即多账号短视频矩阵化运营。短视频创作团队可以制作不同类型的短视频，打造多个不同的 IP，采用矩阵式运营，在数量和类型的丰富度上取胜，从而获得更高的回报。

3. 外包运营

外包运营是指企业或组织为了降低成本、提高效率和质量，委托第三方公司或个人执行各种业务活动的一种商业模式。有很多企业选择将短视频业务外包，这就需要挑选代运营公司，管理相关的团队。企业在挑选代运营公司时，要综合考虑业务的需求，考察代运营公司的优势、经验、信誉和资质等，看其是否有优秀案例。如果更注重内容，就选择内容生产能力强的团队；如果要投放广告，就选择有相关资质的团队。

当然，即使将短视频业务外包，也并不意味着企业就可以一劳永逸，对接外包团队也是一项非常重要的工作。外包项目能否顺利完成在很大程度上取决于企业是否与外包团队有良好的协作，所以处理好与外包团队的关系，把控好运营方向，确保内容质量上乘是重要的工作内容。

任务四　管理短视频创作团队

短视频创作团队的管理非常重要，管理者只有遵循规律，运用高效管理法则，才能打造出精锐的创作团队。

一、SOP 式团队管理模型

标准作业程序（Standard Operating Procedure，SOP）是指将某一件事的标准步骤定下来，用来指导和规范重复出现的日常工作。SOP 的精髓就是将细节量化。短视频创作团队在实施 SOP 式团队管理时，可以按照以下方法来进行。

1. 明确职责范围

把整个短视频创作团队各工作组的工作内容按照任务分解结构（Work Breakdown Structure，WBS）进行分割细化，然后逐级分发任务。

WBS 是项目管理中重要的专业术语之一，其实施思路是把项目分解成任务，把任务分解成一项项具体的工作，再把每一项工作分配到每个人的日常活动中，直到无法继续分解为止。此方法的核心逻辑是：目标—任务—工作—活动。

WBS 包含 3 个关键词，即任务（Work）、分解（Breakdown）和结构（Structure）。
（1）任务

任务是指可以产生有形结果的工作目标，例如，短视频用户运营可以直接带来种子用户的增长、点赞率的提升和评论数量的增加。

（2）分解

将项目进行分解，按照"目标—任务—工作—活动"的逻辑一层层分解下去，直到不能再细分。如果把拍摄一条短视频作为一个项目，主要实施过程可以分为策划、制作、运营等任务，而策划又可以分为内容定位、竞品分析、搭建选题库等多项具体工作，其中搭建选题库又可以分为日常建立选题库、研究竞争对手选题库、集合用户想法纳入选题库和关键词查找建立选题库等。

（3）结构

按照"相互独立，完全穷尽"的原则，保持一定的结构和逻辑，保证每一项工作都涉及，做到不遗漏、不重复，每项具体工作之间相互独立，且只能有一个负责人，其他人只能是参与者。

按照 WBS 法对短视频创作团队各工作组的工作内容进行分解细化后的结果如表 4-2 所示。

表 4-2　短视频创作团队各工作组职责规划

组别	职责	具体工作	负责人	汇报人
策划组	搭建素材库	A 类账号每周 15 个选题，B 类账号每周 10 个选题		
	根据运营组的反馈不断调整选题方向和内容	每周列出改进方案		
	向制作组提交明确的内容大纲	每周筛选选题，提交大纲		
制作组	按照策划组的内容要求写出短视频脚本	完成每周短视频脚本计划		
	根据脚本完成短视频拍摄、剪辑	A 类账号每周发布 5 则短视频，B 类账号每周发布 2 则短视频		
	根据运营组的反馈不断改进短视频	每周列出改进方案		
运营组	负责短视频多平台、多渠道发布	优化平台运营方案		
	负责短视频的数据分析、内容运营和用户运营	完成每月用户增长的目标		
	负责根据运营数据向策划组和制作组提出改进建议	每周列出改进方案		

2. 制订工作计划

能力要细化，工作要分解。将每一项工作内容分解，并做到精细化、标准化，落实到每周、每日。短视频工作组的周/日工作计划，如表 4-3 所示。

表 4-3　短视频工作组的周/日工作计划

×年第×周短视频工作组的工作计划								
组别	目标	任务内容	周一	周二	周三	周四	周五	完成情况	备注
策划组								

续表

组别	目标	任务内容	周一	周二	周三	周四	周五	完成情况	备注
制作组									
运营组									

3. 注重新人培养

短视频行业是一种新兴行业，人员流动性强，很多时候短视频团队管理者需要不断培养新人，以补充空缺的岗位。要想让新人快速达到上岗标准，能够独立工作，特别要注意以下几点。

（1）不断迭代 SOP

为了将技术、经验固定下来，形成能够快速上手的执行标准，团队在建立 SOP 后要对其进行不断迭代，形成更高效的版本。

（2）新人带教 SOP

新人带教 SOP 的基本方式如下。

- 对照 SOP，讲解关键点的易错问题，再让新人用自己的话复述。
- 给新人可以模仿的案例，并在关键的地方演示给新人看。
- 请新人做一遍，观察过程中是否存在问题。
- 对新人的表现做出即时反馈，指出改进空间。

（3）注重个人成长

员工是团队组织的最小构成单位，人才战略是否合理决定一个团队的成败。只有尊重员工，关注员工的个人成长和梦想，激发出最小构成单位的最高能动性，才能使团队的效能最大化。

二、加强团队沟通协作

团队有序分工、明确责任、高效沟通可以提升团队协作效率。短视频创作团队采用团队分工协作的模式，可以提升短视频运营效率，提高团队的产出与效益。

1. 分工明确，各司其职

短视频创作团队可以根据成员的实际分工，为每个岗位制定相应的岗位说明书，讲清楚每个岗位的工作内容、工作职责等。在策划阶段，创作团队各成员可以共同研讨，以获得更多的创意，而在执行阶段就要各司其职。例如，故事情节、台词等由内容运营人员把控，拍摄角度、特效创意等视觉效果由视频制作人员完成，剧情的演绎、表达由演员完成。

每个人都有自己的专长，专业的事就要交给专业的人来做，并且要培养他们的责任心。团队管理要分工明确，各司其职，各担其责，例如，如果剪辑师在添加字幕的环节出现了问题，他就要承担责任；如果演员在配音时出现了错误，就由演员来承担责任。

　　明确、清晰的分工与职责，最好以书面形式记录下来，并向团队宣读，确保每个人都能明确团队的工作内容与责任归属，既要避免一项工作由多人负责，因意见不统一、反复沟通导致资源、时间的浪费，又要避免权责不清，出现问题时发生互相推诿的情况。

2．运用工具，高效沟通

　　使用各种表格来达成有效对接、高效沟通，不仅能避免过多返工，节约时间、人力成本，还能使团队氛围更融洽。短视频创作团队可以根据对接时的信息采集标准来创建单独的沟通文档。

　　（1）选题表

　　选题表用于团队内部的初步创意搜集、选题讨论，能够简明扼要地说明选题的内容即可，如表 4-4 所示。

表 4-4　短视频选题表

日期	姓名	选题	用户痛点描述	视频展现形式	视频标题

　　（2）剧本撰写表

　　在确定选题以后，负责编剧的人员要撰写剧本。不同于影视剧复杂、专业的制作，短视频的剧本追求实用性，一般以文案为主体，并要交代清楚拍摄场景、拍摄要求、后期制作要求等。表 4-5 所示为短视频剧本撰写表。

表 4-5　短视频剧本撰写表

视频标题	
剧中台词	
拍摄场景	
拍摄要求	
后期制作要求	
备注	

　　这些表格不仅能保证信息不被遗漏，还能提高日常对接、沟通的效率，从而提升短视频内容生产的质量与效率。

3．团结互助，共同提升

　　短视频创作团队各成员要提升团队协作能力，不同岗位、不同特长的成员之间要团结互助、彼此学习、相互交流，以获取更多的知识，习得更多的技能。对个人而言，这是学习、成长的机会，有助于自身全面发展，不断提升专业技能。

　　例如，一个懂拍摄的编剧，写出来的剧本一般具有更强的视觉美感。对团队而言，这不仅有利于团队成员之间的交流，减少因专业不同而产生的沟通障碍，还能培养出"多面手"，在关键时刻发挥作用，提高创作团队的工作效率。

项目实训：组建短视频创作团队

1. 实训目标

请组建短视频创作团队，通过实践了解短视频创作团队的人员构成，掌握短视频创作团队人员的工作内容与岗位职责。

2. 实训内容

以 4~6 人为一组，自由搭建短视频创作团队，可以根据自己的兴趣特长选择适合的工作岗位。

3. 实训步骤

• 根据短视频创作团队人员的构成，做自我介绍，并相互推荐或自荐，选择适合自己的岗位。

• 自由组建短视频创作团队。请根据想要创作的短视频内容类型，确定创作团队成员，明确各岗位职责。

• 每组成员分工合作，尝试创作一条短视频。在创作过程中，不同岗位的团队成员间应分工明确，团结协作。

4. 实训总结

自我总结	
教师总结	

项目五
视频拍摄，构建富于表现力的画面

知识目标

- ➢ 了解景别、景深的类型及其作用。
- ➢ 了解拍摄方向、拍摄角度的类型及其作用。
- ➢ 了解光线的性质与光位的类型及灯光的布置。
- ➢ 掌握视频画面的构成要素和画面构图原则。
- ➢ 掌握常用的短视频拍摄运镜方式。
- ➢ 掌握撰写短视频脚本的方法与技巧。

能力目标

- ➢ 能够根据需要设计景别、景深与拍摄角度。
- ➢ 能够在短视频拍摄中灵活运用光线和构图方法。
- ➢ 能够灵活运用不同的运镜方式进行视频拍摄。
- ➢ 能够撰写拍摄提纲、分镜头脚本和文学脚本。

素养目标

- ➢ 提升审美能力，学会用心观察周围的事物。
- ➢ 弘扬工匠精神，追求卓越，精益求精。

　　短视频创作者要想顺利地完成短视频的拍摄，构建富于感染力的画面，给观众留下深刻的印象，不仅要学会使用拍摄设备，还要掌握一定的视频拍摄技法，包括景别、景深的设计，拍摄方向、角度的选择，光线的运用，画面构图，运镜及脚本撰写，等等。短视频创作者只有掌握了这些拍摄技法，并应用于实践，勤于练习，积累经验，才能拍摄出具有大片质感的短视频作品。

任务一　设计景别和景深

　　景别和景深是两个不同的概念，景别是被摄主体在画面中呈现的范围，景深是在拍摄一个场面时，处于不同纵深距离的物体在画面上获得相对清晰影像的范围。运用景别和景深，可以提升短视频画面的空间表现力。

一、景别的选择

　　景别是指因摄像机与被摄主体的距离不同，而造成被摄主体在摄像机取景器中所呈现出的照片画面取景范围大小的不同。这里所说的被摄主体多指人，有时也指其他景物。认识景别有助于摄像师在拍摄时进行画面构图，一般将景别分为 5 种，由远至近分别为远景、全景、中景、近景和特写。

1. 远景

　　远景是指拍摄远距离人物和景物，表现广阔深远景象的画面。远景重在渲染气氛，常用于介绍环境、显示人物的处境，或者表现一定的意境，如图 5-1 所示。

2. 全景

　　全景是指拍摄人物全身形象或场景全貌的画面，体现人物形象或场景的完整性，多用于塑造人物形象和交代场景，如图 5-2 所示。

图 5-1　远景

图 5-2　全景

　　与远景相比，全景更能全面阐释人物与环境之间的密切关系，展示人物的行为动作、表情等，也可以在某种程度上表现人物的内心活动。如果拍摄其他物体，则需要保留被摄物体轮廓的完整，表现出被摄物体的全貌，并且被摄物体周围不能有太多的空白画面。

3. 中景

　　中景是指拍摄人物膝盖以上部分或者局部环境的画面。中景既表现了人物的表情，又展示出了人物所处的环境，是叙事功能较强的一种景别，如图 5-3 所示。

　　与全景相比，中景呈现出的人物的范围有所缩小，环境处于次要地位，重点在于表现人物的上身。如果拍摄其他物体，则需要保留被摄物体的大部分。

4. 近景

　　近景是指拍摄人物胸部以上或者物体局部的画面。近景着重表现人物的面部表情，传达人物的内心世界，是刻画人物性格的景别，如图 5-4 所示。如果拍摄其他物体，则需要保留被摄物体的主要部分。

图 5-3　中景　　　　　　　　　　　　　　　图 5-4　近景

5. 特写

特写是指拍摄人物脸部或者放大物体局部的画面，如图 5-5 所示。特写比近景更加接近人物，具有强调和呈现人物心理变化的作用。一些特写还具有某种象征意义，能从视觉效果上来体现被摄主体的重要性。

图 5-5　特写

不同的景别可以表现不同的画面节奏和主次关系，景别的变化还具有以下作用。

- 景别的变化带来的是观众视点的变化，能够满足观众从不同视距、不同视角全面观看被摄主体的要求。
- 景别的变化是实现画面节奏变化的因素之一。
- 景别的变化能够使画面具有更加明确的指向。

二、景深的设计

景深是指被摄主体影像纵深的清晰范围。运用不同景深拍摄出的画面会给观众带来不同的空间上的纵深感。景深分为深景深和浅景深，深景深的背景清晰，浅景深的背景模糊。景深能够表现被摄主体的深度（层次感），增强画面的纵深感和空间感。

使用浅景深可以有效地突出被摄主体，如图 5-6 所示。在拍摄近景和特写时，通常会采用浅景深，这样能够将被摄主体和背景剥离开来。只有使被摄主体清晰，才能锁定观众的目光。

深景深能够起到交代环境的作用，表现被摄主体与周围的环境及光线之间的关系。在拍摄风光、大场景、建筑时，深景深能够很好地展现画面的细节和细腻的层次，如图 5-7 所示。

影响景深的因素主要有 3 个，分别是光圈、焦距和拍摄距离。在这 3 个因素中，一个变动，另外两个固定的前提下，光圈越小（即 F 值越大），景深越深；焦距越短，景深越深；拍摄距离越远，景深越深。

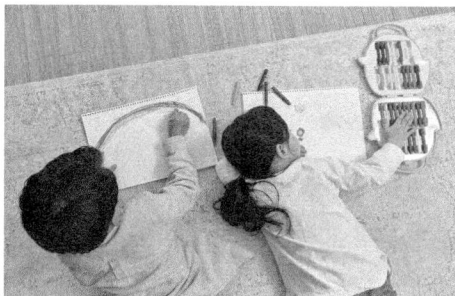

图 5-6　浅景深

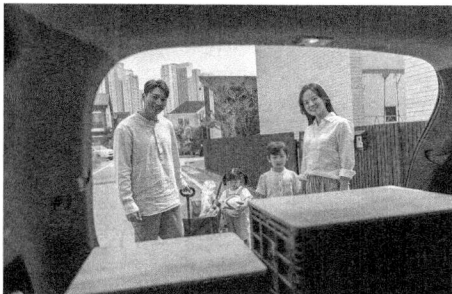

图 5-7　深景深

任务二　选择拍摄方向和角度

观众观看外界事物时，会有不同的观察角度。同样，在短视频拍摄中，摄像师也有各自的拍摄角度，拍摄角度决定着观众从哪个视点来观看被摄主体，以及怎样认识被摄主体。从构图上来说，选择合理的拍摄方向和拍摄角度能够增强画面的表现力。

一、拍摄方向的类型

拍摄方向是指摄像师以被摄主体为中心，在同一水平面上改变拍摄角度，形成不同的构图形式。拍摄方向主要包括正面拍摄、正侧面拍摄、斜侧面拍摄和背面拍摄。不同的拍摄方向具有不同的展现效果，摄像师可以根据拍摄任务来进行选择。

1. 正面拍摄

摄像师从正面方向拍摄被摄主体时，摄像机的镜头位于被摄主体的正前方，观众看到的是被摄主体的正面形象，如图 5-8 所示。

正面拍摄有利于表现被摄主体的正面特征。当被摄主体是人物时，适合表现人物完整的面部特征和表情动作，使观众产生亲切感。当被摄主体是景物时，则有利于表现景物的横线条，营造出稳定、严肃的气氛。正面拍摄的缺点是不易表现被摄主体的空间感和立体感。

2. 正侧面拍摄

摄像师从正侧面方向拍摄被摄主体时，摄像机镜头与被摄主体的正面成 90°。正侧面拍摄有利于表现被摄主体的运动方向、运动姿态及轮廓，突出被摄主体的强烈动感和特征，还可以表现人物之间的交流、冲突和对抗，强调人物的神情，如图 5-9 所示。

图 5-8　正面拍摄

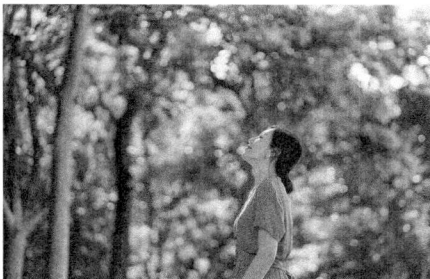

图 5-9　正侧面拍摄

3. 斜侧面拍摄

摄像师从斜侧面方向拍摄被摄主体时，摄像机镜头介于被摄主体的正面和正侧面之间，摄像师从这个方向拍摄既可以拍摄被摄主体的正面部分，又可以拍摄被摄主体的侧面部分，是比较常用的拍摄方向之一，如图 5-10 所示。

从被摄主体的斜侧面方向进行拍摄，有利于表现被摄主体的立体感与空间感，使被摄主体产生明显的形体变化，还能突出表现被摄主体的主要特征，有利于表现被摄主体的方向。在多人场景中，从被摄主体斜侧面拍摄还有利于表现被摄主体、陪体的主次关系，突出被摄主体。

4. 背面拍摄

摄像师从背面方向拍摄被摄主体时，摄像机镜头位于被摄主体的背后，能使观众产生与被摄主体的视线相同的视觉效果，如图 5-11 所示。背面拍摄有时也可用来改变被摄主体、陪体的位置关系。

图 5-10　斜侧面拍摄　　　　　　　　图 5-11　背面拍摄

背面拍摄可以使观众产生参与感，很多展示现场的画面经常采用背面拍摄，给观众以强烈的现场感。由于观众不能直接看到被摄主体的面部表情，所以能够给观众思考和联想的空间，引起观众的好奇心和兴趣。此外，背面拍摄还可以含蓄地表达人物的内心活动。

二、拍摄角度的类型

拍摄角度是指摄像机镜头与被摄主体所处水平线之间形成的角度，不同的拍摄角度可以产生不同的构图变化。拍摄角度包括平角度、仰角度和俯角度。

1. 平角度

摄像师采用平角度拍摄时，摄像机镜头与被摄主体处于同一水平线上，所拍画面符合多数观众的观察习惯，具有平稳的效果，是一种"纪实"角度，如图 5-12 所示。摄像师采用平角度拍摄，被摄主体不易变形，比较适合拍摄近景和特写。摄像师如果追求画面构图平稳与普通的透视效果，使用平角度拍摄比较合适。不过，摄像师采用平角度拍摄时，前后景物容易重叠遮挡，难以展现大纵深的景物和空间层次。

2. 仰角度

摄像师采用仰角度拍摄时，摄像机镜头处于人眼（视平线）以下位置，或者低于被摄主体所处的水平线，如图 5-13 所示。仰角度拍摄时，前景升高、后景降低，有时后景被前景遮挡。采用仰角度拍摄的画面通常被赋予一定的含义，画面中的被摄主体会显得不同凡响，具有威胁性，富有征服感。采用仰角度拍摄垂直线条的被摄主体时，线条向上汇聚，能够产生高大、雄伟的视觉效果。

图 5-12　平角度拍摄的画面

图 5-13　仰角度拍摄的画面

3. 俯角度

摄像师采用俯角度拍摄时，摄像机镜头高于被摄主体所处的水平线，摄像师从高向低拍摄，就像人在俯视一样，如图 5-14 所示。俯角度拍摄可以表现被摄主体正面（或背面）、侧面和顶面 3 个面，增强了被摄主体的立体感和透视效果。

图 5-14　俯角度拍摄的画面

俯角度拍摄时，离镜头近的景物降低，离镜头远的景物升高，从而展示了开阔的视野，增加了空间深度。在展示场景内的景物层次、规模，表现整体气氛和宏大的气势时，采用俯角度拍摄效果更佳。采用俯角度拍摄人物时，拍摄出来的画面会让观众产生一种被摄人物低微、陷入困境、软弱无力、压抑、低沉的感觉。

任务三　合理运用光线

在拍摄短视频过程中，摄像师无时无刻不与光线打交道。光线不仅能够照亮环境，还能通过不同的强度、色彩和角度等来影响短视频画面的呈现效果。因此，摄像师要对光线的运用有一个全面的了解，从而更好地完成短视频的拍摄工作。

一、光线的性质

光具有很重要的表达效果，有些光是硬的、刺目的、聚集的、直接的，有些光是软的、柔和的、散射的、间接的。在短视频拍摄中，光能够影响被摄主体呈现的形状、影调、色彩、空间感、美感、真实感。

摄像师需要对各种光加以分析，了解光的各种特性，掌握光的不同作用，这样在拍摄短视频时才能充分发挥光的巨大潜力，更好地展现出被摄主体的形象。通常把拍摄所用光线的软硬性质称为光质，而光质又可分为硬质光和软质光。

1. 硬质光

硬质光，即强烈的直射光，如晴天的阳光，或者直接照射在人或物体上的人造光，如闪光灯、照明灯光等，它们产生的阴影清晰而浓重。被摄主体在硬质光的照射下会形成受光面、背光面和影子，硬质光可以造成明暗对比强烈的效果，适合表现被摄主体表面粗糙的质感和清晰的轮廓。图 5-15 所示为采用硬质光拍摄的视频画面。

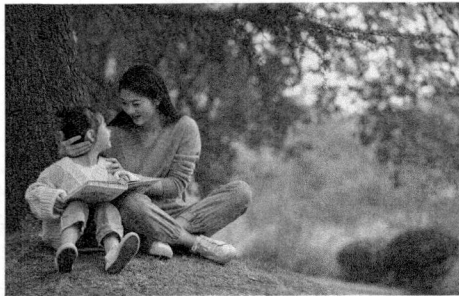

2. 软质光

软质光是一种漫散射性质的光，没有明确的方向，不会让被摄主体产生明显的阴影。例如，阴天、雨天、雾天的自然光，或者添加柔光罩的灯光等都属于典型的软质光。

摄像师在这种光线下拍摄出的视频画面没有明显的受光面、背光面和投影，在视觉上明暗反差小，影调平和。摄像师利用这种光线拍摄时，能够较为理想地将被摄主体细腻且丰富的质感和层次表现出来，但无法很好地表现被摄主体的立体感，且画面色彩比较灰暗。在实际拍摄时，摄像师可以在画面中制造一些颜色鲜艳的视觉兴趣点，使画面效果更加生动。图 5-16 所示为采用软质光拍摄的视频画面。

图 5-15　硬质光下的视频画面　　　　图 5-16　软质光下的视频画面

二、光位的设计

光位是指光源相对于被摄主体的位置，即光线的方向与角度。同一被摄主体在不同的光位下会产生不同的明暗效果。常见的光位主要有顺光、逆光、侧光、顶光和底光等。

1. 顺光

顺光，也称正面光或前光，采用顺光拍摄时，画面中前后物体的亮度一样，没有明显的明暗反差，被摄主体朝向镜头的一面受到均匀的光照，画面中的阴影很少甚至几乎没有阴影。摄像师采用顺光拍摄，能够真实地呈现被摄主体的色彩：若拍摄风景，能够得到清雅的画面效果；若拍摄人物，能够得到过渡平缓细致、自然柔和的画面效果。图 5-17 所示为采用顺光拍摄的视频画面。

但是，采用顺光拍摄不利于表现被摄主体的立体感和质感，不能突出画面中的重点和交代主次，缺乏光影变化和影纹层次。摄像师可以将顺光设置为主光，再打上辅助光，这样拍摄出的画面会更加好看。

2. 逆光

逆光，也称背光、轮廓光或隔离光，其光源在被摄主体的后方、镜头的前方，有时镜头、被摄主体和光源几乎在一条直线上。

逆光拍摄能够清晰地勾勒出被摄主体的轮廓，形成轮廓光或剪影效果，这对表现被摄主体的轮廓特征，以及把被摄主体与背景等区分开来都极为有效。图 5-18 所示为采用逆光拍摄的视频画面。

图 5-17　采用顺光拍摄的视频画面　　　　图 5-18　采用逆光拍摄的视频画面

3. 侧光

侧光是一种表现被摄主体的立体感和质感的光位之一。侧光能够在被摄主体表面形成明显的受光面和阴影，表现被摄主体的立体形态和表面质感。摄像师在拍摄人物时，运用侧光能够表现人物的情绪，通常将光线打在人物的侧脸上。

不同角度的侧光，可以表现或突出强调被摄主体的不同部位。摄像师拍摄短视频时，可以根据需要达到的画面效果采用不同角度的侧光进行拍摄。侧光可以单独使用，也可以作为辅助光使用。图 5-19 所示为采用侧光拍摄的视频画面。

图 5-19　采用侧光拍摄的视频画面

4. 顶光和底光

顶光和底光是两个比较特殊的光位。顶光是指来自被摄主体顶部的光线，通常用于反映被摄主体的特殊精神面貌，如精神憔悴、缺少活力的状态。

底光则与顶光相反，是指从被摄主体下方向上照射的光线，它可以消除其他光线在被摄主体下方形成的阴影，表现特定的光源特征和环境特点，通常用于烘托恐怖、神秘、古怪的气氛。

三、灯光的布置

　　根据光线在视频画面中的作用，可以将光线分为主光、辅助光、环境光、轮廓光、眼神光、修饰光等。在短视频拍摄中经常用到三灯布光法，主要是指以人为被摄主体的灯光布设方案，包括主光、辅助光和轮廓光。三灯布光法如图 5-20 所示。

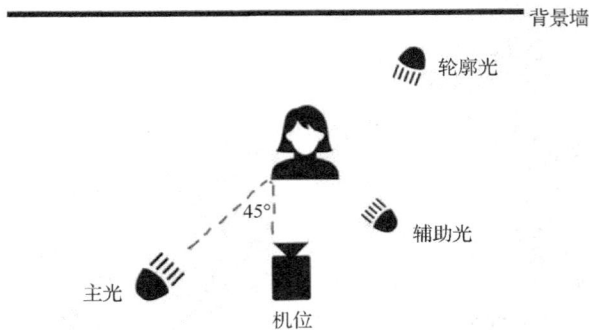

图 5-20　三灯布光法

1. 主光

　　主光，又称塑型光，是刻画人物和表现环境的主要光线。不管其方位如何，都应在各种光线中占主导地位，是视频画面中最引人注目的光线。对主光的处理会直接影响被摄主体的立体形态和轮廓的表现，也会影响到画面的基调、光影结构和风格，是摄像师首先要考虑的光线。

　　主光光源通常位于被摄主体侧前方，并且主光光源与被摄主体和摄像机之间的连线成45°～90°。在拍摄人物时，主光光源最完美的位置位于能使其与被摄主体和摄像机之间的连线成45°的直线上，并略微高于被摄主体。采用这样的主光，会在被摄主体的脸颊、鼻子侧面与眼睛下方形成一块明显的三角形阴影，使被摄主体的脸部非常具有立体感。

2. 辅助光

　　辅助光，又称副光，是用于补充主光的光线。辅助光一般是无阴影的软光，用于减弱主光造成的生硬、粗糙的阴影，缩小受光面和背光面的反差，增强暗部影像的表现力。

　　辅助光光源通常位于被摄主体的另一侧前方，并且辅助光光源与被摄主体和摄像机之间的连线成 45°～90°。辅助光的角度不同，画面呈现的艺术效果也不同，辅助光多与主光搭配使用。

　　通常主光和辅助光的光比（即主光和辅助光形成的亮度比值）决定着被摄主体的影调反差，所以控制和调整主光与辅助光的光比十分重要。主光与辅助光的光比没有固定数值，但需要注意的是，主光的强度要比辅助光的强度大，摄像师通常设置的主光与辅助光的光比为2∶1、4∶1等。

3. 轮廓光

　　轮廓光是三种光中唯一一种不是模拟自然光的光线，轮廓光通过照亮被摄主体的头发、肩膀等边缘，将被摄主体和背景分开，有利于增强视频画面的层次感和纵深感。

　　轮廓光光源通常位于被摄主体后侧方与主光光源大致相对的位置，并以略高于被摄主体的高度俯射被摄主体。经过柔化的轮廓光不易被肉眼察觉，适用于采访、访谈等纪实类影像的拍摄；而较硬且较亮的轮廓光则具有艺术化的修饰效果，通常用于音乐短片及某些渲染氛围的剧情片的拍摄。

任务四　视频画面构图

　　构图能够创造画面造型，表现节奏与韵律，是视频作品美学效果的直接体现，有着无可非议的表现力，传达给观众的不仅是一种认识信息，也是一种审美情趣。摄像师在短视频拍摄过程中，要时刻注意画面构图，既要遵循一定的原则，又要根据内容主题，采取丰富多样的构图方式，这样才能拍摄出优质的短视频作品。

一、画面构成要素

　　构成视频画面的基本要素包括被摄主体、陪体和环境。

1. 被摄主体

　　被摄主体是指摄像师要表现的主要对象，既是内容表现的重点，也是视频主题的主要载体，同时还是画面的结构中心。被摄主体可以是某一个被摄对象，也可以是一组被摄对象；被摄主体可以是人，也可以是物。

2. 陪体

　　陪体是指在画面中与被摄主体有着紧密的联系，或者辅助被摄主体表达主题的对象。陪体可以增加画面的信息量，使画面更自然、更生动、更有感染力，但要注意不能喧宾夺主。可以这样说，陪体是与被摄主体共同完成视频主题的，陪体起到了陪衬的作用。只有分清被摄主体和陪体，画面才有主次，才有重心。

3. 环境

　　环境是被摄主体与陪体所处的环境，包括前景与后景两个部分。位于被摄主体之前，或者靠近镜头位置的人物或景物，统称为前景，前景有时也可能是陪体。后景与前景相对应，是指位于被摄主体之后的人物或景物。例如，在图 5-21 所示的视频画面中，海难是前景，大海和天空是后景，被摄主体是人，陪体为一只狗。

图 5-21　视频画面

二、画面构图原则

构图是一项富有创造性的工作，其根本目的是使视频的主题和内容获得尽可能完美的形象结构和画面效果。因此，摄像师在拍摄视频时，需要遵循以下画面构图原则。

1. 遵循美学原则

视频画面的构图要遵循美学原则，具备形式上的美感，具体如下。

- 被摄主体不应居中，要注意黄金分割，还要注意画面的平衡。
- 被摄主体和陪体应当主次分明，要强调被摄主体，陪体不能喧宾夺主。
- 人或物之间的连线不应一字排开，应高低起伏，层次分明，错落有致。
- 人或物之间的距离不应均等，要有疏有密。
- 被摄主体不要全部以正面出现，最好与镜头形成一定的角度。
- 重视画面中的"线条"，它可以让画面富有动感和韵律感。

2. 突出主题

构图形式是摄像师构思立意的直接体现，每个画面所要传达、表现的思想内容必须是明确且集中的，切忌模棱两可、不明不白，要以鲜明的构图形式反映出短视频的主题和立意。因此，摄像师只有熟悉构图规则，但又不拘泥于这些规则，才能创作出优质的短视频。

摄像师可以通过以下几种构图方法来深化主题。

（1）对比构图

摄像师要善于利用色彩、形态、影调等的对比手法，使两个相互对比的主题元素相互加强，从而突出视频的表现力，达到深化主题的目的，如图 5-22 所示。

（2）斜构图

斜构图经常被认为是一种不符合规则的构图方式，是一种与黄金分割法、对称法等常规构图方式相反的构图方式，常用来表现人物的情绪，挖掘细节，如图 5-23 所示。

图 5-22　对比构图

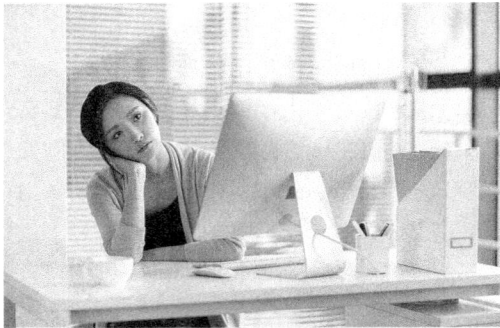

图 5-23　斜构图

（3）残缺式构图

拍摄人物时，摄像师可能有意追求残缺的形象，只求传达一个事件流程中人物活动瞬间停止的感受。采用这种构图法形成的画面没有完整的人物形象，只有人物的局部，残缺的部位会带给观众神秘感，以激发其好奇心和想象力，如图 5-24 所示。

（4）框架式构图

摄像师可以利用隔物偷窥法透过某一物体拍摄被摄主体，也可以巧用镜面、水面等反光体来增强画面的空间感和层次感，还可以利用前大后小的两个不同物体使画面呈现出延伸和夸张效果。框架式构图如图 5-25 所示。

图 5-24　残缺式构图

图 5-25　框架式构图

视频画面的构图必须要为视频主题服务，所以摄像师在构图时应注意以下几点。

- 为了表现被摄主体，要采用合适、舒服、具有形式美感的构图方式。
- 为了突出主题，有时可以采用不符合规则的构图方式。
- 若某个构图优美的画面与整个视频主题风格不符，甚至妨碍了视频主题的表达，可以考虑将其剪掉。

3. 体现造型美

在构图时，摄像师可以根据所要拍摄的内容和现实条件，通过画面的设置、光线的运用、拍摄角度的选择，以及调动影调、色彩、线条、形状等造型元素，创造出具有表现力和造型美的构图方式，如图 5-26 所示。

4. 均衡原则

均衡原则是画面构图的一个重要原则，均衡的画面结构能够使画面在视觉上产生形式美。若要判断画面结构是否均衡，可以将画面分为四等份，形成一个"田"字格，若"田"字格的四个格子中都有相应的元素，那么这些元素之间就形成了均衡感，如图 5-27 所示。

图 5-26　讲究造型美的构图

图 5-27　给人均衡感的构图

需要注意的是，均衡并不意味着对称，对称的画面常常会给观众沉闷感，而均衡的画面绝不会引起观众视觉上的不适。摄像师要想让画面的结构达到均衡，就要让画面中的形状、颜色和明暗区域相互补充与呼应。

5. 运动原则

视频最大的特点就是画面是动态的，为遵循运动原则，摄像师往往会采用动态构图。动态构图往往是视频拍摄的主要构图方式。在采用动态构图时，摄像师自始至终要注意被摄主体运动方向、运动速度和运动节奏等因素的变化。如果被摄主体是人物，应以人物的运动轨迹作为画面构图依据；如果是介绍环境和交代背景的画面，且画面中没有人物，摄像师则应以能够表现环境特色的主要对象作为构图依据。

动态构图下的被摄主体与镜头同时或者分别处于运动状态，画面内视觉形象的构图组合及相互关系连续或间断地变化。摄像师只有保证画面运动有迹可循，才能使视频画面合乎情理，从而使视频被观众接受和认可。

素养课堂

> 短视频的制作需要创作者具备一定的审美能力，因此我们要在平时的生活中培养审美意识，在认识美、体验美、感受美、欣赏美、创造美的过程中不断提高审美情趣和艺术修养，利用短视频传播精彩的中国故事、鲜明的中国形象，为推动社会主义精神文明建设、引领时代审美风尚作出积极的贡献。

任务五　选择运镜方式

运镜即运动镜头，指通过机位、焦距和光轴的变化，让画面产生动感的效果，形成视点、场景空间、画面构图、表现对象的变化。灵活运用不同的运镜方式可以形成不同的画面效果，影响内容节奏，促进情节发展，赋予画面独特的寓意。

在短视频拍摄中，常用的运镜方式有推拉镜头、升降镜头、摇镜头、移镜头、跟镜头、旋转镜头、环绕镜头和组合镜头等。

1. 推拉镜头

推镜头是从远到近进行拍摄，在被摄主体位置不变的情况下，将摄像机向前缓缓移动或急速推进，从而靠近被摄主体。随着摄像机的前推，画面经历了远景、全景、中景、近景、特写的完整或不完整的过程，变化过程必须是连续的。这种运镜方式的主要作用是突出被摄主体，凸显细节，使观众的注意力相对集中。它符合观众在实际生活中由远及近、从整体到局部、由全貌到细节观察事物的过程。

拉镜头与推镜头的摄像机运动方向相反，它是通过移动摄像机来逐渐远离被摄主体的一种运镜方式。一方面，取景范围由小变大，逐渐把陪体或环境纳入画面中；另一方面，被摄主体由大变小，其表情或细微动作变得不再清晰，给观众造成距离逐步被拉大的感觉。拉镜头往往用来把被摄主体纳入一定的环境中，提醒观众注意被摄主体所处的环境，以及被摄主体与环境之间的关系变化，等等。

2. 升降镜头

升降镜头是摄像机借助升降装置一边升降一边拍摄的方式，升降运动带来了画面范围的扩展和收缩，形成了多角度、多方位的多构图效果。

升镜头是指镜头向上移动形成俯角度拍摄，以显示广阔的空间；降镜头是指镜头向下移动进行拍摄，多用于拍摄大场面，以营造气势。

3. 摇镜头

摇镜头是指摄像机本身所处的位置不移动，借助摄像机的活动底盘，使摄像机上、下、左、右旋转拍摄，犹如人的目光顺着一定的方向观察被摄主体。左右摇镜头常用来表现大场面，上下摇镜头常用来展示被摄主体的高大、雄伟、险峻。摇镜头能使观众产生身临其境的感觉。

4. 移镜头

移镜头是指摄像机沿水平面进行各个方向的移动拍摄。移镜头类似生活中人们边走边看的状态，在这种情况下，变化的是被摄主体的背景。不管被摄主体是固定不动还是处于运动之中，因为镜头的移动，被摄主体的背景总是变化的。

移镜头具有完整、流畅、富于变化的特点，能够表现大场面、大纵深、多景物、多层次的复杂场景，体现运动状态下被摄主体的视觉艺术效果。

5. 跟镜头

跟镜头同样是一种移动镜头的运镜方式，它与移镜头的不同之处在于，采用跟镜头时，摄像机的拍摄方向与被摄主体的运动方向一致，且摄像机与被摄主体保持等距离运动。跟镜头适用于连续表现人物的动作、表情或细节的变化。

跟镜头既能突出运动中的被摄主体，又能表现被摄主体的运动方向、速度、体态及与环境之间的关系，使被摄主体的运动保持连贯，有利于展示被摄主体在动态中的形态。

6. 旋转镜头

旋转镜头是指使被摄主体呈旋转效果的运镜方式，摄像机沿镜头光轴或接近镜头光轴的角度旋转拍摄，摄像机快速做超过 360°的旋转拍摄。这种运镜方式可以使观众产生眩晕感，是影视拍摄中常用的一种运镜方式。

采用旋转镜头时，摄像师手持稳定器快速做超过 360°的旋转拍摄，以实现旋转镜头的效果；也可以采用反向环绕旋转镜头，手持稳定器，摄像师原地转动即可；还可以将稳定器倒置，对被摄主体进行低角度环绕旋转拍摄。这种镜头比较适合展现被摄主体的高大形象。

7. 环绕镜头

环绕镜头需要摄像机位置保持不变，以被摄主体为中心进行旋转移动。环绕镜头能够突出被摄主体、渲染情绪，让整个画面更有张力。采用环绕镜头时，首先要保证摄像机与被摄主体等距，其次摄像师移动摄像机时要尽量保持顺畅。

8. 组合镜头

在短视频的实际拍摄过程中，摄像师常常采用组合镜头，即在一个镜头中将推、拉、摇、移、跟、升降等运镜方式结合起来，以展现丰富多变的画面效果。

例如，在拍摄高大建筑时，常常采用"前推＋上摇""下摇＋后拉"等组合镜头。又如，拍摄一个人物入场片段时，先升高机位拍摄空镜头，然后降低机位使人物入场至中近景，展示人物形象。

素养课堂

　　在短视频创作中，创作者要坚持社会主义核心价值观，传播正能量，传递奋进力量，彰显新时代青年的精神面貌，敢于创新，不怕困难，勇往直前。在创作中要弘扬工匠精神，精益求精，追求作品品质，创作出有价值、有格调、有品位的优质作品。

任务六　撰写短视频脚本

　　短视频脚本是创作短视频的关键，是短视频的拍摄大纲和要点规划，用来指导整个短视频的拍摄方向和后期剪辑，具有统领全局的作用。虽然短视频的时长较短，但优质短视频的每一个镜头都是经过创作者精心设计的。

　　撰写短视频脚本，可以提高短视频的拍摄效率与拍摄质量。短视频脚本大致分为3类，分别是拍摄提纲、分镜头脚本和文学脚本，脚本类型可以依短视频的拍摄内容而定。

一、撰写拍摄提纲

　　拍摄提纲是指短视频的拍摄要点，对拍摄内容起到提示作用，适用于一些不易掌握和预测的拍摄内容。

　　写作拍摄提纲主要分为以下几步。

- 明确短视频的选题、立意和创作方向，确定创作目标。
- 呈现选题的角度和切入点。
- 阐述不同体裁短视频的表现技巧和创作手法。
- 阐述短视频的画面构图、光线和节奏。
- 呈现场景的转换、结构、视角和主题。
- 完善细节，补充音乐、解说、配音等内容。

二、撰写分镜头脚本

　　分镜头脚本包含的内容十分细致，要使每个画面都在短视频创作者的掌控之中，包括每个镜头的长短、细节等。分镜头脚本既是前期拍摄的依据，也是后期剪辑的依据，还可以作为视频长度和经费预算的参考依据。创作分镜头脚本比较耗时耗力，类似于微电影的短视频可以使用这种类型的短视频脚本。

　　分镜头脚本主要包括镜号、分镜头时长、画面、景别、拍摄技巧、机位、声音、背景音乐、台词等内容，具体内容要视情节而定。分镜头脚本在一定程度上已经是"可视化"影像了，可以帮助制作团队最大限度地实现创作者的初衷，所以分镜头脚本适用于故事性较强的短视频作品。表5-1所示为分镜头脚本示例。

表5-1　分镜头脚本示例

镜号	运镜方式	景别	分镜头时长	画面	台词	音效	背景音乐	备注
1	固定镜头	近景	3秒	两个穿着雨衣和雨鞋的小男孩撑着雨伞踩着地面上的雨水并跳跃	每一天都不一样	无	无	无

三、撰写文学脚本

文学脚本要求创作者列出所有可能的拍摄思路，但不需要像分镜头脚本那样细致，只需说明短视频中人物需要做的任务、说的台词，所选用的拍摄方法和整个短视频的时长即可。文学脚本不仅适用于有剧情的短视频，也适用于非剧情类的短视频，如教学类短视频和测评类短视频等。

要想写出好的文学脚本，短视频创作者需要注意以下几点。

1. 做好前期准备

前期准备工作主要包括以下几点。

- 搭建框架：拍摄主题、故事线索、人物关系、场景选择等。
- 主题定位：故事背后有何深意？想反映什么主题？运用哪种内容形式？
- 人物设置：需要多少人物出镜？这些人物的任务分别是什么？
- 场景设置：寻找拍摄地点，拍摄地点在室内还是在室外？
- 故事线索：剧情如何发展？
- 影调运用：根据所要表现的情绪配合相应的影调。
- 背景音乐：选择符合主题的背景音乐。

2. 确定写作结构

短视频创作者在写文学脚本时，一般要先拟定一个整体框架，文学脚本的整体框架以"总-分-总"结构居多，这样可以让短视频有头有尾。开始的"总"是指表明主题，在短视频开头3~5秒内就要表明主题，如果超过5秒，观众还不知道短视频的主题，很有可能会选择离开，以致影响短视频的完播率；"分"是指详细叙事，用剧情来表达短视频的主题；最后的"总"是指结尾总结，重申主题，以引发观众的思考和回味。

3. 设定人物形象

人物的台词要简单明了，能够体现人物性格和情节发展即可，如果台词过长，观众听着也会吃力。除台词以外，人物的动作和表情也会帮助观众体会人物的状态和心理。

4. 设置拍摄场景

场景可以起到渲染故事情节和突出主题的作用。场景一定要与剧情相吻合，而且不能使用过多的场景。

项目实训：拍摄旅行风景类短视频

1. 实训目标

学会拍摄画面丰富、感染力强的短视频。

2. 实训内容

请结合所学知识尝试拍摄一条旅行风景类短视频。

3. 实训步骤

（1）确定主题等

4人一组，确定拍摄的短视频的主题，构思短视频的拍摄角度、拍摄光线，以及视频画面的构图及景别等。

（2）撰写脚本

请根据短视频的主题，撰写简单的拍摄脚本，确定要拍摄哪些视频素材。

（3）拍摄短视频

按照拍摄脚本完成短视频素材的拍摄，拍摄过程中，注意光线的运用、景别与构图方式的选择，并灵活运用不同的运镜方式，以增强短视频画面的表现力与感染力。

4. 实训总结

自我总结	
教师总结	

项目六
后期剪辑，快速提升视频质感

知识目标
- ➢ 掌握短视频后期剪辑的基本流程和镜头组接的基本原则。
- ➢ 掌握选择短视频背景音乐的原则。
- ➢ 掌握转场的方法。
- ➢ 掌握使用剪映 App 和 Premiere 剪辑短视频的方法。

能力目标
- ➢ 能够为短视频选择合适的背景音乐和转场方式。
- ➢ 能够使用剪映 App 对短视频进行后期剪辑。
- ➢ 能够使用 Premiere 对短视频进行后期剪辑。

素养目标
- ➢ 树立工具意识，提升短视频创作效率与质量。
- ➢ 推陈出新，精耕细作，用短视频赋能实体经济。

在短视频创作中，前期拍摄的视频只是一些零散的素材，只有经过后期的编排剪辑，并添加音乐、文字、特效等，才能制作出优质的短视频。本项目将详细介绍短视频后期剪辑要则、选择短视频背景音乐的原则、转场的方法、常用的短视频后期编辑工具，以及使用移动端工具剪映 App 和 PC 端工具 Premiere 剪辑短视频的方法与技巧。

任务一　明晰短视频后期剪辑要则

在对拍摄的视频素材进行后期编辑时，创作者需要严格按照后期编辑的要点和法则来剪辑。下面将介绍短视频后期剪辑的基本流程和镜头组接的基本原则。

一、短视频后期剪辑的基本流程

短视频后期剪辑的一般流程如下。

1. 采集和复制素材

首先将前期拍摄的视频素材保存到计算机上，或者将素材文件直接复制到计算机上，然后整理前期拍摄的所有素材文件，并编号归类为原始视频资料。

2. 研究和分析脚本

在归类整理素材文件的同时，对准备好的短视频文字脚本和分镜头脚本进行仔细和深入的研究，从主题内容和画面效果两个方面进行深入分析，以便为后续的剪辑工作提供支持。

3. 视频粗剪

察看全部的原始视频资料，从中挑选出内容合适、画质优良的素材，并按照短视频脚本的结构顺序和编辑方案，将挑选出来的素材组接起来，构成一则完整的短视频。

4. 视频精剪

对粗剪的短视频进行仔细分析和反复观看，在此基础上精心调整有关画面，包括剪接点的选择，每个画面的时长处理，整个短视频节奏的把控，音乐、音效的设计，以及被摄主体形象的塑造，等等，按照调整好的结构和画面制作成新的短视频。

5. 添加配音、字幕等

为短视频添加字幕、添加配音、制作片头片尾等，并全部合成到视频画面中，制作成最终的短视频作品。

6. 输出完成的短视频

剪辑完成后，创作者可以采用多种形式输出完成的短视频，并上传到短视频平台上进行曝光推广。目前，短视频的输出格式大多为 MP4 格式。

二、短视频镜头组接的基本原则

镜头组接，就是将一个个镜头组合连接起来，使其成为一个整体，又称画面转场。要想做到镜头组接流畅、合理，需要遵循以下几个原则。

1. 各镜头协调统一

各个镜头之间的组接要符合逻辑规律，各段落内的画面亮度和色彩影调应协调统一，画面的清晰度、情节内容等也要保持一致，否则会出现"接不上"的现象。图 6-1 所示为泡茶的一组镜头，其画面的亮度、色彩既协调又统一。

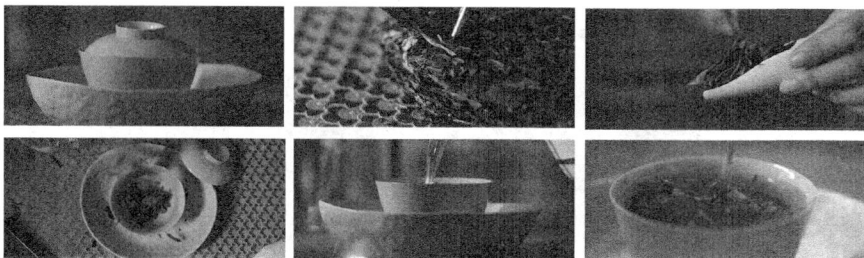

图 6-1　泡茶的一组镜头

2. 运动镜头接运动镜头，固定镜头接固定镜头

短视频是由各种镜头组成的，包括运动镜头和固定镜头，还可细分为被摄主体运动、陪体静止镜头和被摄主体静止、陪体运动镜头等。运动镜头又可分为摇移镜头、推拉镜头等。在这些镜头的衔接上，一般是运动镜头与运动镜头衔接、固定镜头与固定镜头衔接，以保证镜头组接的连贯与流畅。

3. 动静镜头之间用缓冲因素过渡

如果是运动镜头接固定镜头或固定镜头接运动镜头，则需要用缓冲因素来过渡。缓冲因素是指镜头中被摄主体的动静变化和运动方向的变化，或者活动镜头的起幅、落幅或动静变化，等等。利用缓冲因素选取剪接点，可以使该镜头与前后镜头保持运动镜头接运动镜头、固定镜头接固定镜头，使镜头的切换自然、流畅。

4. 选好动作剪接点

在展示运动画面时，如果前一镜头中被摄主体在做某一动作，那么后一镜头应展现被摄主体的动作变化过程，以保证被摄主体的动作连贯和变化自然。例如，前一镜头中人物从咖啡店里打开咖啡店的门，后一镜头中人物打开门后离开，如图 6-2 所示。

图 6-2　动作剪接点

5. 遵循轴线规律

在被摄主体的活动有多种方向时，镜头中要有一个轴线主导，以保证各镜头中被摄主体方向和位置的统一。这里所说的轴线指的是被摄主体的视线方向、运动方向，或者不同被摄主体之间的位置关系所形成的一条假想的直线或曲线。摄像师在拍摄短视频时，不管角度、运动多复杂，都要遵循轴线规律，否则就是越轴。越轴很容易让观众产生空间错乱的感觉，所以在剪辑短视频时，需要遵循轴线规律。

例如，镜头左边的人，在下一个镜头里还应该出现在镜头左边；同样，镜头右边的人，在下一个镜头里也应该出现在镜头右边，如图 6-3 所示。若想安排越轴镜头，应插入过渡镜头，如表现天空、树木、花草的镜头等。

图6-3　遵循轴线规律的对话镜头

6．避免"三同"镜头直接组接

在组合衔接表现同一被摄主体的镜头时，前后两个镜头在景别和视角上要有显著的变化，切忌"三同"（同主体、同景别、同视角）镜头直接组接，否则视频画面无明显变化，会出现令人反感的"跳帧"效果。图6-4所示为通过不同的视角和景别展示人牵着马稳步前行，马背上载着另一人的画面。

图6-4　通过不同的视角和景别展示同一画面

7．控制镜头停留的时长

对每个镜头停留时间的长短，首先要考虑表达内容的难易程度、观众的接受能力，其次要考虑构图等因素。由于每个镜头中的被摄主体不同，镜头中包含的内容也不同。远景、中景等大景别的镜头包含的内容较多，观众要看清楚这些镜头中的内容，所需的时间就相对长一些；而对于近景、特写等小景别的镜头，其所包含的内容较少，观众在短时间内就能看清，所以镜头停留的时间可以短一些。

任务二　选择短视频背景音乐

为短视频选择合适的背景音乐是令大部分创作者非常头痛的事，因为选择音乐是一件很主观的事，没有固定的公式套路和标准答案，也不能将音乐生搬硬套到短视频当中。选择一首与视频内容相搭配的音乐，更容易带动用户的情绪，实现短视频的价值。下面将介绍选择短视频背景音乐时应遵循的原则。

一、符合短视频风格与调性

不同类型的短视频表达的主题及想要传达的情绪都是不一样的，运用的背景音乐类型自然也不相同，但在运用时遵循的原则是相同的：背景音乐的类型要与视频内容的风格、情感调性保持一致。

1．特色美食类

特色美食类短视频通常会有慰藉心灵的作用。观看令人垂涎三尺的特色美食类短视频，用户非常容易感到轻松自在、心情舒畅。因此，我们在创作特色美食类短视频时，可以挑选一些欢快、愉悦风格的音乐作为背景音乐，其中包括纯音乐、爵士音乐、流行音乐等。将这类音乐与特色美食类短视频相搭配，不仅能让短视频整体更有吸引力，还能让用户跟随背景音乐捕捉到更多的生活细节。

2. 时尚、美妆类

时尚、美妆类短视频具有明显的时尚属性，其目标用户主要是年轻人。因此，在选取背景音乐时，我们可以挑选一些节奏较快的音乐，如流行音乐、电子音乐、摇滚音乐、节奏布鲁斯等。这类音乐紧跟潮流，自带时尚属性，能够与时尚、美妆类短视频的内容完美契合，通过具有吸引力的节奏感快速带动用户的情绪。

3. 旅行类

旅行类短视频中的背景音乐极为重要，用户通常会跟随着音乐的变化感受旅途的景色。因此，我们在选用背景音乐时，可以根据景色的特点来选取相符的音乐。例如，在旅行类短视频中，对于气势磅礴的景色，可以选取一些气势恢宏的音乐，或者节奏鲜明的爵士音乐、流行音乐等；对于一些古朴典雅的景色，则可以选取古典音乐，或者较为小众的民谣歌曲等；对于一些侧重文化底蕴的旅行类短视频，可以选取温暖、轻柔的曲风来渲染气氛，以增强用户的代入感。

> **素养课堂**
>
> 党的二十大报告指出，坚持以文塑旅、以旅彰文，推进文化和旅游深度融合发展。人们在欣赏优美的自然景色和人文景观时，不仅会陶醉于视觉奇观，还会被其背后的文化深深吸引。因此，不管是作为旅行者还是作为短视频拍摄者，要多发掘大好河山、人文景观中的文化价值，促进中华优秀传统文化的继承和发展。

4. 搞笑、段子类

搞笑、段子类短视频通常以剧情为主，背景音乐的恰当使用不仅能推动剧情的发展，有时还能放大剧情的喜剧效果或反转效果。因此，我们在创作搞笑、段子类短视频时，可以选取一些搞怪类型的音乐作为背景音乐，或者选取与剧情效果差异较大的音乐，凸显反转"笑"果。例如，抖音账号"暖男先生"发布的基本都是充满反转效果的生活搞笑视频，在短视频反转结尾处，总配有一小段与情景相符的音乐来强化喜剧效果。

二、背景音乐节奏与画面节奏匹配

一般来说，除了剧情类短视频，大部分短视频的节奏和情绪是由背景音乐来带动的，视频的画面节奏和音乐本身的节奏匹配度越高，短视频整体会越和谐，越有代入感。

因此，在配乐之前，创作者可以对拍摄的素材进行大致梳理，对视频的整体节奏有一个粗略的把控，清楚视频的高潮点、转折点在哪里，哪里需要切入音乐，哪里只需视频原音，等等，再根据这个节奏寻找合适的配乐。确定配乐后，也要先熟悉配乐的节奏，然后将配乐与视频内容对应起来，使两者在节奏上互相契合，达到"1 + 1 > 2"的效果。

三、避免背景音乐喧宾夺主

一首背景音乐不管有多流行，除本身的音乐属性外，它仍然是为视频内容服务的。好的背景音乐不会喧宾夺主，不会抢视频内容的风头，而是服务于视频内容，与视频内容融为一体，对视频整体起到画龙点睛的作用，让内容更加饱满，让视频主题更加突出，同时也能更加积极地调动用户的感情，让他们沉浸其中。背景音乐的最高境界就是让用户感受不到它的存在。

一般来说，创作者在选择背景音乐时最好找纯音乐，如果选择的背景音乐歌词较多，那么很容易将用户带入歌词的意境中，从而掩盖视频本身的光芒。对内容创作者来说，这样的结果是本末倒置的。例如，微博美食视频博主"日食记"在背景音乐的选择方面始终以舒缓温情的歌曲为主，使视频整体非常治愈。

一个短视频要想获得用户的认可，需要具备的元素是多方面的。创作者应在认真做好内容的前提下，多听、多看、多积累，选取合适的背景音乐，将背景音乐的作用在短视频中发挥到最大。

任务三　转场

在短视频中，转场镜头非常重要，它担负着廓清段落、划分层次、连接场景、转换时空和承上启下的任务。利用合理的转场手法和技巧，既能满足观众的视觉心理，保证各镜头间的连贯性，又可以产生明确的段落变化和层次分明的效果。

一、无技巧转场

无技巧转场，又称直接切换，各镜头直接相连，在短视频后期剪辑中使用较多。在使用无技巧转场时，多利用上下镜头在内容、造型上的内在关联来连接场景，使各镜头衔接自然，段落过渡流畅，无技巧使用痕迹。

在短视频创作中，无技巧转场主要包括以下几种。

1. 切

切，又称切换，这是运用较多的一种基本镜头转换方式，也是主要的、常用的镜头组接技巧。

2. 运动转场

运动转场就是借助人、动物或一些交通工具作为连接场景或转换时空的手段。这种转场方式大多强调前后段落的内在关联性，可以通过摄像机运动来完成地点的转换，也可以通过前后镜头中人物动作、交通工具的相似性来转换场景。图 6-5 所示为三个表达相同主题的不同场景的镜头，通过相同的摄像机运动（均为向右横移运镜）将这三个镜头组接起来。

图 6-5　通过摄像机运动进行转场

3. 相似关联物转场

如果前后镜头具有相同或相似的被摄主体，或者其中的被摄主体的形状相近、位置重合，在运动方向、速度、色彩等方面具有相似性，摄像师就可以采用相似关联物转场方式来达到视觉连续、转场顺畅的目的。

例如，前一个镜头是果农在果园里采摘苹果，后一个镜头是挑选苹果的特写。巧妙运用前后镜头中的相似关联物转场，能减少视觉变动元素，符合观众逐步感知事物的习惯。

又如，图 6-6 所示的三个镜头，第一个镜头为中秋节夜空中的月亮，第二个镜头为人物拿起桌上的拨浪鼓，第三个镜头为人物拿着拨浪鼓在卧室的画面。

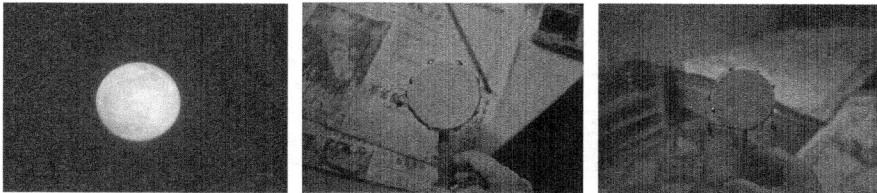

图 6-6　相似关联物转场

4. 利用特写镜头转场

无论前一个镜头是什么，后一个镜头都可以是特写镜头。特写镜头具有强调画面细节的特点，可以暂时集中观众的注意力，所以利用特写镜头转场可以在一定程度上弱化时空或段落转换带给观众的视觉跳动。

例如，前一个镜头为女孩骑着自行车赶往公司，后一个镜头为女孩在公司忙碌工作的场景，可以在中间插入一个打印机打印文件的特写镜头作为转场，如图 6-7 所示，且可以使特写镜头中打印机工作的声音一直延续到后一个镜头中。

图 6-7　利用特写镜头转场

5. 空镜头转场

空镜头转场就是利用景物镜头来过渡，实现间隔转场。景物镜头主要包括以下两类。

一类是以景为主、以物为陪衬的镜头，如群山、山村全景、田野、天空等镜头，用这类镜头转场既可以展示地理环境、景物风貌，又能表现时间的流逝。这类镜头可以弥补叙述性短视频在情绪表达上的不足，为情绪表达提供空间，也可以使高潮情绪得以缓和、平息，从而转入下一段落。

另一类是以物为主、以景为陪衬的镜头，如镜头中飞驰而过的火车、街道上的汽车，以及室内陈设、建筑雕塑等各种静物镜头，一般情况下，摄像师会选择这类镜头作为转场镜头。

6. 主观镜头转场

主观镜头是指与画面中人物视觉方向相同的镜头。利用主观镜头转场，就是按照前后镜头间的逻辑关系来处理镜头转换问题。例如，前一镜头中人物操控手机，后一个镜头显示手机上的内容，如图 6-8 所示。

图 6-8　主观镜头转场

7. 声音转场

声音转场是指用音乐、音响、解说词、对白等与画面的配合实现转场。例如，利用解说词承上启下、衔接前后镜头，利用声音过渡的和谐性自然地转换到下一镜头。

8. 遮挡镜头转场

遮挡镜头是指镜头被某个形象暂时挡住。依据遮挡方式的不同，遮挡镜头转场又可分为两类情形。

一类是被摄主体迎面而来遮挡摄像机镜头，形成暂时的黑色画面。例如，前一镜头中在甲处的被摄主体迎面而来遮挡摄像机镜头，下一镜头中被摄主体背朝摄像机镜头且已到达乙处。被摄主体遮挡摄像机镜头通常能够带给观众较强的视觉冲击，同时制造了视觉悬念，加快了短视频的叙事节奏。

另一类是画面内的前景暂时挡住画面内的其他形象，成为画面内的唯一形象。例如，拍摄街道时，驶过的汽车会在某段时间挡住其他形象。当画面内其他形象被遮挡时，可以切换镜头，此时切换镜头通常是为了表示时间、地点的变化。

二、技巧转场

技巧转场是一种分割方式的镜头转换，包括渐隐、渐显，叠入、叠出，划入、划出，甩切，虚实互换，定格，多屏画面等转场方式。这类转场主要是通过设计某种效果来实现的，具有明显的过渡痕迹。

在短视频创作中，技巧转场主要有以下几种。

1. 渐隐、渐显

渐隐、渐显又称淡出、淡入。渐隐是指画面由正常逐渐暗淡，直至完全消失；渐显是指画面从全黑中逐渐显露，直至清晰、明亮。

2. 叠入、叠出

叠入、叠出又称化入、化出，前一镜头的结束与后一镜头的开始叠在一起，镜头由清楚到重叠模糊再到清楚，两个镜头的连接融合渐变，给观众以流畅感。

3. 划入、划出

划入、划出就是指前一镜头从某一方向退出，后一镜头从另一方向进入。

4. 甩切

甩切是一种快闪转换镜头，让观众视线跟随快速闪动的画面转移到另一个画面。在甩切时，画面中呈现出模糊不清的流线，并立即切换到另一个画面，这种转场方式会带给观众不稳定感。

5. 虚实互换

虚实互换是指利用对焦点的选择，使画面中的形象发生清晰与模糊的交替变化，形成形象前实后虚或前虚后实的互衬效果，使观众的注意力集中到清晰而突出的形象上，从而实现镜头的转换。虚实互换可以是整个画面由实变虚，也可以是由虚变实，前者一般用于段落结束，后者一般用于段落开始。

6. 定格

定格又称静帧，就是对前一段的结尾画面做静态处理，使观众产生瞬间的视觉停顿。定格具有强调的作用，是短视频或影片中常用的一种特殊的转场方法。

7. 多屏画面

多屏画面是指一个屏幕中展示多个画面，可以使双重或多重的短视频同时播放，缩短视频时长。例如，在打电话的场景中，将屏幕一分为二，使通话双方都显示在屏幕中，通话结束后，拨电话人的镜头没有了，只留下接电话人的镜头。

任务四　认识短视频后期编辑工具

借助各类视频后期编辑工具，创作者能够轻松实现短视频的合并与剪辑、视频调速、视频调色、添加字幕、设计音频特效等操作。常用的短视频后期编辑工具，包括移动端常用的短视频编辑工具，以及 PC 端常用的短视频编辑工具。

一、移动端常用的短视频编辑工具

移动端常用的视频编辑工具有剪映、快影、秒剪、快剪辑、小影、必剪和乐秀等，如图 6-9 所示。

剪映　　快影　　秒剪　　快剪辑　　小影　　必剪　　乐秀

图 6-9　移动端常用的短视频编辑工具

1. 剪映

剪映是抖音官方推出的一款移动端视频编辑应用软件，它具有强大的视频编辑功能，支持视频变速与倒放，用户可以使用它在短视频中添加音频、识别字幕、添加贴纸、应用滤镜、使用美颜、进行色度抠图、制作关键帧动画等，而且它提供了非常丰富的曲库和贴纸资源等。即使是初学短视频制作的用户，也能利用这款工具制作出自己心仪的短视频作品。

2．快影

快影是快手旗下的视频编辑工具，用于创作游戏、美食和段子类短视频。快影强大的视频编辑功能，丰富的音乐库、音效库和新式封面，让用户在手机上就能轻松地完成视频编辑工作，制作出令人惊艳的趣味短视频作品。

3．秒剪

秒剪是微信出品的一款简易智能的视频创作工具，旨在为用户提供高效、便捷的视频编辑体验。它支持导入视频和图片素材，并利用 AI"云剪辑"技术实现自动编辑和包装，一键即可生成精彩的短视频作品。秒剪提供了超多素材一键拼接功能、专业的曲库和智能配乐功能、专为微信朋友圈设计的视频风格，可以让用户将制作的短视频快速分享到微信朋友圈。此外，秒剪还具有去水印、视频配音等实用功能。

4．快剪辑

快剪辑是 360 旗下的一款功能齐全、操作简单、可以边看边编辑的视频编辑工具，既有 PC 端快剪辑，也有移动端快剪辑。快剪辑是抖音、快手、哔哩哔哩、微信等平台用户强烈推荐的一款视频编辑工具，无论是刚入门的新手，还是视频编辑的高端玩家，快剪辑都能帮助用户快速制作出爆款短视频。

5．小影

小影是一款全能、简易的移动端视频编辑 App，易于上手，用户使用它可以轻松地对视频进行修剪、变速和配乐等操作，还可以一键生成主题视频。同时，小影还可以为视频添加胶片滤镜、增添字幕、动画贴纸、视频特效、转场，调色，制作画中画、GIF 动图，等等。

6．必剪

必剪是哔哩哔哩发布的一款视频编辑工具，它不仅提供虚拟形象制作、高清录屏、游戏高光识别等特色功能，还拥有海量免费素材和丰富的画面特效，能够让用户轻松编辑出具有专业水准的视频作品。同时，其操作简单便捷，支持一键投稿，能够为用户带来高效的视频创作体验。

7．乐秀

乐秀是一款功能强大的视频编辑工具，它支持多种视频格式，并提供了多种功能，包括视频剪辑、美化、配乐、特效添加等，能够让用户轻松地制作出高质量的短视频和影片。此外，乐秀还为用户提供了丰富的 Vlog 制作元素、海量视频配乐与主题素材，以及更多节日风格的主题和字幕，能让视频内容更加生动、有趣。

素养课堂

古语云："工欲善其事，必先利其器。"掌握一门工具，虽然需要花费很多时间来学习，但其对工作效率的提升是成倍的。因此，我们要树立工具意识，在短视频创作中找到适合自己的工具，深入学习与利用，用"器"的"锋利"实现"事"的"精美"。

二、PC 端常用的短视频编辑工具

PC 端常用的短视频编辑工具有 Premiere、After Effects、EDIUS、会声会影、爱剪辑和 Final Cut Pro 等，如图 6-10 所示。

Premiere　　After Effects　　EDIUS　　会声会影　　爱剪辑　　Final Cut Pro

图 6-10　PC 端常用的短视频编辑工具

1. Premiere

Premiere 是由 Adobe 公司开发的一款非线性视频编辑软件，它在影视后期制作、广告制作、电视节目制作等领域有着广泛的应用，在网络短视频编辑与制作领域也是非常重要的工具。Premiere 具有强大的视频编辑能力，易学且高效，可以充分发挥用户的创造能力，提高其创作自由度。

2. After Effects

After Effects 是 Adobe 公司推出的一款图形视频处理软件，可以帮助用户高效且精确地创建引人注目的动态图形和令人震撼的视频。利用与其他 Adobe 软件的紧密集成和高度灵活的 2D 和 3D 合成，以及数百种预设的效果和动画，After Effects 可以为视频增添更好的视觉效果，其主要应用于动态影像设计、媒体包装和视觉特效设计等领域。

3. EDIUS

EDIUS 是一款出色的非线性视频编辑软件，专为满足广播电视和后期制作环境的需要而设计，提供了实时、多轨道、多格式混编、合成、色键、字幕和时间线输出功能，用户利用 EDIUS 制作的视频的分辨率能够达到 1080p 或 4K。同时，EDIUS 支持所有主流编解码器的源码编辑，甚至当不同的编码格式在时间线上混编时都无须转码。

4. 会声会影

会声会影是一款功能强大的视频处理软件，具有图像抓取和编修功能，它可以抓取、转换 MV、DV、V8、TV 和实时记录抓取画面文件，并为用户提供了 100 多种的编辑功能。它拥有上百种滤镜、转场特效及标题样式，操作简单且功能全面，能够让用户快速上手，适合视频编辑初学者。

5. 爱剪辑

爱剪辑是一款简单实用、功能强大的视频编辑软件，用户可以根据自己的需求利用它自由地拼接和编辑视频，创新的人性化页面是根据用户的使用习惯、功能需求与审美特点进行设计的。爱剪辑支持为视频添加字幕、调色、添加相框等编辑功能，而且具有诸多创新功能和影院级特效。

6. Final Cut Pro

Final Cut Pro 是 Mac OS 平台上的一款视频编辑软件，它支持创新的视频编辑，拥有强大的媒体整理、集成的音频编辑和直观的调色功能，能够让用户导入、编辑并传输单视场和立体视场的 360°全景视频，能够带给用户非凡的视频创作体验。新版本的 Final Cut Pro X 具有内容自动分析功能，在用户导入视频素材后，Final Cut Pro X 可以在用户编辑视频的过程中自动在后台对视频素材进行分析，根据媒体属性标签、摄像机数据、镜头类型，乃至画面中包含的任务数量进行归类整理。

任务五　使用剪映 App 剪辑短视频

下面将详细介绍如何使用移动端工具剪映 App 剪辑短视频，其中包括剪辑视频素材、调整视频播放速度、编辑旁白音频、视频调色、添加视频效果、添加字幕，以及制作片头等。

微课视频

剪辑视频素材

一、剪辑视频素材

先将手机端的视频和音频素材导入剪映 App，然后根据旁白对视频素材进行修剪，删除不需要的片段，具体操作方法如下。

步骤 01 打开剪映 App，在工作页面中点击"开始创作"按钮➕，将"视频 1"～"视频 16"素材依次导入剪映编辑页面中，如图 6-11 所示。

步骤 02 在一级工具栏中点击"比例"按钮▣，在弹出的页面中选择"9∶16"，然后点击✓按钮，如图 6-12 所示。

步骤 03 将时间指针定位到要分割的位置，选中"视频 1"片段，然后点击"分割"按钮▮分割素材，如图 6-13 所示。

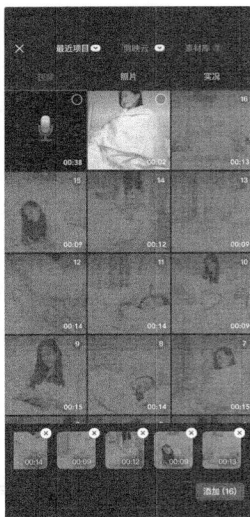

图 6-11　导入视频素材　　　　图 6-12　选择比例　　　　图 6-13　分割素材

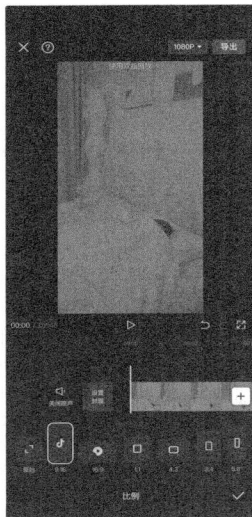

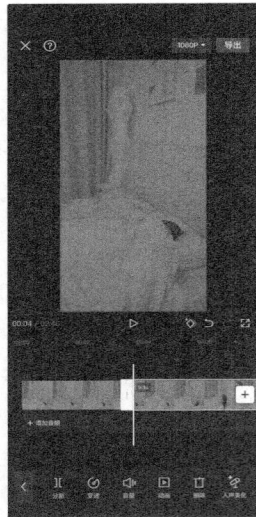

步骤 04 选中分割点左侧的视频片段，点击"删除"按钮▣将其删除。采用同样的方法，对其他视频素材进行修剪，如图 6-14 所示。

步骤 05 将时间指针定位到视频开始位置，在一级工具栏中点击"音频"按钮♫，然后点击"提取音乐"按钮，在相册中选择包含旁白的视频文件，点击"仅导入视频的声音"按钮，如图 6-15 所示。

步骤 06 在主轨道最左侧点击"关闭原声"按钮，在一级工具栏中点击"文本"按钮，然后点击"识别字幕"按钮，如图 6-16 所示。

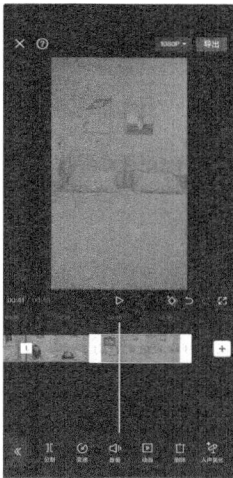

图 6-14　修剪视频片段　　　　图 6-15　仅导入视频的声音　　　图 6-16　点击"识别字幕"按钮

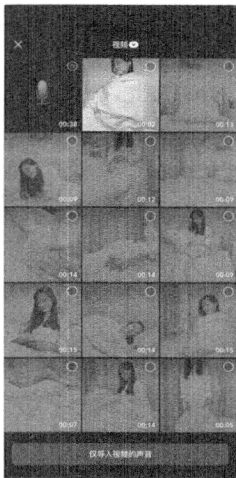

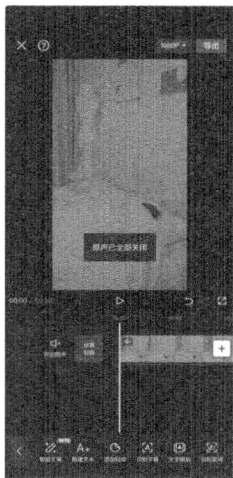

步骤 07 在弹出的"识别字幕"页面中点击"开始匹配"按钮，开始自动识别旁白中的字幕，如图 6-17 所示。

步骤 08 对"视频 1"片段的右端进行精细修剪时，先放大时间线，然后将时间指针定位到第 3 个文本片段的位置，选中视频片段，拖动视频片段右端的滑块至时间指针位置，如图 6-18 所示。

步骤 09 采用同样的方法，根据文本片段的位置对其他视频片段进行精剪，如图 6-19 所示。

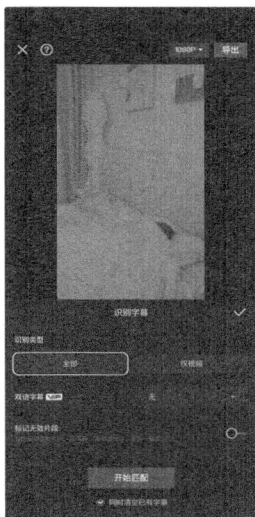

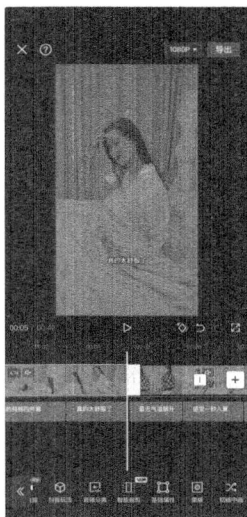

图 6-17　识别字幕　　　　图 6-18　修剪"视频 1"片段　　　图 6-19　精剪其他视频片段

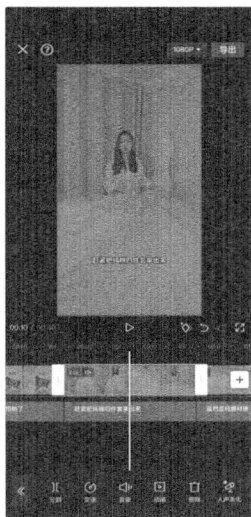

二、调整视频播放速度

微课视频

调整视频播放速度

在修剪完视频素材之后，可以利用剪映 App 的"常规变速"功能对视频的播放速度进行细致调整，使其更好地配合旁白，实现声画同步，具体操作方法如下。

步骤 01 选中"视频 1"片段，点击"变速"按钮 ⦿，在打开的工具栏中点击"常规变速"按钮 ✓，如图 6-20 所示。

步骤 02 在弹出的"变速"页面中向右拖动滑块，调整速度为 1.1×，然后点击 ✓ 按钮，如图 6-21 所示。

步骤 03 采用同样的方法，对其他视频片段的播放速度进行调整，让视频片段的播放速度适合旁白的节奏，如图 6-22 所示。

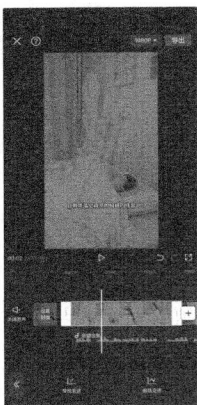

图 6-20　点击"常规变速"按钮　　图 6-21　调整播放速度　　图 6-22　调整其他视频片段的播放速度

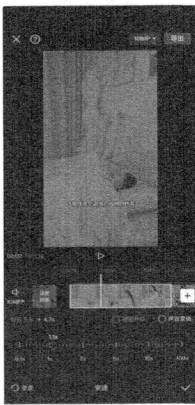

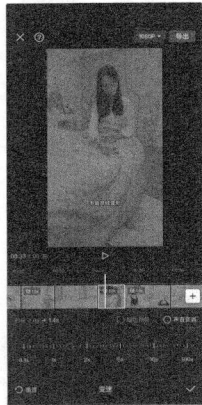

步骤 04 选中"视频 3"片段，在工具栏中点击"基础属性"按钮 ▣，如图 6-23 所示。

步骤 05 在弹出的页面中选择"缩放"选项卡，拖动标尺调整缩放参数为 150%，在预览区中拖动画面至合适的位置，如图 6-24 所示。

步骤 06 采用同样的方法，对其他视频片段的基础属性进行调整，使画面主题更加突出，如图 6-25 所示。

图 6-23　点击"基础属性"按钮　　图 6-24　调整缩放参数　　图 6-25　调整其他视频片段的基础属性

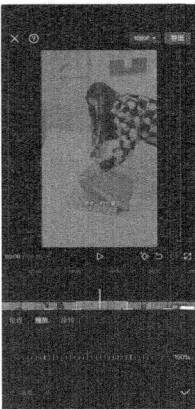

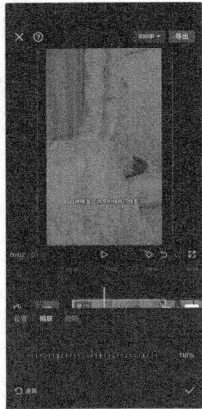

三、编辑旁白音频

在编辑旁白音频时有时会发现人声略显干涩，不够悦耳，我们可以借助剪映 App 的"场景音"功能丰富人声的层次感和质感，使其听起来更加饱满、悦耳，具体操作方法如下。

步骤01 选中旁白音频，点击"音量"按钮📢，在弹出的页面中拖动滑块调整音量为 124，然后点击✅按钮，如图 6-26 所示。

步骤02 点击"声音效果"按钮◉，在弹出的页面中选择"场景音"选项卡，然后点击"调整参数"按钮▦，如图 6-27 所示。

步骤03 在弹出的"调整参数"页面中调整空间大小为 30，强弱为 45，然后点击✅按钮，如图 6-28 所示。

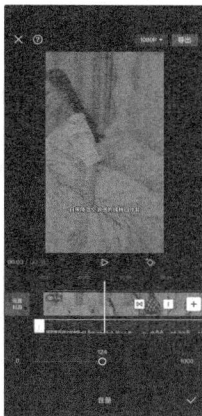

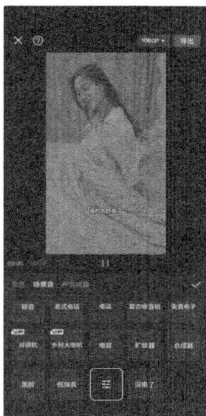

图 6-26 调整音量　　　图 6-27 点击"调整参数"按钮　　　图 6-28 调整场景音参数

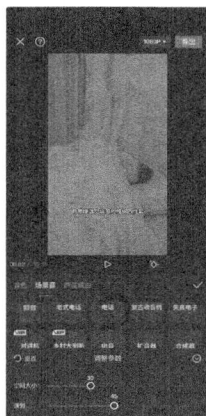

四、视频调色

原视频素材为拍摄时的初始灰片，色彩比较平淡，下面使用"调节"和"滤镜"功能提高画面的对比度和饱和度，具体操作方法如下。

步骤01 将时间指针定位选项卡到短视频的开始位置，在一级工具栏中点击"调节"按钮❖，如图 6-29 所示。

步骤02 打开"调节"选项卡，根据需要调整各项调节参数，在此调整对比度为 40，饱和度为 10，光感为 6，阴影为-8，如图 6-30 所示。

步骤03 点击"HSL"按钮HSL，弹出"HSL"页面，点击"蓝色"按钮◉，将饱和度调整为 12，如图 6-31 所示，然后点击✅按钮。

步骤04 在一级工具栏中点击"滤镜"按钮⊠，在打开的"滤镜"选项卡中选择"人像"标签中的"雾瓷"滤镜，拖动滑块调整滤镜强度为 100，如图 6-32 所示，然后点击✅按钮。

步骤05 采用同样的方法，添加"春日"标签中的"薄荷"滤镜，拖动滑块调整滤镜强度为 20，如图 6-33 所示，然后点击✅按钮。

步骤06 分别调整调节片段和滤镜片段的时长，使其时长和整个短视频的时长一致，如图 6-34 所示。

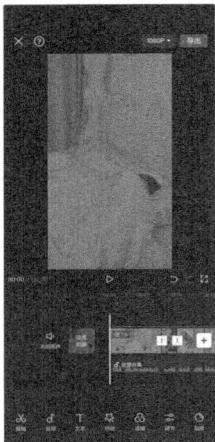
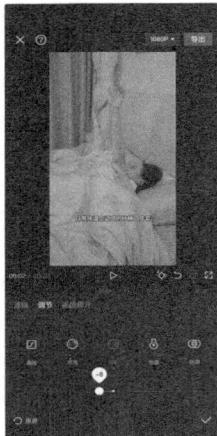
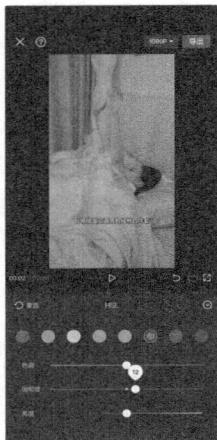

图 6-29　点击"调节"按钮　　　图 6-30　调整调节参数　　　图 6-31　调整蓝色饱和度

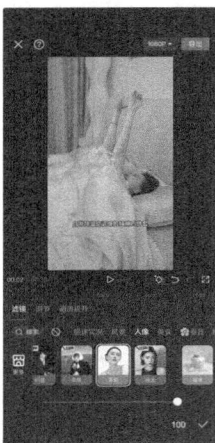
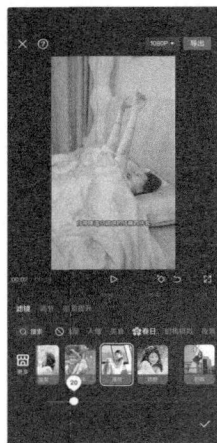
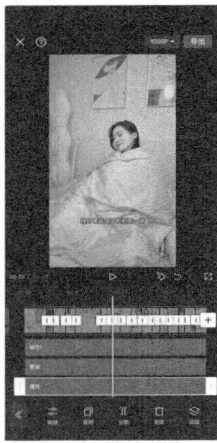

图 6-32　选择"雾瓷"滤镜并　　图 6-33　选择"薄荷"滤镜并　　图 6-34　调整调节片段和滤镜片
　　　　调整参数　　　　　　　　　　调整参数　　　　　　　　　　段的时长

五、添加视频效果

下面为短视频添加合适的视频效果，如转场效果、画面特效等，使视频画面变得更加流畅、生动，具体操作方法如下。

步骤01 点击"视频 1"和"视频 2"片段之间的转场按钮**⯂**，在弹出的页面中选择"运镜"选项卡中的"拉远"转场，拖动滑块调整转场时长为 0.5 秒，然后点击**✔**按钮，如图 6-35 所示。

步骤02 点击"视频 4"和"视频 5"片段之间的转场按钮**⯂**，在弹出的页面中选择"叠化"选项卡中的"云朵"转场，拖动滑块调整转场时长为 0.5 秒，然后点击**✔**按钮，如图 6-36 所示。

步骤03 采用同样的方法，在其他需要添加转场效果的视频片段之间添加"幻灯片"选项卡中的"窗格"转场，如图 6-37 所示。

微课视频

添加视频效果

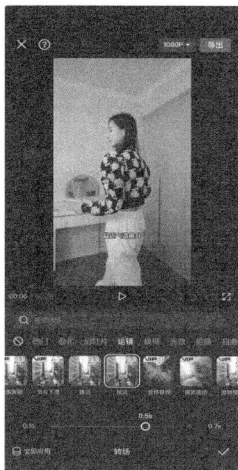
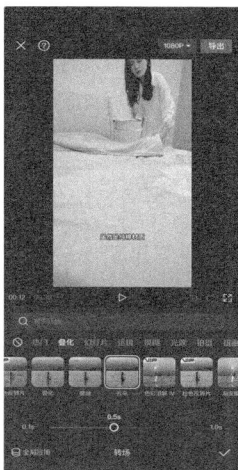
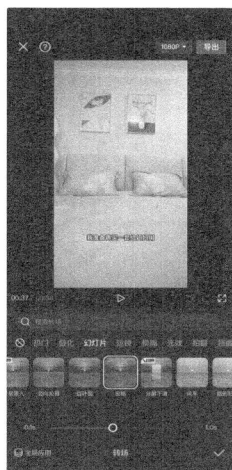

图 6-35　添加"拉远"转场　　图 6-36　添加"云朵"转场　　图 6-37　添加"窗格"转场

步骤 04 将时间指针定位到"视频 14"片段的开始位置，在一级工具栏中点击"特效"按钮，在打开的工具栏中点击"画面特效"按钮，如图 6-38 所示。

步骤 05 在弹出的页面中选择"基础"选项卡中的"镜头变焦"特效，点击"调整参数"按钮，调整变焦速度为 8，放大为 6，然后点击按钮，如图 6-39 所示。

步骤 06 采用同样的方法，为"视频 16"片段添加"基础"选项卡中的"广角"特效，如图 6-40 所示。

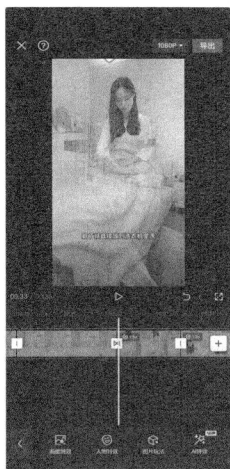
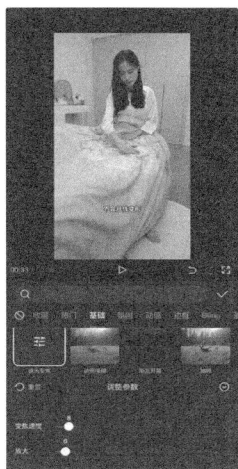
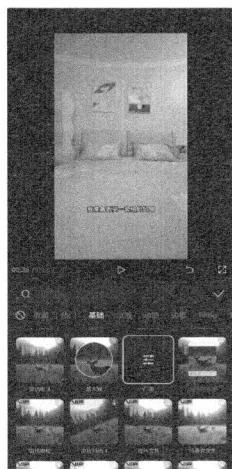

图 6-38　点击"画面特效"按钮　　图 6-39　调整特效参数　　图 6-40　添加"广角"特效

六、添加字幕

为短视频添加字幕，能够更清晰地传达关键信息，具体操作方法如下。

步骤 01 选中文本片段，在预览区将其拖至合适的位置，点击"样式"按钮，在弹出的文本编辑页面中选择"字体"选项卡，点击"圆体"，如图 6-41 所示。

微课视频

添加字幕

步骤 02 选择"样式"选项卡，然后点击"取消文本样式"按钮◙，调整字号为 10，如图 6-42 所示。

步骤 03 在"样式"选项卡中点击"阴影"，选择蓝色阴影，拖动滑块调整透明度为 80%，模糊度为 12%，距离为 7，角度为-45°，如图 6-43 所示。

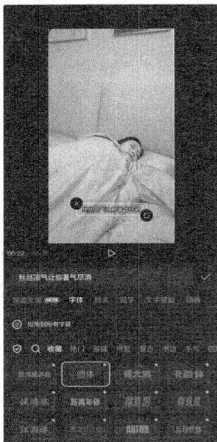

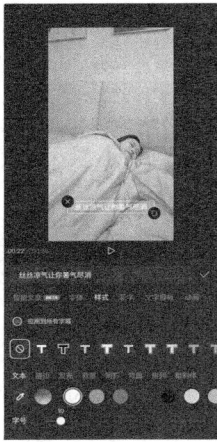

图 6-41　选择字体　　　　　图 6-42　调整字号　　　　　图 6-43　调整阴影参数

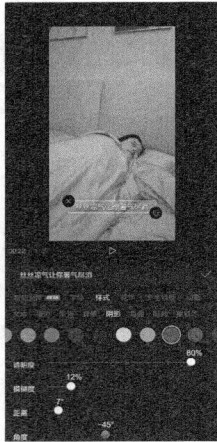

步骤 04 在"样式"选项卡中点击"粗斜体"，接着点击"粗体"按钮B，然后点击✓按钮，如图 6-44 所示。

步骤 05 将不需要的文本删除，点击"新建文本"按钮A+，如图 6-45 所示。

步骤 06 在弹出的页面中输入"清凉舒爽"，选择"字体"选项卡，在"热门"标签中点击"抖音体"，如图 6-46 所示。

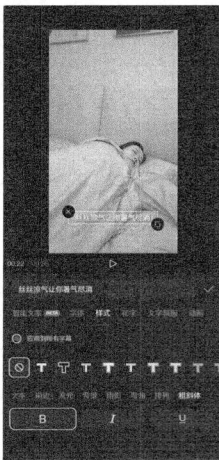

图 6-44　设置粗体　　　　图 6-45　点击"新建文本"按钮　　　图 6-46　选择字体

步骤 07 在"样式"选项卡中点击"粗斜体"选择，接着点击"斜体"按钮I，然后选择"花字"选项卡，在"蓝色"标签中选择合适的花字，如图 6-47 所示。

步骤 08 选择"动画"选项卡，然后在"入场"标签中选择"左移弹动"，调整动画时长为 0.5 秒，点击✓按钮，如图 6-48 所示。

步骤⑨ 采用同样的方法，将不需要的文本删除，选中"清凉舒爽"文本片段，点击"复制"按钮▣复制文本片段，然后根据需要修改文本内容，效果如图 6-49 所示。

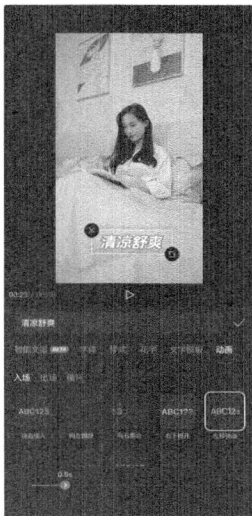

图 6-47　选择花字　　　　图 6-48　选择"左移弹动"　　　图 6-49　复制并修改文本片段的效果

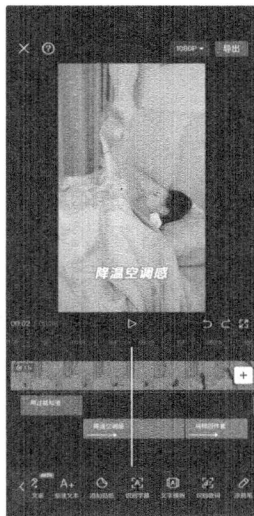

步骤⑩ 将时间指针定位到需要添加贴纸的位置，在二级工具栏中点击"添加贴纸"按钮◎，在弹出的页面中搜索"降温温度计"，选择要添加的贴纸，点击✓按钮，在预览区调整贴纸大小，如图 6-50 所示。

步骤⑪ 点击"动画"按钮◎，然后选择"入场动画"选项卡，点击"弹入"，调整动画时长为 0.5 秒，点击✓按钮，如图 6-51 所示。

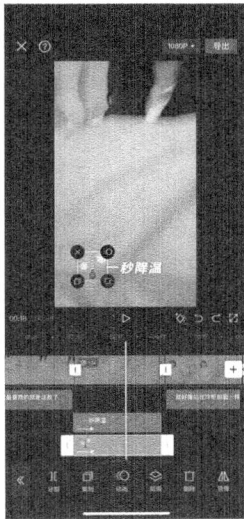

步骤⑫ 调整贴纸片段的时长，使其与文本片段的时长相同，如图 6-52 所示。点击"导出"按钮，即可导出短视频。

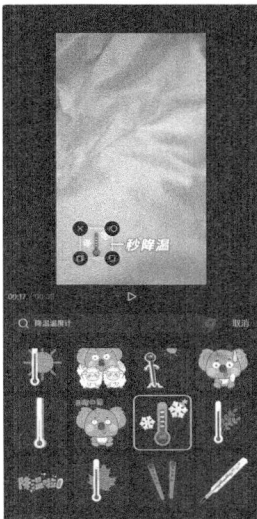

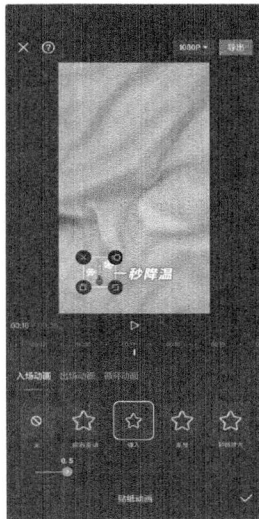

图 6-50　添加贴纸　　　　图 6-51　点击"弹入"　　　　图 6-52　调整贴纸片段的时长

短视频运营与案例分析（微课版 第 2 版）

七、制作片头

下面将介绍如何使用剪映 App 提供的文字模板和音乐素材为短视频制作动画片头，具体操作方法如下。

步骤01 在剪映 App 工作页面中点击"开始创作"按钮➕，将"视频 17"素材导入编辑页面中，点击"文本"按钮Ｔ，在打开的工具栏中点击"文字模板"按钮，如图 6-53 所示。

步骤02 在"带货"标签中选择所需的文字模板，编辑片头文本，然后在预览区中调整文本的位置和大小，如图 6-54 所示。

步骤03 采用同样的方法，继续添加一个文字模板，然后点击主轨道右侧的"添加素材"按钮➕，导入前文做好的短视频，如图 6-55 所示。

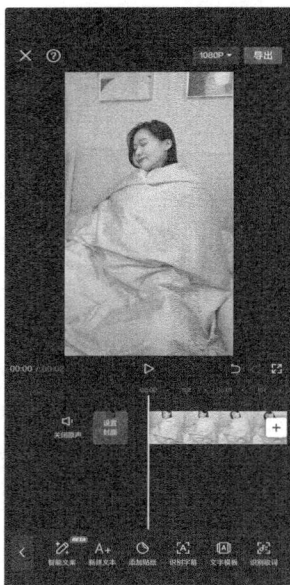

图 6-53　点击"文字模板"按钮　　图 6-54　选择文字模板并调整　　图 6-55　导入短视频

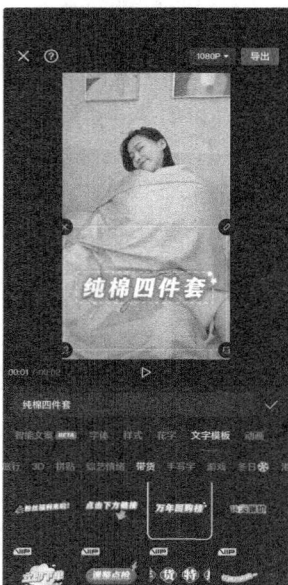

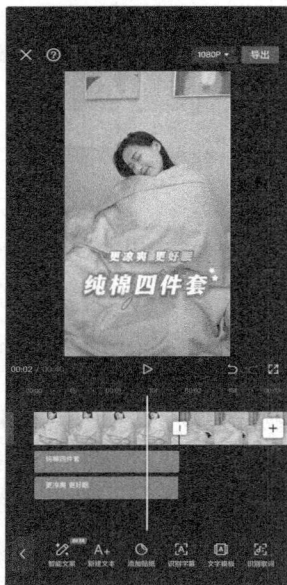

步骤04 点击视频片段之间的转场按钮，在弹出的页面中选择"叠化"选项卡中的"叠化"转场，然后点击✔按钮，如图 6-56 所示。

步骤05 将时间指针定位到视频开始位置，在一级工具栏中点击"音频"按钮，然后点击"音效"按钮，如图 6-57 所示。

步骤06 在弹出的页面中搜索"任务完成"，在搜索结果中选择要使用的音效，然后点击"使用"按钮，如图 6-58 所示。

步骤07 在一级工具栏中点击"音频"按钮，然后点击"音乐"按钮，打开"音乐"页面，在搜索框中输入"A Thousand Miles"，在搜索结果中点击音乐名称进行试听，点击"使用"按钮，如图 6-59 所示。

步骤08 将时间指针定位到 8 秒位置，选中背景音乐，点击"分割"按钮，选中分割后左侧的音频片段，如图 6-60 所示，然后点击"删除"按钮。

步骤 09 点击"音量"按钮🔊，在弹出的页面中拖动滑块调整音量。点击"淡化"按钮▥，在弹出的页面中拖动滑块调整淡入时长为 2.0 秒，淡出时长为 2.0 秒，然后点击✓按钮，如图 6-61 所示。至此，该短视频制作完成，点击"导出"按钮即可导出短视频。

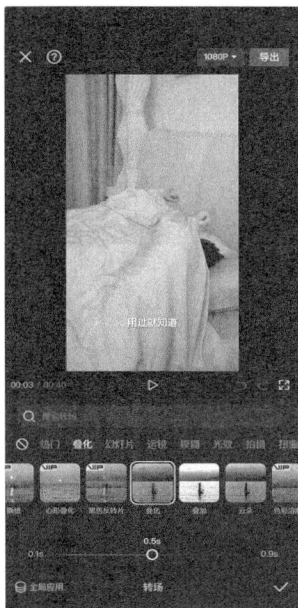

图 6-56　选择"叠化"转场

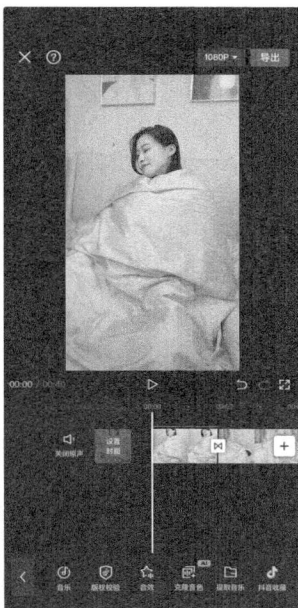

图 6-57　点击"音效"按钮

图 6-58　选择音效

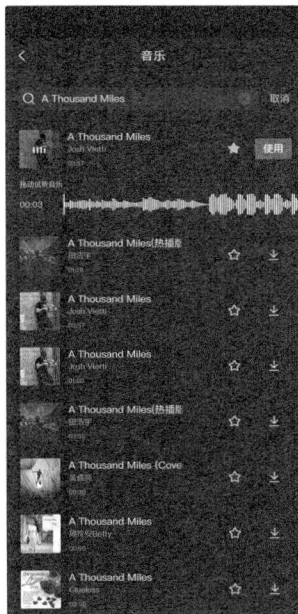

图 6-59　选择背景音乐

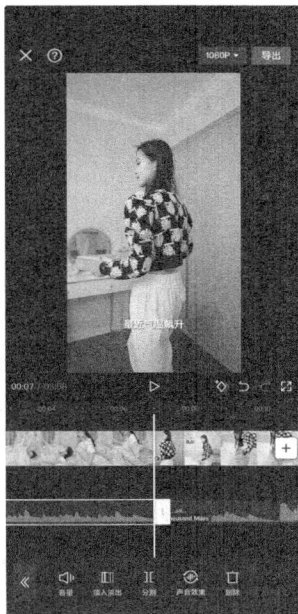

图 6-60　分割并选中音频片段

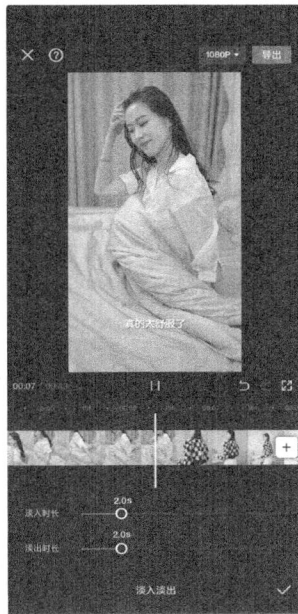

图 6-61　调整淡入和淡出时长

任务六　使用 Premiere 剪辑短视频

下面使用 PC 端工具 Premiere 剪辑一条产品活动宣传短视频，通过案例学习使用 Premiere 剪辑短视频的方法和技巧。

一、导入素材与创建序列

下面将介绍如何在 Premiere 项目中导入素材，并为制作短视频创建序列，具体操作方法如下。

微课视频

导入素材与创建序列

步骤 01 启动 Premiere Pro 2020，执行"文件"|"新建"|"项目"命令，在弹出的"新建项目"对话框（见图 6-62）中设置项目名称和保存位置，然后单击"确定"按钮。

步骤 02 将素材文件拖至"项目"面板，拖入的文件夹会自动生成素材箱，如图 6-63 所示。

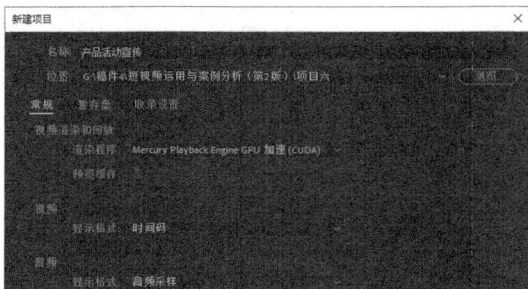

图 6-62　"新建项目"对话框

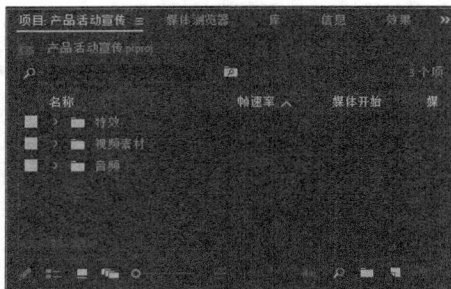

图 6-63　添加素材文件

步骤 03 双击"视频素材"素材箱将其打开，在"素材箱"面板下方单击"图标视图"按钮，切换为图标视图，将指针置于视频缩览图上并左右滑动，即可快速预览视频素材，如图 6-64 所示。

步骤 04 单击"项目"面板右下方的"新建项"按钮，在弹出的列表中选择"序列"选项，如图 6-65 所示。

图 6-64　预览视频素材

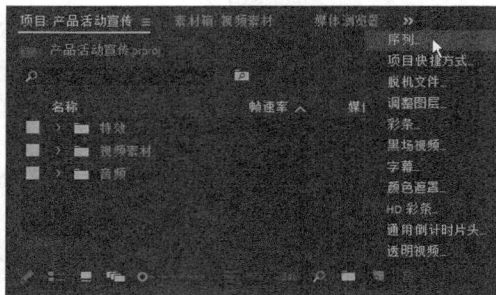

图 6-65　选择"序列"选项

步骤 05 弹出"新建序列"对话框，选择"设置"选项卡，在"编辑模式"下拉列表中选择"自定义"选项，在"时基"下拉列表中选择"25.00 帧/秒"选项，设置帧大小为

1920 水平、1080 垂直，如图 6-66 所示。在下方输入序列名称"活动宣传"，单击"确定"按钮。

步骤 06 此时即可创建序列，并在"时间轴"面板中自动打开序列，如图 6-67 所示。若要更改序列设置，可以执行"序列"|"序列设置"命令，在弹出的对话框中重新设置序列参数。

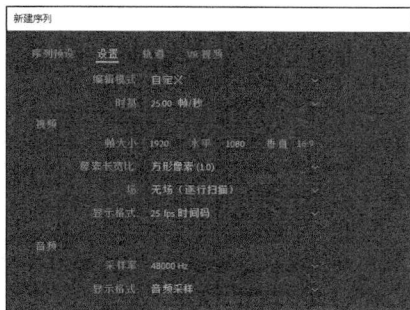

图 6-66　设置相关参数

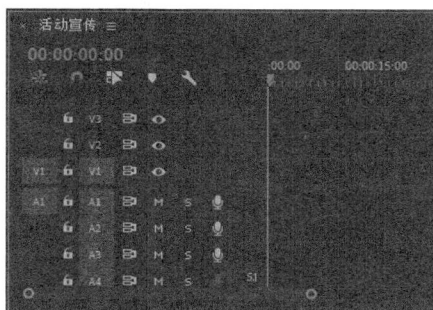

图 6-67　创建的序列

二、视频粗剪

下面对短视频进行粗剪，按照制作思路将要使用的素材依次添加到序列中，根据背景音乐修剪素材并调整播放速度，然后调整素材的画面构图，具体操作方法如下。

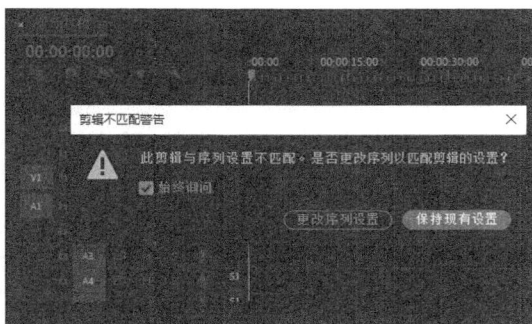

微课视频

视频粗剪

步骤 01 在"项目"面板中双击"S320230906_2111.MP4"视频素材，在"源"面板中预览该素材，拖动播放滑块到所需的视频片段的起始位置，单击"标记入点"按钮 ，将播放滑块移至所需的视频片段的结束位置，单击"标记出点"按钮 ，即可标记所需的视频片段的范围，如图 6-68 所示。

步骤 02 在"源"面板中拖动"仅拖动视频"图标 到序列的 V1 轨道上，在弹出的对话框中单击"保持现有设置"按钮，如图 6-69 所示。

图 6-68　标记视频片段的范围

图 6-69　单击"保持现有设置"按钮

步骤 03 采用同样的方法，将其他要用的素材添加到序列中，并对素材进行调整。选中素材后按【Ctrl+K】组合键可以分割素材，按【Ctrl+Alt】组合键的同时左右拖动素材可以移动素材的位置，按【Alt】键的同时拖动素材可以复制素材。双击 V1 轨道头部展开轨道，可以看到素材的缩览图，如图 6-70 所示。

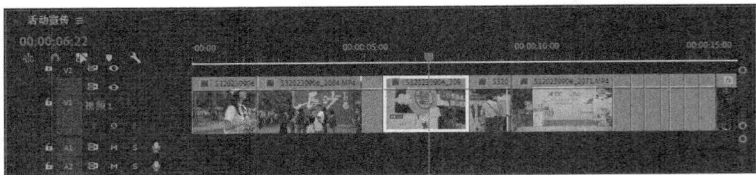

图 6-70　素材缩览图

步骤 04 在"项目"面板中双击"音乐.mp3"素材，在 00:00:31:20 位置标记入点，在 00:00:41:19 位置标记出点，如图 6-71 所示，然后拖动"仅拖动音频"图标 到序列的 A1 轨道中。

步骤 05 在 00:01:01:11 位置标记入点，在 00:01:05:07 位置标记出点，如图 6-72 所示，拖动"仅拖动音频"图标 到序列的 A1 轨道。采用同样的方法，在 00:01:07:01 位置标记入点，在 00:01:15:11 位置标记出点，拖动"仅拖动音频"图标 到序列的 A1 轨道。在 00:01:27:05 位置标记入点，在 00:01:35:02 位置标记出点，拖动"仅拖动音频"图标 到序列的 A1 轨道，然后在序列中将这 4 段音频衔接。

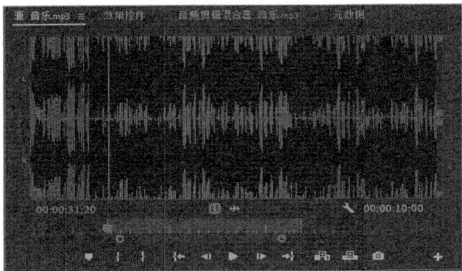

图 6-71　标记入点和出点

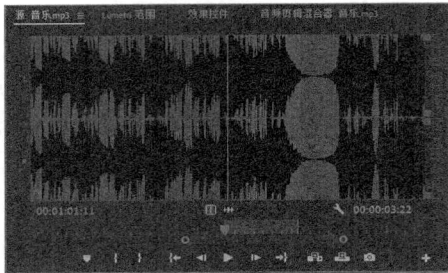

图 6-72　标记入点和出点

步骤 06 在"效果"面板中展开"音频过渡"|"交叉淡化"效果组，选择"恒定功率"效果，如图 6-73 所示。

步骤 07 将"恒定功率"效果拖至音频片段的衔接位置，使各音频片段之间过渡得更自然，如图 6-74 所示。

图 6-73　选择"恒定功率"效果

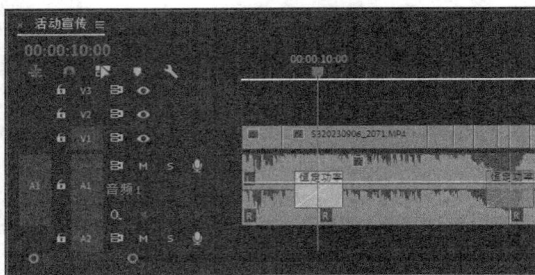

图 6-74　添加"恒定功率"效果

步骤 08 在 A1 轨道中选中所有音频素材并单击鼠标右键，选择"音频增益"选项，在弹出的"音频增益"对话框下方可以看到当前的峰值振幅为 1.6 dB，已经超出了最大的

0 dB。选中"调整增益值"单选按钮，设置增益值为–5 dB，即可将当前音量减少 5 dB，然后单击"确定"按钮，如图 6-75 所示。

步骤09 将"指数淡化"音频效果拖至音频片段的开始位置，并拖动"指数淡化"效果的右侧边缘调整持续时间为 10 帧，如图 6-76 所示。

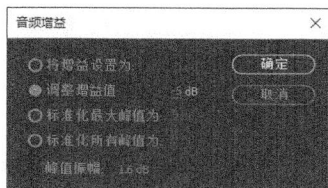

图 6-75　设置音频增益

图 6-76　添加并调整"指数淡化"效果

步骤10 选中第 1 个视频素材，按【Ctrl+R】组合键，弹出"剪辑速度/持续时间"对话框，设置速度为 130%，单击"确定"按钮，即可加快视频素材的播放速度，如图 6-77 所示。

步骤11 将指针移至第 2 个视频素材左上方的▓图标上，单击鼠标右键，执行"时间重映射"|"速度"命令，如图 6-78 所示。

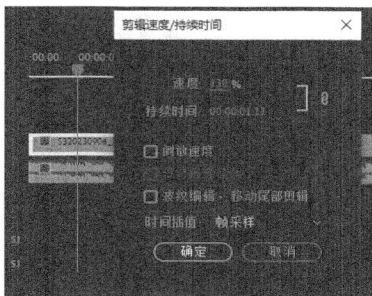

图 6-77　设置播放速度

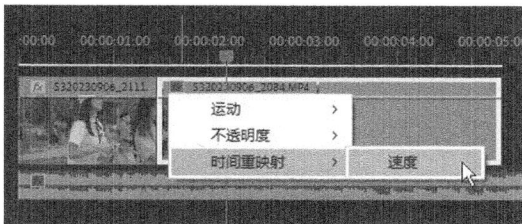

图 6-78　执行"时间重映射"|"速度"命令

步骤12 此时在第 2 个视频素材的中心位置出现速度控制柄，按【Ctrl】键的同时在速度控制柄上单击，添加速度关键帧，在此添加两个速度关键帧。向上或向下拖动速度控制柄进行加速或减速调整，在此将中间部分的速度调整为 215.00%，将右侧部分的速度调整为 450.00%，然后在按【Alt】键的同时拖动速度关键帧调整其位置，如图 6-79 所示。

步骤13 拖动速度关键帧将其拆分为左、右两部分，使速度变化得更平滑，如图 6-80 所示。

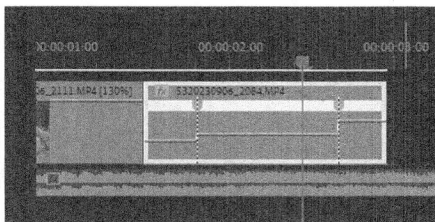

图 6-79　调整速度

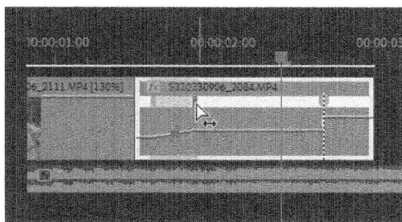

图 6-80　拆分速度关键帧

步骤 14 采用同样的方法调整第 3 个视频素材的播放速度，加快其入场时的播放速度，如图 6-81 所示。同样，调整其他视频素材的播放速度，然后使用选择工具 ▶ 修剪和移动素材，使用波纹编辑工具 ⊞ 调整素材的时长，使用滚动编辑工具 ⊞ 调整两个相邻素材的出点和入点。

步骤 15 在序列中选中视频素材，然后在"效果控件"面板中调整"缩放""位置""旋转"等参数对素材构图进行调整，如图 6-82 所示。

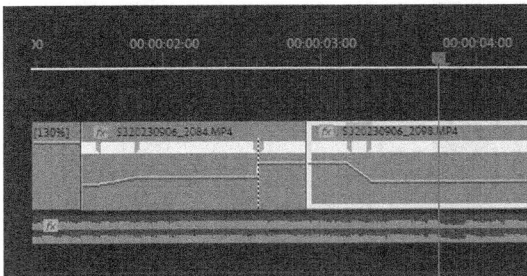

图 6-81 调整素材的播放速度

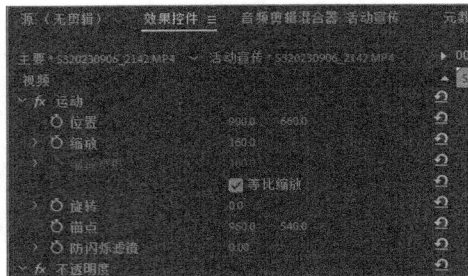

图 6-82 调整素材构图

步骤 16 在"节目"面板中预览调整素材构图前后的对比效果，如图 6-83 所示。采用同样的方法，对其他素材的构图进行调整。

图 6-83 调整素材构图前后的对比效果

步骤 17 在"节目"面板中预览视频粗剪效果，图 6-84 所示为部分画面。

图 6-84 粗剪后的部分画面

三、制作动画效果

在 Premiere 中使用关键帧可以设置运动、效果、速度、音频等多种属性，随时间更改属性值即可自动生成动画。下面将介绍如何使用关键帧制作动画效果，具体操作方法如下。

步骤01 在序列中选中"S320230906_2148.MP4"视频素材，打开"效果控件"面板，将播放指示器移至最左侧，在"运动"效果中单击"缩放"属性左侧的"切换动画"按钮，启用"缩放"动画，如图 6-85 所示，此时在播放指示器位置会自动添加一个关键帧。

步骤02 将播放指示器向右拖动一段距离，设置缩放参数为 120.0，如图 6-86 所示，此时会自动添加第 2 个关键帧。

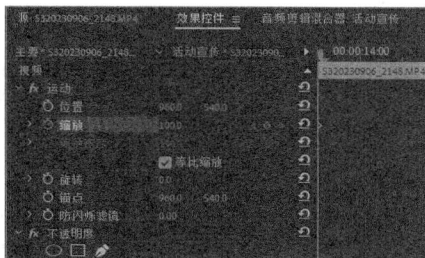

图 6-85 启用"缩放"动画

图 6-86 设置缩放参数

步骤03 选中所有的"缩放"关键帧并单击鼠标右键，选择"缓入"选项，如图 6-87 所示。再次选中所有的"缩放"关键帧并单击鼠标右键，选择"缓出"选项，为动画添加缓动效果。

步骤04 单击"缩放"属性左侧的按钮，显示属性的"值"和"速率"图标。分别拖动关键帧上的控制手柄，调整关键帧贝塞尔曲线，改变运动或变化的程度，曲线越陡峭，动画运动或速度变化的程度就越深，如图 6-88 所示。动画制作完成后，在"节目"面板中预览效果，并根据需要调整关键帧的位置和贝塞尔曲线。

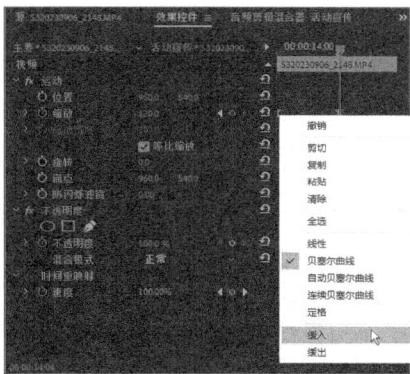

图 6-87 选择"缓入"选项

图 6-88 调整关键帧贝塞尔曲线

步骤05 将指针移至"运动"按钮上并单击鼠标右键，选择"复制"选项，如图 6-89 所示。

短视频运营与案例分析（微课版 第2版）

步骤 06 在序列中选中要应用动画效果的视频素材，按【Ctrl+V】组合键即可粘贴动画效果，如图 6-90 所示。

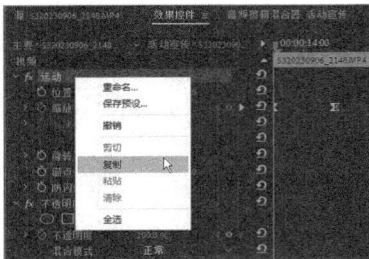

图 6-89　选择"复制"选项

图 6-90　粘贴动画效果

步骤 07 在"项目"面板中单击"新建项"按钮，选择"调整图层"选项，如图 6-91 所示。

步骤 08 在弹出的对话框中单击"确定"按钮，即可在"项目"面板中创建调整图层。选中调整图层，按【Ctrl+R】组合键，在弹出的对话框中设置持续时间为 10 帧，然后单击"确定"按钮，如图 6-92 所示。

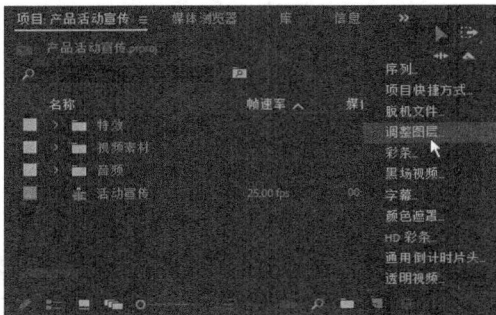

图 6-91　选择"调整图层"选项

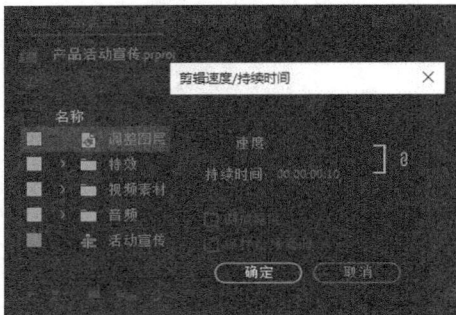

图 6-92　设置持续时间

步骤 09 将调整图层添加到 V2 轨道中，并移至"S320230906_2139.MP4"视频素材的开始位置，如图 6-93 所示。

步骤 10 打开"效果"面板，搜索"变换"，结果如图 6-94 所示，然后将"变换"效果拖至调整图层上。

图 6-93　添加调整图层

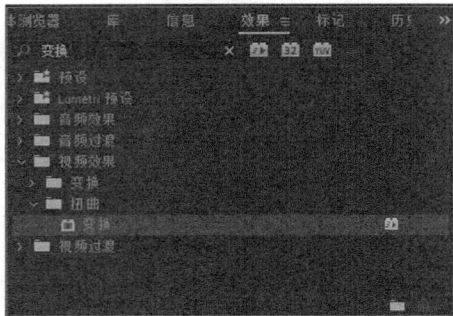

图 6-94　搜索"变换"的结果

步骤11 在"效果控件"面板的"变换"效果中启用"缩放"动画，添加 3 个关键帧，分别设置缩放参数为 100.0、120.0、100.0，然后调整关键帧贝塞尔曲线。取消勾选"使用合成的快门角度"复选框，设置快门角度为 360.00，以添加运动模糊效果，如图 6-95 所示。

步骤12 在序列中按【Alt】键，同时向右拖动调整图层，即可复制调整图层，并将其移至音乐节奏位置，如图 6-96 所示。

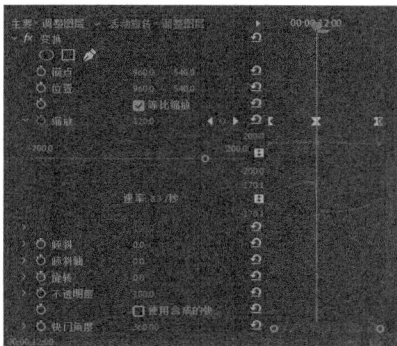

图 6-95　设置"变换"效果

图 6-96　复制调整图层

四、制作三分屏动画效果

使用分屏效果可以同时展示多个画面，形成更加丰富多样的视觉效果，提高信息的传递效率。下面制作三分屏动画效果，将展示产品展位的 3 个镜头同时展示出来，并为画面添加入场和出场动画效果，具体操作方法如下。

微课视频

制作三分屏动画
效果

步骤01 在序列中将播放指示器移至第 3 个视频素材中，在"工具"面板的钢笔工具组中选择矩形工具，使用该工具在"节目"面板中绘制矩形，如图 6-97 所示。

步骤02 此时在 V2 轨道中创建"图形"剪辑，调整该剪辑的时长和位置，如图 6-98 所示。

图 6-97　绘制矩形

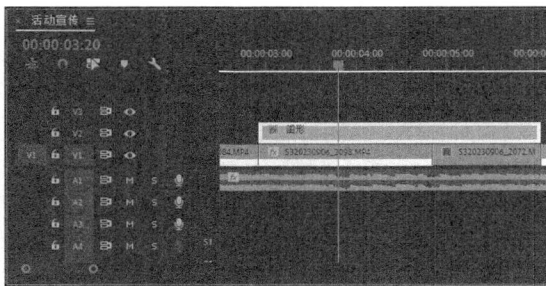

图 6-98　调整"图形"剪辑的时长和位置

步骤03 在"效果控件"面板中设置形状填充为白色，如图 6-99 所示。

步骤04 在"变换"组中取消勾选"等比缩放"复选框，然后启用"水平缩放"动画，添加 4 个关键帧，设置水平缩放参数分别为 0、100、100、0，如图 6-100 所示，然后调整动画贝塞尔曲线，即可制作出图形的出现和消失动画。

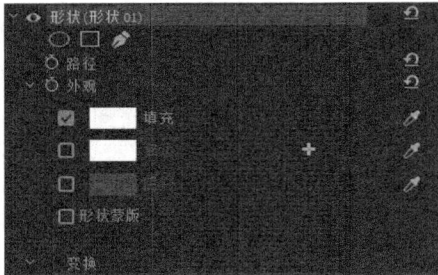

图 6-99　设置形状填充

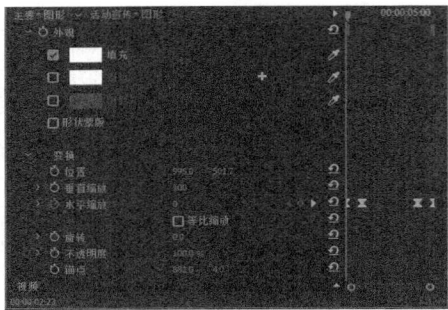

图 6-100　编辑"水平缩放"动画

步骤 05 在"效果控件"面板的时间轴视图中拖动左上方和右上方的控制柄，调整"图形"剪辑的开场持续时间和结尾持续时间，使其覆盖开场和结尾的关键帧动画，避免在修剪"图形"剪辑时改变动画，如图 6-101 所示。

步骤 06 在序列中按【Alt】键，同时将"图形"剪辑拖至 V3 轨道上，即可复制"图形"剪辑，如图 6-102 所示。

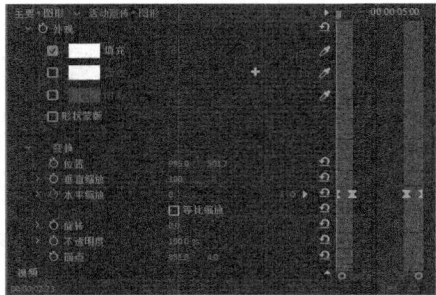

图 6-101　调整"图形"剪辑开场和结尾的持续
时间

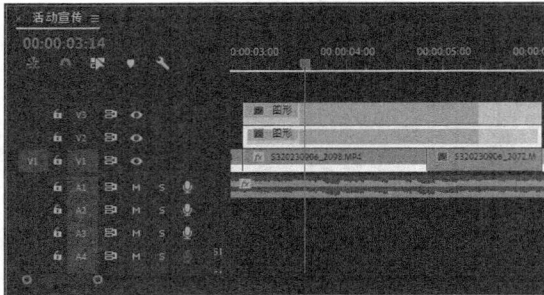

图 6-102　复制"图形"剪辑

步骤 07 选中 V2 轨道中的"图形"剪辑，在"效果控件"面板的"矢量运动"效果中设置旋转参数为-105.0°，然后根据需要调整位置参数中的 x 参数，如图 6-103 所示。

步骤 08 选中 V3 轨道中的"图形"剪辑，在"效果控件"面板的"矢量运动"效果中设置旋转参数为-75.0°，然后根据需要调整位置参数中的 x 参数，如图 6-104 所示。

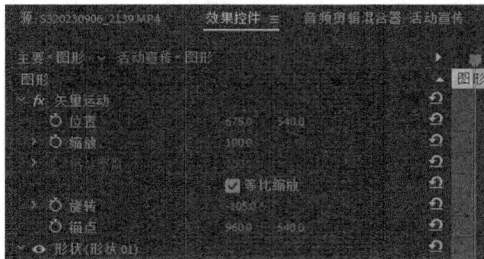

图 6-103　设置旋转和位置参数（1）

图 6-104　设置旋转和位置参数（2）

步骤 09 在序列中选中两个"图形"剪辑，按【Alt+↑】组合键将所选剪辑向上移动一个轨道，然后将用于分屏的第 1 个视频素材添加到 V2 轨道中，如图 6-105 所示。

步骤⑩ 在"效果控件"面板中调整位置和缩放参数，调整视频素材的画面构图，将画面中要显示的部分移至画面分屏的左侧区域，在"节目"面板中预览画面效果，如图6-106所示。

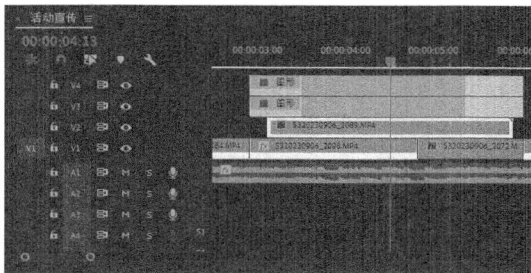

图6-105　添加视频素材

图6-106　预览画面效果

步骤⑪ 选中第1个分屏视频素材，单击鼠标右键，选择"嵌套"选项，在弹出的对话框中输入名称"左"，然后单击"确定"按钮，即可创建嵌套序列，如图6-107所示。

步骤⑫ 在"效果控件"面板中的"不透明度"效果中单击钢笔工具按钮█创建"蒙版（1）"，设置蒙版羽化参数为0.0，如图6-108所示。

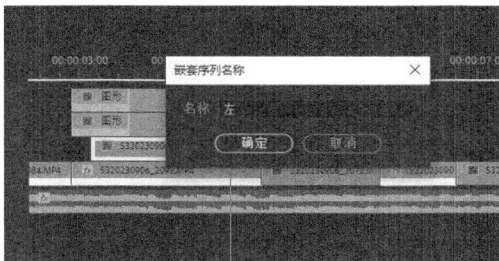

图6-107　创建嵌套序列（1）

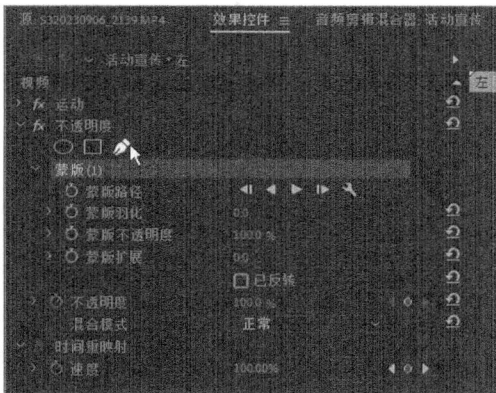

图6-108　创建蒙版（1）并设置参数

步骤⑬ 双击"节目"面板的标题栏将面板最大化，调整画面的缩放级别，然后使用钢笔工具绘制第1个分屏视频素材的蒙版路径，如图6-109所示。

步骤⑭ 在序列中双击"左"嵌套序列将其打开，选中视频素材，如图6-110所示。

图6-109　绘制蒙版路径

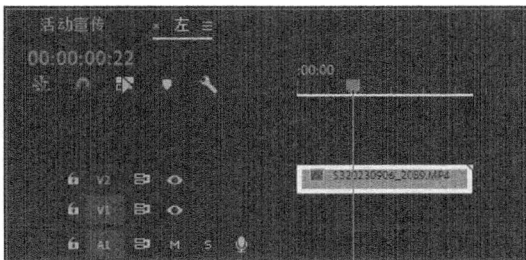

图6-110　选中视频素材

步骤⑮ 为视频素材添加"变换"效果，在"效果控件"面板的"变换"效果中启用并编辑"位置"动画，如图 6-111 所示，制作画面向上滑入动画和向下滑出动画。

步骤⑯ 返回主序列，在"节目"面板中预览画面动画效果，如图 6-112 所示。

图 6-111　启用并编辑"位置"动画

图 6-112　预览画面动画效果

步骤⑰ 采用同样的方法，制作中间部分和右侧部分的分屏画面，如图 6-113 所示。

步骤⑱ 在序列中选中 3 个"分屏"剪辑和 2 个"图形"剪辑并单击鼠标右键，选择"嵌套"选项，在弹出的对话框中输入名称"三分屏"，然后单击"确定"按钮，如图 6-114 所示。

图 6-113　制作其他分屏画面

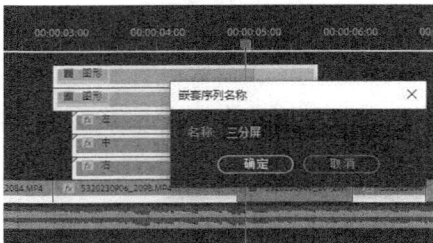

图 6-114　创建嵌套序列（2）

五、制作画面频闪效果

画面频闪效果经常出现在快节奏的视频中，视频画面会随着音乐节拍快速闪烁，增强视频氛围感。下面通过使用"闪光灯"效果来制作画面频闪效果，具体操作方法如下。

步骤① 在 V2 轨道中添加调整图层，并将其移至要制作频闪效果的视频素材上方，然后调整调整图层的时长，如图 6-115 所示。

步骤② 打开"效果"面板，搜索"闪光灯"，如图 6-116 所示，然后将"闪光灯"图标拖至调整图层上。

微课视频

制作画面频闪效果

图 6-115　添加调整图层并调整其时长

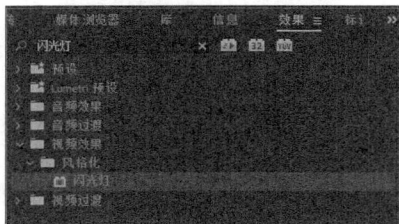

图 6-116　搜索"闪光灯"的结果

步骤 03 在"效果控件"面板中设置"闪光色"为白色，"与原始图像混合"为 30%，"闪光运算符"为"复制"，"闪光持续时间（秒）"为 0.08，"闪光周期（秒）"为 0.16，如图 6-117 所示。

步骤 04 在"节目"面板中播放视频，预览画面频闪效果，如图 6-118 所示。

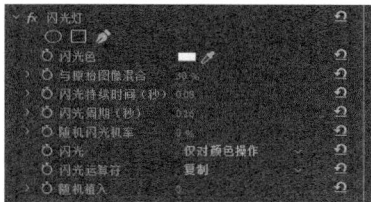

图 6-117　设置"闪光灯"效果的参数

图 6-118　预览画面频闪效果

六、添加视频转场效果

在 Premiere 中可以通过多种方法为视频素材添加转场效果，如添加 Premiere 内置的过渡效果，使用视频效果和转场素材制作转场效果，等等。下面为短视频添加合适的转场效果，让各镜头平滑过渡，丰富视频的视觉效果。

1. 添加视频过渡效果

Premiere Pro2020 内置了多种类型的视频过渡效果，可以帮助用户把序列中相邻的视频素材自然地衔接起来，实现场景之间的平滑过渡。添加视频过渡效果的具体操作方法如下。

步骤 01 打开"效果"面板，展开"视频过渡"|"溶解"效果组，选择"胶片溶解"效果，如图 6-119 所示。

步骤 02 将"胶片溶解"图标拖至序列中各视频素材之间，通过拖动过渡效果的边缘调整过渡效果的持续时间，如图 6-120 所示。

微课视频

添加视频过渡效果

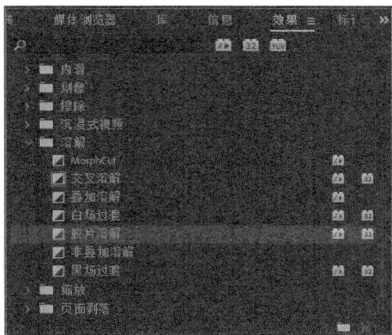

图 6-119　选择"胶片溶解"效果

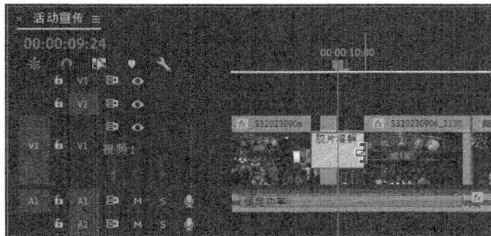

图 6-120　添加过渡效果并调整持续时间

步骤 03 将"视频过渡"|"擦除"效果组中的"带状擦除"效果添加到各视频素材之间，如图 6-121 所示。

步骤 04 打开"效果控件"面板，单击效果缩览图上的方向控件，将效果方向更改为"自东南向西北"，如图 6-122 所示。

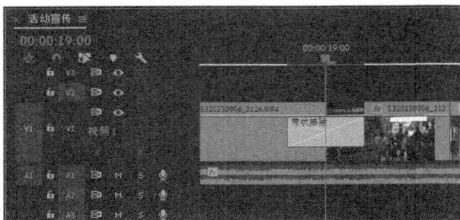

图 6-121　添加"带状擦除"效果

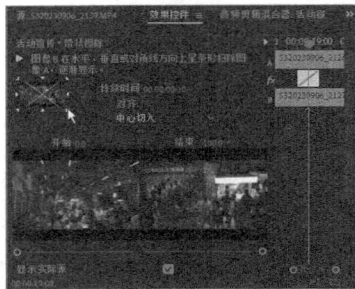

图 6-122　设置效果方向

步骤 05 设置"边框宽度"为 2.0，"边框颜色"为白色，"消除锯齿品质"为"高"，单击"自定义"按钮，在弹出的对话框中设置"带数量"为 2，然后单击"确定"按钮，如图 6-123 所示。

步骤 06 在序列中拖动播放指示器，预览带状擦除过渡效果，如图 6-124 所示。

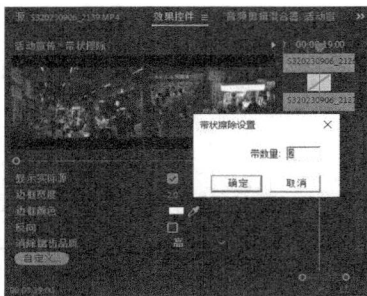

图 6-123　设置效果参数

图 6-124　预览带状擦除过渡效果

2. 制作光效转场效果

下面利用光效转场素材和混合模式功能制作光效转场效果，具体操作方法如下。

步骤 01 在"源"面板中打开"转场.mp4"素材，对要使用光效转场效果的部分标记入点和出点，如图 6-125 所示。

步骤 02 将转场素材添加到 V2 轨道，并置于视频素材中需转场位置的上方，根据需要对转场素材进行修剪和变速，如图 6-126 所示。

微课视频

制作光效转场
效果

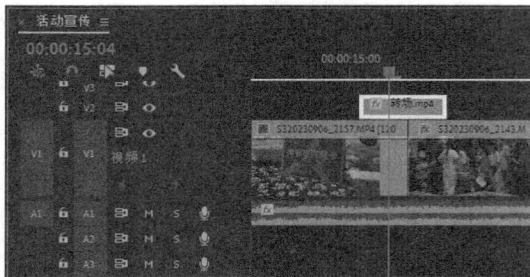

图 6-125　标记入点和出点

图 6-126　添加并调整转场素材

步骤03 在"效果控件"面板的"不透明度"效果中设置"混合模式"为"滤色"，如图 6-127 所示。

步骤04 在"节目"面板中预览光效转场效果，如图 6-128 所示。

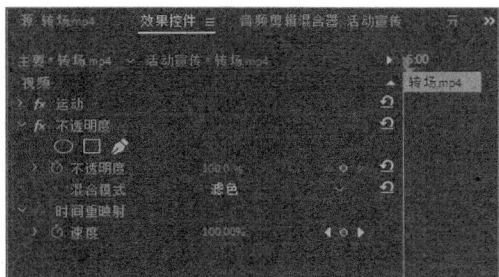

图 6-127　设置混合模式

图 6-128　预览光效转场效果

3．制作无缝放大转场效果

下面制作无缝放大转场效果，模拟快速拉镜头的效果，具体操作方法如下。

步骤01 在"S320230906_2126.MP4"视频素材入场位置上方添加调整图层，如图 6-129 所示。

步骤02 为调整图层添加"复制"效果和 4 个"镜像"效果。在"复制"效果中设置"计数"为 3，然后为每个"镜像"效果设置不同的"反射角度"和"反射中心"参数，如图 6-130 所示。这几个效果的组合可以将视频素材的画面缩小到原来的 $\frac{1}{3}$，并在每个方向上设置镜像图像。

微课视频

制作无缝放大
转场效果

图 6-129　添加调整图层

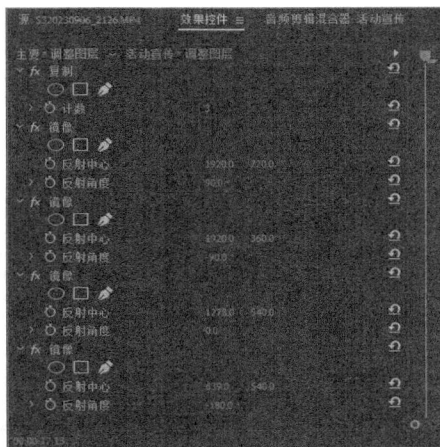

图 6-130　添加与设置效果

步骤03 在 V3 轨道上添加调整图层，并将其置于视频素材的转场位置，如图 6-131 所示。

步骤04 为调整图层添加"变换"效果，启用"缩放"动画，添加 2 个关键帧，设置"缩放"参数分别为 100.0、300.0，调整贝塞尔曲线，取消勾选"使用合成的快门角度"复选框，设置"快门角度"为 360.00，如图 6-132 所示。

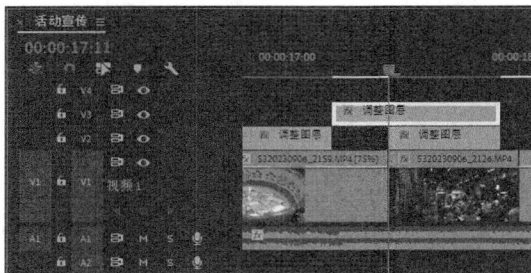

图 6-131　添加调整图层

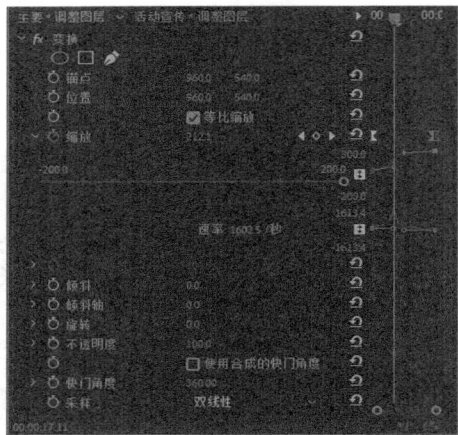

图 6-132　设置"变换"效果的参数

步骤 05　在"节目"面板中预览无缝放大转场效果，如图 6-133 所示。若要制作无缝缩小转场效果，只需在"变换"效果中设置缩放参数制作缩小动画，并将下层轨道中的调整图层移至前一个素材的结尾位置即可。

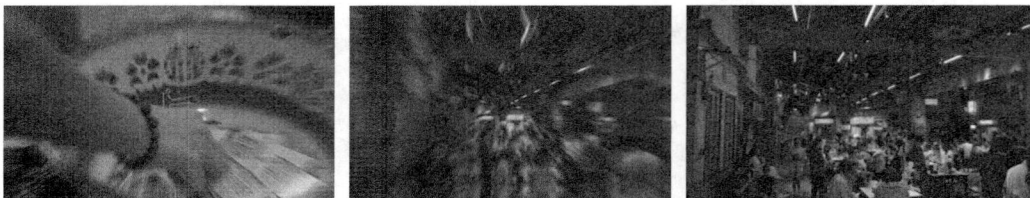

图 6-133　预览无缝放大转场效果

4．制作图形遮罩转场效果

下面使用图形蒙版转场素材结合 Premiere 中的"轨道遮罩键"效果制作图形遮罩转场效果，具体操作方法如下。

微课视频

制作图形遮罩
转场效果

步骤 01　在序列中按【Alt】键，同时向上拖动"S320230906_2127.MP4"视频素材，将该素材复制到 V2 轨道中，如图 6-134 所示。

步骤 02　在 V2 轨道中将"S320230906_2127.MP4"视频素材的右端修剪到下一素材的出点位置，将"S320230906_2127.MP4"素材的左端修剪到下一素材的入点位置，如图 6-135 所示。

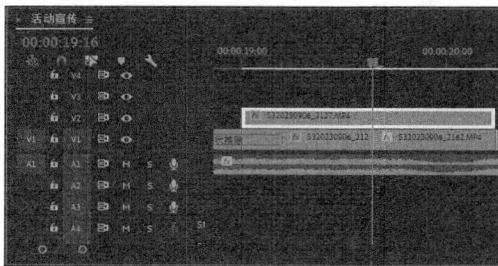

图 6-134　复制视频素材

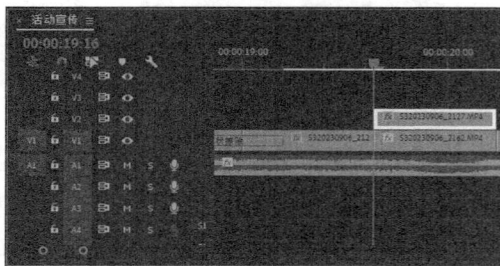

图 6-135　修剪视频素材

步骤 03 在 V3 轨道中添加"图形蒙版.MP4"素材，使用比率拉伸工具![图标]调整素材的时长，使其与下方素材的时长相同，如图 6-136 所示。

步骤 04 选中 V2 轨道中的视频素材，为其添加"轨道遮罩键"效果，在"效果控件"面板中设置"遮罩"为"视频 3"，即明确转场素材所在的轨道，设置"合成方式"为"亮度遮罩"，如图 6-137 所示。

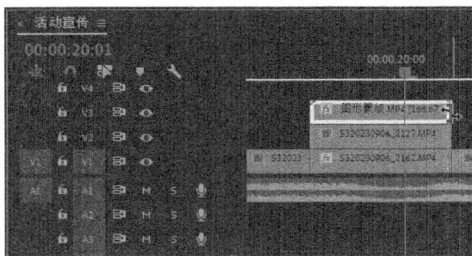

图 6-136　添加并调整蒙版素材

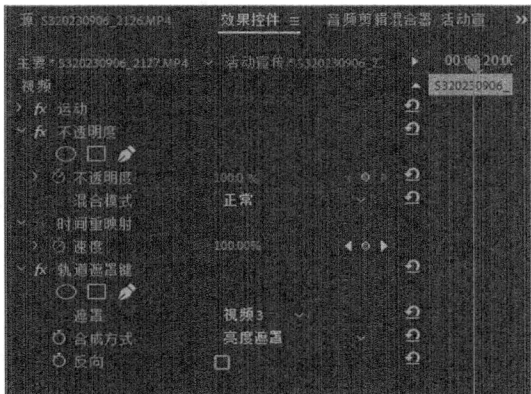

图 6-137　设置"轨道遮罩键"效果的参数

步骤 05 在"节目"面板中预览图形遮罩转场效果，如图 6-138 所示。

图 6-138　预览图形遮罩转场效果

七、视频调色

下面使用"Lumetri 颜色"工具对短视频进行调色，统一画面色调，增强画面色彩的表现力，具体操作方法如下。

步骤 01 在序列中选中第 1 个视频素材，执行"窗口"|"Lumetri 颜色"命令，打开"Lumetri 颜色"面板，选择"基本校正"选项，调整"曝光""对比度""高光""阴影""黑色"等参数，对色调进行基本校正，如图 6-139 所示。

微课视频

视频调色 2

步骤 02 展开"曲线"选项组，在"RGB 曲线"中调整白色曲线，提高画面的对比度，如图 6-140 所示。

步骤 03 在"节目"面板中预览调色效果，如图 6-141 所示。

步骤 04 在"效果控件"面板中可以看到添加的"Lumetri 颜色"效果，将指针放到该效果上单击鼠标右键，选择"复制"选项，如图 6-142 所示。将复制的"Lumetri 颜色"效果粘贴到其他需要调色的视频素材上，并根据需要在"Lumetri 颜色"面板中对颜色进行微调。

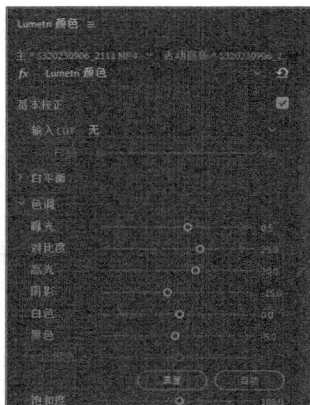

图 6-139　色调基本校正

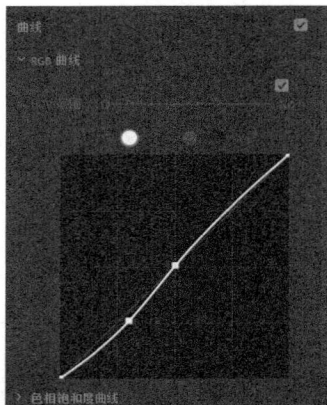

图 6-140　调整白色曲线

图 6-141　预览调色效果

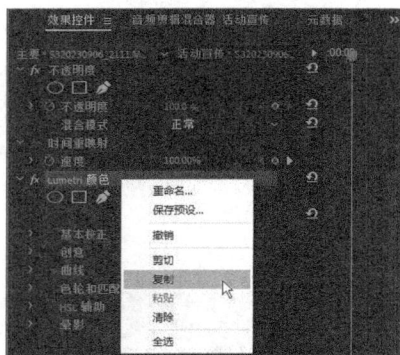

图 6-142　复制"Lumetri 颜色"效果

步骤 05 将调整图层添加到 V4 轨道中，如图 6-143 所示，调整图层的时长，使其覆盖整个短视频。

步骤 06 选中调整图层，在"Lumetri 颜色"面板中展开"创意"选项组，在"Look"下拉列表中选择"浏览"选项，在弹出的对话框中选择"质感中对比"调色预设，调整"强度"为 60.0，如图 6-144 所示。

图 6-143　添加调整图层

图 6-144　应用调色预设

八、添加与编辑字幕

下面在短视频的结尾添加字幕，制作片尾文字效果，具体操作方法如下。

步骤01 将播放指示器移至最后一个视频素材上，使用文字工具▼在"节目"面板中输入所需的文本，如图 6-145 所示。

步骤02 在"效果控件"面板中设置文本的字体、字号、填充等格式，如图 6-146 所示。

图 6-145　输入文本

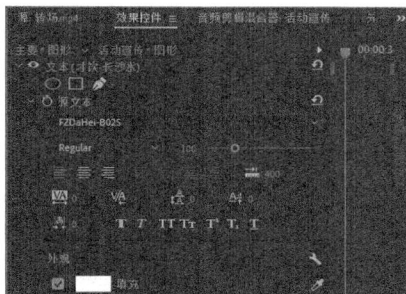

图 6-146　设置文本格式

步骤03 执行"窗口"｜"基本图形"命令，打开"基本图形"面板，选择"编辑"选项卡，单击"新建图层"按钮▣，选择"文本"选项，如图 6-147 所示。

步骤04 输入新的文本，并根据需要设置文本格式，如图 6-148 所示。

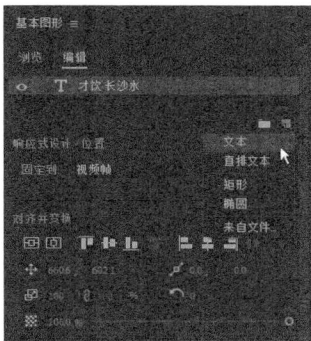

图 6-147　选择"文本"选项

图 6-148　输入文本并设置文本格式

步骤05 在"基本图形"面板中的"编辑"选项卡中选中"即享星城美"文本图层，然后根据需要在"对齐并变换"区域调整位置参数，改变文本的位置，如图 6-149 所示。

步骤06 在序列中将文本图层移至 V3 轨道，然后展开 V3 轨道，按【Ctrl】键的同时单击不透明度控制柄，添加两个不透明度关键帧，并将左侧的关键帧向下拖至底部，这样即可制作文本渐显动画效果，如图 6-150 所示。

步骤07 在"项目"面板右下方单击"新建项"按钮▣，选择"颜色遮罩"选项，在弹出的对话框中单击"确定"按钮，然后在弹出的"拾色器"对话框中选择黑色，单击"确定"按钮，如图 6-151 所示。此时，即可创建"颜色遮罩"素材。

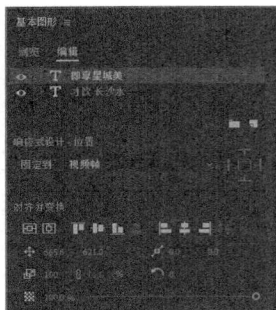

图 6-149　调整文本位置参数

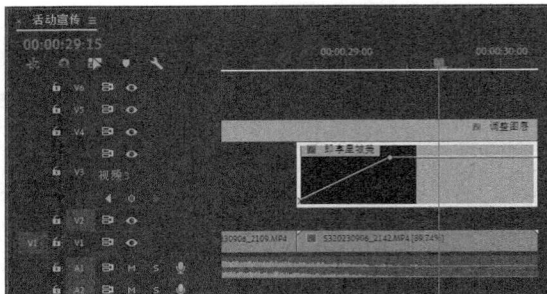

图 6-150　制作文本渐显效果

步骤 08 将"颜色遮罩"素材添加到 V2 轨道并置于文本图层下方，展开 V2 轨道，按【Ctrl】键的同时单击不透明度控制柄，添加两个不透明度关键帧，将左侧的关键帧向下拖至底部，根据需要向下调整右侧的关键帧以降低其不透明度，如图 6-152 所示。

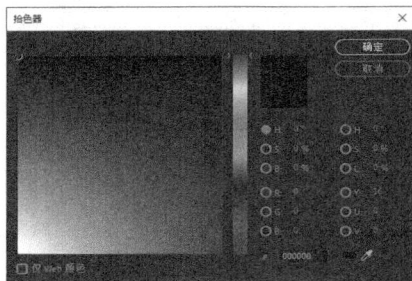

图 6-151　选择颜色

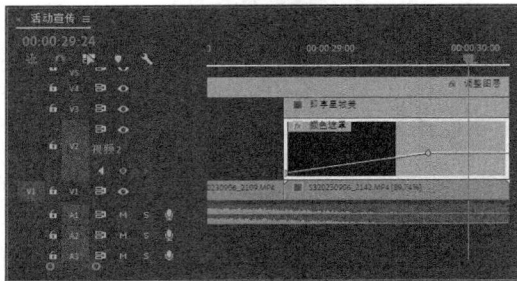

图 6-152　添加"颜色遮罩"素材并编辑不透明度关键帧

九、导出短视频

短视频编辑完成后，在"节目"面板中预览效果，确认不再修改后即可将其导出。在导出时，可以根据需要设置视频格式、比特率等参数，具体操作方法如下。

步骤 01 在"时间轴"面板中选中要导出的序列，如图 6-153 所示。若要导出序列中的一部分，可在序列中使用入点和出点标记该部分，然后导出。

步骤 02 执行"文件"|"导出"|"媒体"命令，弹出"导出设置"对话框，在"格式"下拉列表中选择"H.264"（即格式为 MP4 的视频）选项，如图 6-154 所示。

微课视频

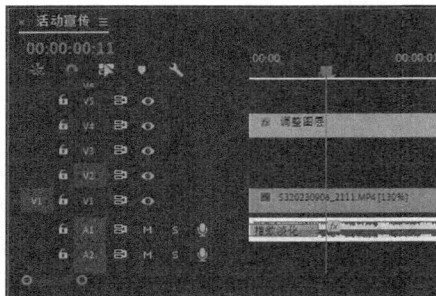

导出短视频

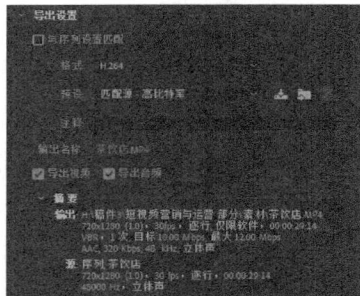

图 6-153　选中序列

图 6-154　选择导出格式

步骤 03 单击"输出名称"右侧的文件名，弹出"另存为"对话框，如图 6-155 所示，选择导出位置并输入文件名，然后单击"保存"按钮。

步骤 04 返回"导出设置"对话框，选择"视频"选项卡，展开"比特率设置"选项组，调整"目标比特率【Mbps】"参数，即可对视频文件进行压缩，如图 6-156 所示。在该对话框下方可以看到估计的文件大小，设置完成后单击"导出"按钮，即可导出短视频。

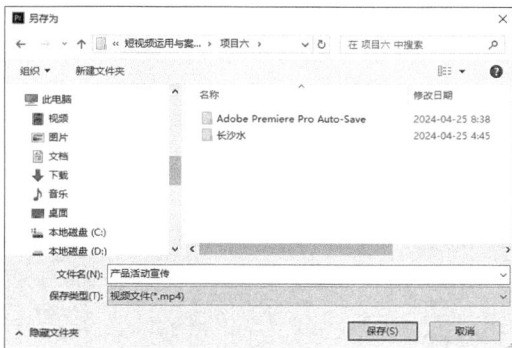

图 6-155 "另存为"对话框

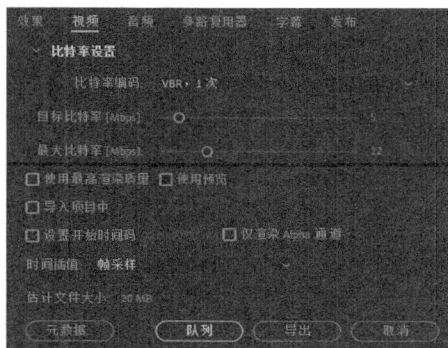

图 6-156 调整目标比特率参数

项目实训：剪辑产品推荐短视频

1. 实训目标

打开"素材文件\项目六\项目实训\纯棉四件套"文件夹，通过对"纯棉四件套"视频素材进行剪辑，制作一则节奏流畅、卖点鲜明的产品推荐短视频。通过实践提升视频剪辑技能。

2. 实训内容

分别使用剪映 App 和 Premiere Pro2020 剪辑纯棉四件套产品推荐短视频。

3. 实训步骤

（1）厘清剪辑思路

浏览提供的视频素材和效果参考视频，明确剪辑的主题和风格，形成清晰的剪辑思路。

（2）粗剪视频素材

将视频素材导入剪辑工具中，设置比例为 9：16，然后对视频素材进行粗剪，删除不需要的片段，对视频素材的播放速度进行调整。

（3）精剪视频素材

将视频素材中的口播语音添加到音频轨道，根据口播语音对视频素材进行修剪，确保视频画面与口播内容相匹配。然后，根据需要对视频画面的构图进行调整，突出视频主题和重点。

（4）编辑音频

调整口播语音的音量大小，确保声音清晰、音量适中。为短视频添加轻快风格的背景音乐，并减小背景音乐的音量。

（5）添加视频效果

为视频画面制作动画效果，为镜头切换添加或制作合适的转场效果，丰富画面视觉效果，以吸引观众的注意。

（6）视频调色

先对每个视频画面的明暗进行调整，使其具有统一的亮度，然后使用调节图层或滤镜对短视频进行色调调整。

（7）添加字幕

为短视频中口播语音添加同步字幕，并设置字幕的文本格式。为短视频中的重点内容添加花字字幕，为花字字幕添加动画与音效，以突出产品卖点，增强画面趣味性。剪辑完成后，预览整体效果，导出短视频。

4. 实训总结

自我总结	
教师总结	

项目七
引流"涨粉"，实现短视频裂变传播

知识目标

➢ 掌握借助爆款短视频引流的技巧。
➢ 掌握与"粉丝"保持良性互动的技巧。
➢ 掌握推广短视频的多种渠道。
➢ 掌握构建短视频账号矩阵的方法。
➢ 掌握在短视频平台付费推广的方法。

能力目标

➢ 能够借助爆款短视频为账号引流。
➢ 能够与"粉丝"进行良性互动。
➢ 能够对创作的短视频进行多渠道推广。
➢ 能够构建短视频账号矩阵。
➢ 能够在短视频平台进行付费推广。

素养目标

➢ 培养用户思维，提升用户感知力和需求理解力。
➢ 保持网络敏感度，增强自身传播力与影响力。

　　创作者要想让自己创作的短视频快速传播，成为爆款，除打造优质内容外，还要懂得通过多种渠道对短视频进行推广引流，使自己的短视频作品获得更高的曝光率。同时，还要做好"粉丝"的运营与维护，这样才能获得更多"粉丝"的关注和支持，进而带来更多的流量。

任务一 借助爆款短视频引流

创作者要想让自己创作的短视频作品吸引更多的用户关注，获得更多的流量，借势是一种简单、高效的方法。爆款短视频对用户和流量的吸附能力非常强，自带超高的人气和流量，创作者可以将自己创作的短视频与其进行连接，从而实现引流。

一、在爆款短视频下发表评论

现在短视频的评论区已经成为短视频内容的一个重要延伸，很多用户在看完短视频后会主动打开评论区，寻找有意思的评论。有时，评论甚至比短视频作品本身更有意思。如果用户看到某条评论很有意思，很有可能会打开发表该评论的账号的主页进行查看，所以创作者可以利用评论区引流法来"涨粉"。

评论区引流法，就是创作者寻找一些与自己账号的短视频定位类似、"粉丝"众多的"大号"，将提前编辑好的评论发布在相应目标账号的短视频评论区中，从而吸引该"大号"的"粉丝"关注自己的账号及内容。

创作者在评论区进行引流时，主要有以下技巧。

1. 找准目标账号

创作者在寻找目标账号时，要有选择性和策略性，想吸引什么类型的用户群体，就要选择什么样的账号。例如，如果想吸引年轻、时尚的女性用户，就可以在一些穿搭类、美妆类等账号发布的短视频的评论区进行评论。在这些账号发布的短视频的评论区发表评论的目的是吸引目标用户的注意，并引导目标用户关注自己的账号。

2. 及时做出评论

热门短视频的评论数量有时高达数万条，而且评论数量累积的速度非常快，往往第一个发表评论的账号会排在顶部，这是最好的曝光位置。该位置的引流效果比其他位置要高出数倍，所以创作者要及时评论，速度越快，机会就越多，引流效果也就越好。

3. 内容有吸引力

要想让评论给用户留下深刻的印象，关键是评论要有吸引力。评论时，要提供有价值的内容和信息，让其他用户感受到自己的专业与诚意。例如，对短视频内容进行点评，分享自己的经验和见解等。

4. 注重利益引导

在评论区中，创作者可以设置一些利益来引导其他用户关注自己的账号，如提供优惠券、折扣券、体验券、小礼品、电子书、软件、教程等。不同的短视频平台对利益引导的包容度各不相同，这就需要创作者在实际操作过程中进行分析与总结，不断积累经验。

创作者在评论区引流时，还要注意以下几点。

（1）广告不宜过于明显

如今大多数用户对广告十分排斥，评论区中的广告如果十分明显，很容易被用户无视或引起用户反感，很难实现引流的目的。因此，创作者要对目标用户群体进行精准定位，充分了解自己所要吸引的目标用户群体，弄清目标用户的需求和关注点，用能够吸引他们的内容来实现广告在评论区的"软着陆"。

（2）账号形象具有专业性

专业的短视频账号要有专业的名字和头像，具体来说就是定位要清晰、名字要简洁易记、头像要吸睛。很多创作者用于引流的账号名字和头像看起来很普通，这样的账号肯定无法达到理想的引流效果。

（3）选择多条短视频进行评论

创作者最好不要在同一条短视频的评论区反复评论，要选择多条短视频进行评论，对不同的短视频，评论的内容也要有所差异。

（4）用心经营短视频账号

很多创作者在引流成功之后，认为已经达到了吸引用户的目的，便不再关注引流结果，这种做法有些欠妥。如果不能给这些用户提供有价值的内容，则这些用户终将会取消关注。因此，在引流成功之后，创作者要更用心地经营账号，只有让用户持续地从自己的短视频作品中获得价值，用户才会更愿意持续关注，这才是真正的成功引流。

二、转发爆款短视频

爆款短视频具有强大的流量属性，所以当创作者转发爆款短视频时，也会获得该条短视频所属账号"粉丝"的关注，从而实现借势"涨粉"的目的。

创作者在转发爆款短视频时，需要注意以下两点。

1. 彰显自身特色

创作者转发爆款短视频时，不宜单纯地转发，而应在转发时彰显自身的特色，展示自身的风格特点，表达自己的独特见解，让用户对自己的账号产生深刻的印象，并激发其关注自己账号的欲望。

例如，创作者在转发爆款短视频时，可以谈一谈对爆款短视频内容的认知和见解，谈论爆款短视频的共同特点，总结自己学到的知识和方法，等等。

2. 浓缩要点转发

除直接转发爆款短视频外，创作者还可以间接转发，根据自己对爆款短视频的理解，将其内容进行浓缩，用自己的语言进行阐述并发布。这样，创作者转发的爆款短视频就具有了提炼和浓缩要点的特点，可以帮助用户轻松认识爆款短视频，这样关注创作者账号的用户自然也就多了起来。

任务二　与"粉丝"保持良性互动

短视频的内容要围绕用户来设计，其中比较重要的一点就是互动性。互动性主要是指用户评论短视频的意愿，这反映了用户对该短视频的关注度。只有用户与创作者展开良性互动，才能建立创作者与用户的情感联系，从而提高用户黏性。

一、发起话题讨论

话题讨论是提升短视频互动性的一种非常高效的方法，主要有以下两种类型。

1. 互动性强的话题

创作者拍摄美食类短视频时，可以选择展示美食的多种吃法或特色做法；拍摄健身类短视频时，可以选择教用户室内健身或无器械健身；拍摄时尚类短视频时，可以介绍日常穿搭技巧等；拍摄情感类短视频时，可以利用展现家庭温暖的情节和场景，以引起用户的情感共鸣。这些类型的短视频具有很强的互动性，可以引发大量用户的互动与评论。

2. 争议性强的话题

如果短视频的内容争议性较强，能够让用户产生激烈的讨论，更容易引发用户分享，提高短视频作品的热度。例如，抖音账号"贾姐聊家事"发布的一条关于婆媳关系的短视频就引起了用户的热议，如图 7-1 所示。

这条短视频之所以会引发用户的热议，吸引众多用户观看、评论、收藏和转发，最重要的一点就在于该话题具有很强的争议性。该话题刺激了用户的互动欲望，众多用户在评论区发表自己的看法，如图 7-2 所示。

图 7-1　关于婆媳关系的短视频　　　　图 7-2　评论区

二、做好评论互动

针对用户在评论区中的评论，创作者要做好评论互动，促使用户转发短视频，帮助创作者吸引更多的用户。

在回复用户评论时，需要注意以下几点。

1. 及时回复评论

创作者要及时回复用户的评论，这样可以让用户感受到创作者对他们的重视，用户也会对创作者产生强烈的好感。创作者回复得越快，就代表对用户的重视程度越高，用户对创作者的好感度也就越高。

2. 站在用户角度回复

有时用户的评论可能言语过激，此时创作者切不可"针尖对麦芒"地进行回击，而要站在用户的角度，顺着用户的思路与其展开互动，表现出自己按照用户的期望不断改进的决心，增强他们的期待感。

3. 开通问答环节

除在评论区进行回复外，创作者还可以对用户的评论信息进行整理，在下条短视频中进行整体答复。当短视频账号发展到一定阶段后，创作者可以就用户评论单独开通一个问答环节，这样做可以极大地提升用户的参与感。

4. 评论置顶

创作者还可以借助评论来引发用户互动，当在评论区发现高质量的评论时，创作者可以将其置顶，以引导用户产生更大范围的互动。

5. 评论预埋

短视频在刚发布时的评论量有可能很少，这时创作者可以自己撰写评论，用其他账号评论、好友评论等方式进行评论预埋，要多发布有趣、有价值、有话题性的评论，或者是非常犀利的提问等，引导用户畅谈自己的观点，并且与其他用户互动交流。

三、开展趣味活动

当通过各种方式把用户吸引过来以后，创作者如果不开展活动，不与用户进行积极的互动，可能就会降低用户的活跃度，这样也就失去了引流的意义。因此，创作者要经常开展趣味活动，增强用户的参与感，尽可能地保持用户的活跃度，提升其点赞、评论与收藏、转发的积极性。

一般来说，创作者可以发起以下两种活动。

1. 挑战类活动

挑战类活动不仅充满趣味性，还具有强烈的代入感，能够在很大程度上满足用户的好奇心，激发其竞争意识，所以挑战类活动往往更能引发用户的关注，提升用户的参与感。

创作者在发起挑战类活动时，要注意以下两点。

（1）难度适宜

如果活动太容易，便无法激发用户的挑战欲望和竞争意识；如果活动太难，有些用户可能会缺乏自信不敢参与。因此，活动要设置一定的难度，难度适宜更能激发用户的参与热情。

（2）设置奖励

设置奖励是激发用户参与的动力之一，活动奖励既可以是物质奖励，如优惠券、精美礼品等，也可以是精神奖励，如授予用户某种荣誉称号等。

2. 创意征集活动

要开展创意征集活动，创作者首先要发布一条有创意的短视频，激发用户产生各种创意，促使用户将自己的奇思妙想拍摄上传，满足用户的参与感。在这种情况下，用户大多会非常积极地转发分享短视频。

创意征集活动的具体要求如下。

- 创作者发布的短视频必须富有创意，这样才能快速吸引用户的注意力，激发用户的参与热情。

- 对拟征集的创意短视频一定要设置明确的标准。有了标准，用户就有了清晰的创作方向，进而会产生创作欲望与参与热情。
- 在开展活动时，创作者要提供具有吸引力的奖品，以激发用户参与和分享的积极性。
- 创作者要引导用户自发创作内容，并将用户创作的优质内容进行集中展示，让用户也成为短视频的生产者之一。创作者要积极与用户互动，能够使用户产生自豪感与被重视的感觉。

> **素养课堂**
>
> 　　短视频创作者需要具备出色的创意策划能力，在进行短视频推广引流时，能够设计出生动有趣、互动性强的内容，引导用户进行点赞、评论、分享等，提高用户与品牌的互动频率，提升用户的黏性与忠诚度。

任务三　多渠道进行短视频推广

　　创作者要想让自己的短视频被更多垂直领域外的目标用户群体所了解，就要通过其他渠道对短视频进行推广，从而扩大其传播范围。除各大短视频平台外，创作者可以利用微信朋友圈、微信公众号、微信群/QQ 群、微博、今日头条、微信视频号、小红书等渠道对短视频进行推广。

一、微信朋友圈推广

　　微信朋友圈有着独特的优势，如：用户黏性强，很多用户具有每天翻阅朋友圈的习惯；微信朋友圈好友之间的关联性和互动性较强，可信度高；微信朋友圈用户数量多，覆盖面广，二次传播范围大；分享便捷、操作简单，有利于短视频的传播。

　　创作者利用微信朋友圈推广短视频时，需要注意以下几点。

- 短视频封面要美观，能够突出短视频的特色。
- 文案要精练，具有吸引力，能够帮助用户了解短视频的内容，吸引其点击播放短视频。
- 过多的短视频文案字数会被隐藏，影响用户的观感，要想完整地展示短视频的文案信息，可以将其放在微信朋友圈的评论区。

二、微信公众号推广

　　微信公众号是个人、企业进行信息发布，并通过运营来提升知名度和塑造品牌形象的重要平台。如果创作者想通过内容积累来打造短视频 IP，那么微信公众号就是一个很好的选择。

　　创作者通过微信公众号推广短视频，除可以打造 IP 外，还可以发挥微信公众号的一个非常重要的优势，即推广内容的多样性。一般来说，创作者通过微信公众号推广短视频较多使用两种方式，分别为"标题+短视频"和"标题+文本+短视频"。当然，不管采取哪一种方式，都必须明确说明短视频内容和主题。

　　另外，创作者利用微信公众号推广短视频时，如果不是只推广某一条短视频，而是有着相同主题的系列短视频，就可以将这些短视频放在同一篇公众号文章中进行联合推广，让用户更好地了解短视频及其主题。

三、微信群/QQ 群推广

用户加入微信群或 QQ 群后，只要没有设置消息免打扰，群内的任何人发消息，用户都能收到提示信息。因此，微信群或 QQ 群与微信朋友圈不同，创作者通过它们来推广短视频，可以让推广信息直达群内用户，短视频被点击和播放的可能性更大。

与微信群相比，QQ 群有一个重要的优势，那就是它有许多热门分类，创作者可以通过查找同类群的方式加入 QQ 群，在群内进行短视频的推广。微信群或 QQ 群的群内用户大多是基于某一目标或兴趣而聚集在一起的，所以如果创作者推广的是某一特定领域的短视频，就要选择符合该群内用户目标或兴趣的短视频。例如，创作者可以在摄影群中提出一个摄影人士普遍感觉有难度的关于摄影的问题，引导群内用户热烈讨论，然后适时分享一个能够解决这个问题的短视频，那么对这个问题感兴趣的用户就会特别关注。

四、微博推广

微博的用户基数很大，创作者在微博上推广短视频时，主要使用微博的两种功能，即"@"功能和热门话题功能。创作者在微博上可以"@"名人、媒体或企业，如果他们回复了，创作者就能借助其庞大的"粉丝"量增强自身的影响力。

微博的热门话题和热搜是制造和发酵热点信息的地方，也是微博用户非常关注的地方。创作者在推广短视频时，可以借助与内容相关的热门话题，添加"#"标签，同时在微博正文中阐述自己的看法和感想，从而借助热点提高微博的阅读量和短视频的播放量。

五、今日头条推广

短视频在今日头条上的推荐量是由智能推荐引擎机制决定的，一般与热点相关的短视频会被优先推荐，热点的时效性越强，推荐量就越高。今日头条上的热点每天都会更新，所以创作者在发布短视频之前要查看平台热点，找出与将要上传的短视频相关联的热点关键词，并根据热点关键词来撰写短视频的标题，以提高短视频的推荐量。

今日头条的短视频审核由机器与人共同把关，当创作者上传短视频后，首先由智能推荐引擎机制对短视频进行关键词搜索审核，其次由平台编辑人工审核。因为短视频内容的初次审核是由机器完成的，所以创作者在确定短视频标题时，不要使用含糊不清的文字或者非常规用语，以免增加机器的审核障碍。

六、微信视频号推广

微信视频号与其他短视频平台不同，抖音、快手等平台强调内容娱乐性，而微信视频号更像是一个社交平台，强调生活化的社交属性。微信朋友圈的内容只能让微信好友观看，而微信视频号的内容可以让所有微信用户观看。微信有 14 亿的用户基础，所以微信视频号是一个非常好的短视频推广渠道。

微信视频号的推荐机制多元化，采用"算法推荐+私域社交推荐"的双螺旋推荐机制。

该机制的推荐形式主要有：订阅，基于用户关注的内容进行推送；社交，基于用户社交关系链进行推送；算法，基于用户兴趣智能推送。

其中，私域社交推荐是微信视频号内容推荐的核心运作逻辑。在微信视频号中，创作者发布的视频和感兴趣的视频都能通过微信好友的浏览、点赞、评论而被推荐给微信好友的好友，这一设定使微信好友成为内容传播的一个个节点。因此，该平台呈现出不规则的网状传播结构，能够实现从熟人到陌生人的跨级传播，这一社交把关机制打破了固有的圈层壁垒，人们看到的视频内容会更加多元，短视频推广效果会更好。

七、小红书推广

小红书是一个展示生活方式的平台，也是消费决策入口，目前每个月有超过 3 亿的用户在这里分享他们的生活经验，寻找真实、美好、多元的世界，追求他们心中所向往的生活。小红书的用户具有年轻化的特点，"95 后"占比为 50%，"00 后"占比为 35%，并以女性用户居多，男女比例为 3：7，一、二线城市用户的占比为 50%。

小红书上有各种各样的生活分享内容，从美食制作、旅行攻略到时尚穿搭、美妆护肤，再到家居装饰、健身养生等，涵盖了生活的方方面面。而这些生活分享内容通常都是由真实的用户根据自身的生活体验所创作的，他们用自己的方式展示着自身精彩纷呈的生活。

如果创作的短视频能够给用户带来视觉上的享受，能让用户感受到世间的美好，如美丽的风景、精致的美食、时尚的穿搭、温馨的家居等，就会吸引大量用户围观，从而提升短视频的流量，达到推广引流的效果。

任务四　构建短视频账号矩阵

所谓短视频账号矩阵，就是指短视频创作者同时创建并运营多个短视频账号，且每个账号的运营侧重点有所不同，但账号与账号之间存在某种联系，并且可以实现相互导流，从而提升创作者的粉丝总量。

一、多平台账号矩阵

多平台账号矩阵是指创作者在多个短视频平台上创建短视频账号，通过多个平台发布并运营短视频的方式。一般来说，多平台账号矩阵是多平台同账号矩阵，即创作者在不同的短视频平台上创建名字相同的短视频账号，这样更便于"粉丝"识别创作者。例如，"开心锤锤"就分别在抖音、快手、哔哩哔哩、微博等平台上创建了同名账号，每个平台上的账号都拥有数量可观的粉丝，如图 7-3 所示。

对创作者来说，创作优质的短视频作品并非易事，将短视频进行多平台发布并运营能够最大限度地挖掘短视频的价值，让其产生更多的流量，从而提高创作者的收益。

当然，不同的短视频平台有着不同的特性、规则等，在使用多平台账号矩阵运营模式前，创作者需要对各个平台进行充分的调研与分析，掌握不同平台的特性，并据此创作适合平台特性的内容。此外，不同的短视频平台，其用户群体也有所差异，创作者在选择构建多平台账号矩阵时，要充分分析目标平台的用户群体的特性是否与短视频运营的目标用户群体的特性一致，两者的重合度越高，短视频推广效果就越好。

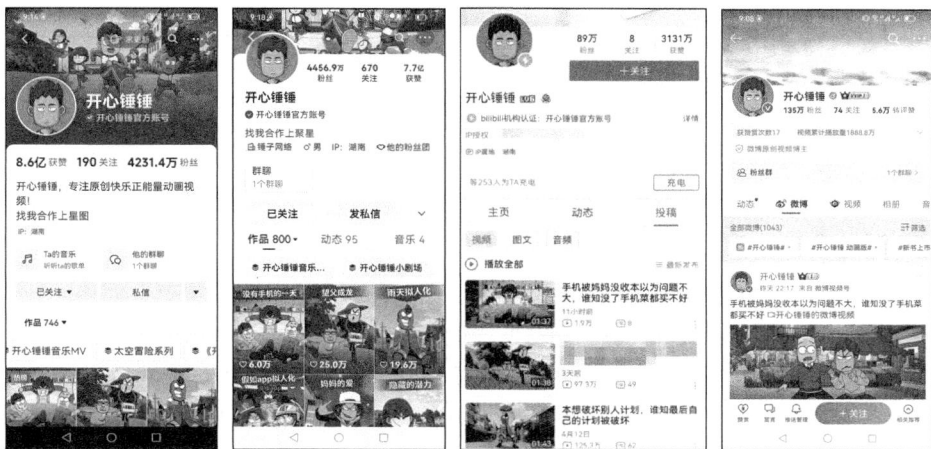

图 7-3　在多个平台创建同名账号

二、单平台账号矩阵

单平台账号矩阵是指创作者在同一个短视频平台上创建多个不同的、存在某种关联的短视频账号的形式。例如，教育自媒体创作者"秋叶大叔"在抖音上就创建了"秋叶 PPT""秋叶 Word""秋叶 Excel""秋叶 Office"等一系列账号，形成了单平台账号矩阵。

1. 账号互相引流的技巧

构建单平台账号矩阵后，创作者可以尝试采取以下几种方法让不同账号之间互相引流。

（1）在账号简介中展示其他账号

在短视频账号主页中的"简介"板块，除可以写对本账号的介绍外，还可以写上矩阵中其他账号的名字，从而为其他账号引流。

（2）在短视频内容简介中"@"其他账号

短视频创作者可以在某个短视频的内容简介中"@"其他账号，从而让账号之间实现互相引流。例如，在抖音平台上，账号"希希妈妈"和"希希不挑食"、"祝晓晗"和"老丈人说车"账号分别形成了账号矩阵，根据运营情况，每个账号会在自己的短视频内容简介中"@"其他账号，如图 7-4 所示。

图 7-4　在内容简介中"@"其他账号

（3）在评论区进行互动

短视频的评论区是创作者与用户进行互动的地方，创作者可以将评论区当成一个免费的广告位，运用不同的账号在其他账号的评论区进行评论互动，从而实现账号之间的引流。

（4）矩阵中的账号相互关注

短视频创作者可以让矩阵中的账号相互关注，从而实现互相引流。

2. 构建单平台账号矩阵的注意事项

采用单平台账号矩阵模式时，创作者需要注意以下两点。

一是每个账号要有不同的内容定位，即不同的账号发布的内容要有所区别，否则账号所发布的内容无法得到短视频平台的推荐，账号之间也无法实现互相引流。例如，在自媒体创作者"向天歌"构建的单平台账号矩阵中，"PPT之光–冯注龙"账号输出与PPT制作相关的内容，"PS之光"账号输出与Photoshop操作相关的内容，"Excel之光–大毛"账号输出与Excel相关的使用技巧，"Word之光–海宝"账号输出与Word相关的使用技巧，每个账号输出的内容各不相同，能够满足用户的不同需求。

二是每个账号之间要具有一定的关联。矩阵中的每个账号在保证内容定位有所不同的前提下，还要能够因为某个联结点形成一定的关联，这样才能让矩阵中的各个账号通过这个联结点相互引流。例如，抖音账号"蒙牛官方旗舰店"采用"放射式"矩阵结构模式，凭借账号"蒙牛乳业"的坚实背书，有效驱动子账号"蒙牛乳制品旗舰店""蒙牛奶粉旗舰店""蒙牛冰淇淋旗舰店""蒙牛母婴旗舰店"等账号的发展，如图7-5所示。这一布局确保了同一品牌不同内容的精准传递。

图7-5 蒙牛的账号矩阵

任务五 短视频平台付费推广

为了更好地帮助短视频创作者推广自己的作品，一些短视频平台也推出了付费推广服务，如抖音的DOU+和快手的作品推广等。

一、抖音平台 DOU + 投放

DOU+是抖音官方推出的一款有偿推广工具，专门服务于想要打造爆款短视频的创作者，为其提供获得额外流量与推荐的机会。创作者为短视频投放 DOU+后，系统能够将短视频推荐给更多人，从而提高短视频的播放量与互动量，提升短视频的曝光量。

1. 投放 DOU+的技巧

投放 DOU+需要讲究一定技巧，盲目地投放即使投入再多的资金也可能收效甚微，达不到预期的效果。下面介绍几个投放 DOU+的技巧。

（1）确保短视频符合投放要求

投放 DOU+的短视频需要经过抖音系统审核，只有通过审核的短视频才可以投放DOU+。创作者在投放 DOU+之前，要保证短视频作品的质量良好，这样短视频才能通过审核。短视频如果存在表 7-1 所示的几种情况，则无法通过抖音系统审核。

表 7-1　短视频无法通过抖音系统审核的情况

问题类型	说明
短视频质量差	短视频内容不完整、画面模糊，画面存在拉伸现象，画面中没有内容，等等
非原创短视频	短视频非原创，是搬运而来的；短视频中含有其他平台水印、其他短视频账号水印的；短视频是明显的录屏视频；等等
广告营销	视频中存在明显的广告营销类信息
隐性风险	短视频中含有不恰当标题、危险动作、令人不适元素、欺诈或虚假宣传等内容
侵权风险	短视频中存在未获得授权的名人肖像、影视片段、赛事视频片段等
账号问题	短视频账号之前曾被平台限流

（2）选择合适的投放时间

创作者投放 DOU+时，选择合适的投放时间非常重要。一般的做法是，创作者发布了一条短视频后，及时到账号后台观察该条短视频的各项数据表现，如果在短视频发布后两小时之内该条短视频的完播率、点赞量、评论量、转发量等数据有较大幅提升，说明该条短视频是比较受欢迎的，有成为爆款的潜力。此时，创作者应及时地为该条短视频投放 DOU+，以获得更多的流量，助推其成为爆款。

抖音采取的是流量叠加推荐机制，对于新发布的短视频，如果其完播率、点赞量、评论量、转发量等数据表现良好，抖音会逐层将新发布的短视频投放到规模更大的流量池内，不断加强对该条短视频的流量支持。因此，短视频发布初期是投放 DOU+的黄金时期。在这个时期，通常创作者投入较少的资金就能让短视频进入更大的流量池内，获得更多的流量支持。随着短视频发布的时间越来越长，为短视频投放 DOU+的效果就会越来越不明显。

（3）选择合适的目标用户群体

投放 DOU+时，除选择推荐套餐外，还可以选择自定义推广。创作者可以根据短视频作品的目标用户及投放 DOU+的目的，确定合适的目标用户群体。

在自定义定向投放中，创作者可以自己设置要面向的目标用户群体的属性，包括目标用户群体的性别、年龄、地域、兴趣标签等（见图 7-6），还可以选择"达人"相似粉丝，如图 7-7 所示。如果创作者有清晰的目标用户群体画像，就可以选择自定义定向投放，以提高 DOU+投放的精准性，让短视频出现在更多精准用户面前，为短视频吸引精准流量。

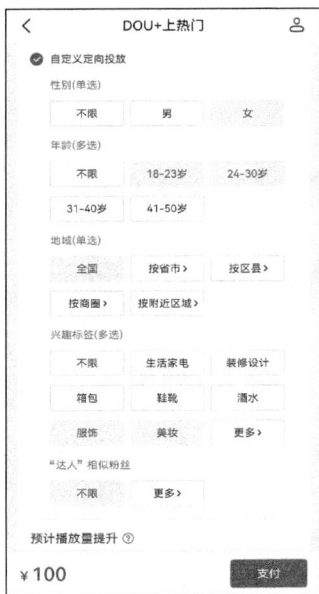

图 7-6　自定义目标用户属性

图 7-7　选择"达人"相似粉丝

（4）遵循小额多次的投放原则

建议创作者遵循小额多次的投放原则，即每次投入较少资金，进行多次投放，避免把鸡蛋都放在一个篮子里。假设创作者有 1000 元的 DOU+投放预算，可以每次投 100 元，共投放 10 次，而非一次将 1000 元全部投完，这样有利于创作者有效地控制投放 DOU+的试错成本。

（5）根据数据反馈及时调整方案

在投放 DOU+期间，创作者要注意及时查看短视频的数据表现，并根据短视频的数据变化及时调整和优化投放方案，这样有利于提升投放效果。

为短视频投放 DOU+，确实能够帮助创作者增加短视频的曝光量，扩大短视频的传播范围，但这并不意味着只要为短视频投放了 DOU+，短视频就一定会成为爆款。DOU+只是一个助力短视频获得更多流量和曝光量的工具，其主要作用是让短视频被更多人看到，至于短视频是否能够成为爆款，主要取决于短视频的质量，优质的内容才是打造爆款的关键。

2．投放 DOU+的步骤

创作者可以为自己的短视频投放 DOU+，也可以为别人的短视频投放 DOU+。投放 DOU+可以选择固定套餐模式，也可以选择自定义推广模式。自定义推广模式可以选择系统智能推荐，也可以选择自定义定向投放。

创作者为自己的短视频投放 DOU+的具体操作方法如下。

步骤 01 登录抖音账号，进入账号主页，选择想要投放 DOU+的短视频，如图 7-8 所示。

步骤 02 点击作品页面右侧的 按钮，如图 7-9 所示

步骤 03 点击"上热门"按钮，如图 7-10 所示。

微课视频

投放 DOU+的步骤

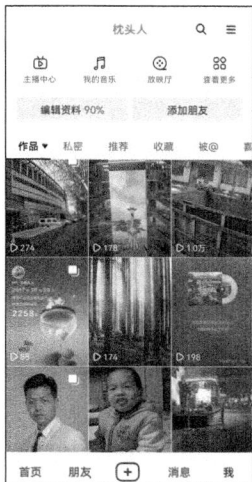

图 7-8　选择短视频

图 7-9　点击 ▪▪▪ 按钮

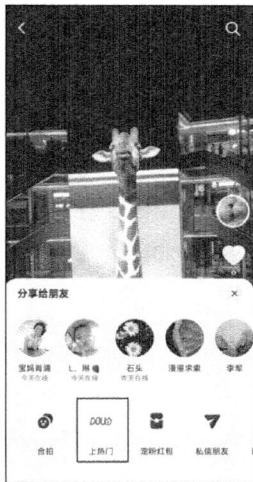

图 7-10　点击"上热门"按钮

步骤04 进入"DOU+上热门"页面，选择想要的功能选项及想获得提升的指标，再选择套餐，点击"支付"按钮进行支付，如图 7-11 所示。

步骤05 点击"切换至自定义推广"，进行推广设置，确定投放时长，如图 7-12 所示。

步骤06 在"把视频推荐给潜在兴趣用户"区域中，选中"系统智能推荐"，选择投放金额，输入 180 元，点击"支付"按钮进行支付，如图 7-13 所示。

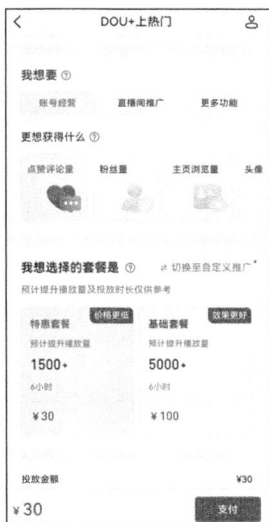

图 7-11　选择功能选项、指标、
　　　　　套餐并支付

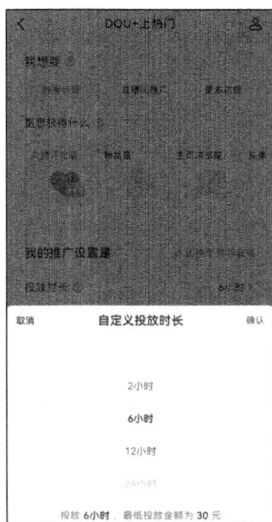

图 7-12　自定义投放时长

图 7-13　选择推广模式、自定义
　　　　　金额

步骤07 在"把视频推荐给潜在兴趣用户"区域中，选中"自定义定向投放"，然后选择性别、年龄、地域和兴趣标签，如图 7-14 所示。

步骤08 在"'达人'相似粉丝"区域中，点击"更多"按钮（见图 7-15），选择"达人"后，点击"确认"按钮，如图 7-16 所示。

步骤 ⑨ 选择投放金额，此处选择"¥200"，点击"支付"按钮进行支付，如图 7-17 所示。

图 7-14　自定义定向投放

图 7-15　点击"更多"按钮

图 7-16　选择"达人"

图 7-17　选择投放金额

二、抖音巨量千川投放

巨量千川是抖音的付费推广工具，可以帮助抖音内容创作者实现定向推广和精准投放，可用于短视频推广和直播推广。DOU+主要用于抖音非"带货"直播间、未挂商品链接的短视频的推广，而巨量千川与 DOU+不同，其 PC 端和"小店随心推"是直播、图文短视频"带货"推广工具。

"小店随心推"移动端投放的具体操作方法如下。

步骤 ① 打开带有商品购买链接的短视频，点击右侧的"分享"按钮，如图 7-18 所示。

微课视频

抖音巨量千川投放 1

步骤 02 在打开的页面中点击"小店随心推"按钮 ⚡，如图 7-19 所示。

步骤 03 打开"小店随心推"页面，选择投放金额，点击"立即支付"按钮，即可以以"商品购买"为优化目标进行推广，如图 7-20 所示。

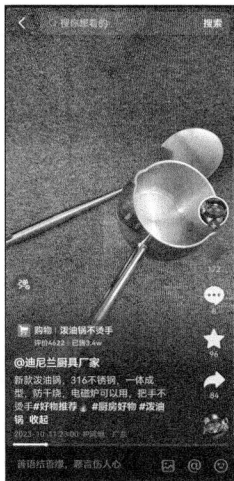

图 7-18　点击"分享"按钮　　图 7-19　点击"小店随心推"按钮　　图 7-20　选择投放金额

步骤 04 点击推广内容下方的"优化目标为商品购买，如需修改请前往自定义设置"，进入自定义推广设置页面，选择"推广套餐"选项卡，选择所需的推广套餐，如"持续推广套餐""快速推广套餐"，如图 7-21 所示。

步骤 05 在推广套餐中点击"切换档位"，在打开的"更多套餐细节"页面中选择投放时长和投放金额，如图 7-22 所示，然后点击"确认"按钮。

步骤 06 选择"自定义推广"选项卡进行推广设置，选择优化目标，如"商品购买""商品支付 ROI""点赞评论"，在此选择"商品购买"，然后选择投放时长，如图 7-23 所示。

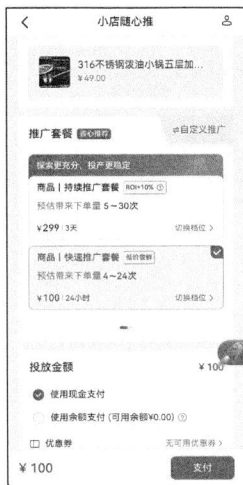

图 7-21　选择推广套餐　　图 7-22　设置套餐细节　　图 7-23　选择优化目标和投放时长

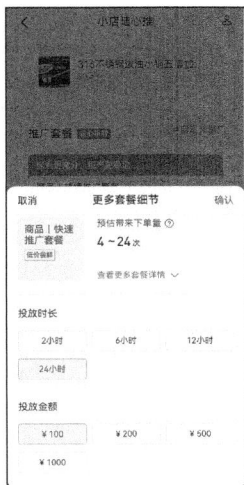

步骤 **07** 在"投放人群"区域中可以选中"系统智能投放"和"自定义定向投放"，在此选中"自定义定向投放"，然后自定义"地区""性别""年龄""地域""兴趣标签""'达人'相似粉丝"等，如图7-24所示。

步骤 **08** 在"出价方式"区域中选中"按转化目标出价"，然后设置每次成交转化的出价，可以选择"自动出价"或"手动出价"，如图7-25所示。推广设置完成后，选择支付方式，并进行支付即可。

图 7-24　自定义定向投放

图 7-25　选择出价方式

微课视频

抖音巨量千川
投放 2

在PC端对"带货"短视频进行巨量千川投放的具体操作方法如下。

步骤 **01** 在PC端登录巨量千川网站，在页面上方导航栏中单击"竞价推广"按钮，选择"标准推广"选项，如图7-26所示。

图 7-26　选择"标准推广"选项

步骤 02 在打开的页面中选择"计划"选项卡，单击"新建计划"按钮，如图 7-27 所示。

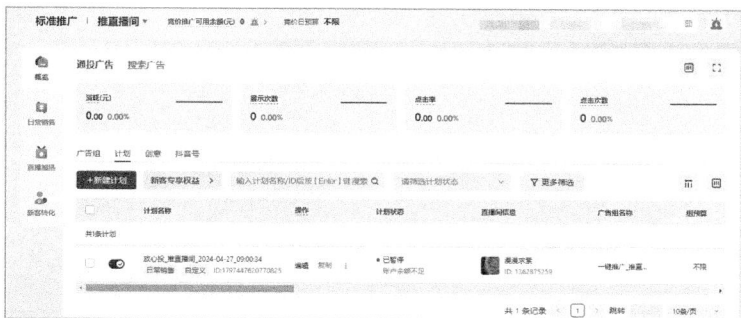

图 7-27 单击"新建计划"按钮

步骤 03 进入"计划目标"页面，在"营销目标"区域中选择"推商品"，在"营销场景"区域中选择"日常销售"，在"广告类型"区域中选择"通投广告"，在"推广方式"区域中选择"托管"，然后单击"下一步"按钮，如图 7-28 所示。

图 7-28 设置计划目标

步骤 04 进入"计划设置"页面，选择"商品购买"选项卡，然后添加商品，设置"我的出价"，如图 7-29 所示。

图 7-29 添加商品并设置出价

步骤05 设置智能优惠券、投放时间、日预算、定向人群等，如图7-30所示。

步骤06 在"智能创意"设置中添加短视频素材，然后输入计划名称，单击"发布计划"按钮，如图7-31所示，这样即可创建巨量千川投放计划。

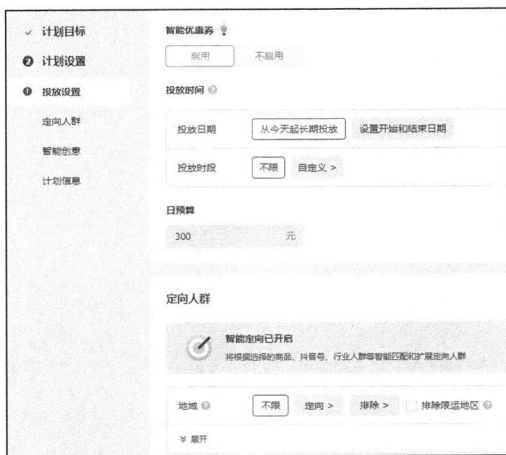

图7-30 投放设置

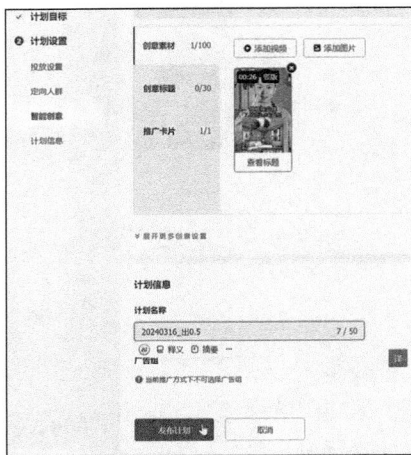

图7-31 添加短视频素材

三、快手平台付费推广工具

付费推广是快手推出的一项短视频推广服务，能够帮助短视频获得更多的曝光，进而增加短视频上热门的机会。创作者可以付费推广自己的作品，帮助自己的作品上热门，也可通过付费推广提升其他账号作品的曝光度与热度。

1. 投放"快手粉条"

"快手粉条"是快手官方推出的一项付费推广服务，是助力短视频和直播运营的工具。"快手粉条"主要用于作品推广、直播推广和商家转化推广，通过多种定向方式快速提升短视频和直播间的曝光率，有效获取高价值粉丝，提升账号在快手平台上的知名度和影响力，实现互动、"涨粉"、转化等目标。

微课视频

投放"快手粉条"

"快手粉条"为创作者提供了4个推广项目，分别为"推广给粉丝""直播推广""小店推广""帮他推广"。"快手粉条"可以将短视频推荐到快手App的首页，但由于快手首页展示短视频的方式与其他平台不同，快手首页会同时展示多个短视频供用户自由选择观看，因此短视频的推广量并不等同于播放量，而是以展示量为准。

投放"快手粉条"的具体操作方法如下。

步骤01 打开快手App，点击"首页"页面左上方的≡按钮，在打开的页面中点击下方的"设置"按钮◎，如图7-32所示。

步骤02 打开"设置"页面，在"服务"区域点击"快手粉条"，如图7-33所示。

步骤03 打开"快手粉条"页面，选中要推广的作品，在"希望提升"区域选择投放目的，如"点赞评论数""'涨粉'数""播放数""主页浏览数"，此处选择"点赞评论数"，然后选择套餐，如图7-34所示。

图 7-32　点击"设置"按钮　　　图 7-33　点击"快手粉条"　　　图 7-34　选择作品、投放目的和套餐

步骤 04 点击"选择套餐"右侧的"切换至自定义"，打开"自定义设置"选项卡，在"投入金额"区域选择投入金额，在"推广多久"选项中设置时间，在"推广给谁"选项中选择"智能优选"，如图 7-35 所示。

步骤 05 打开"推广给谁"页面。选中"智能优选"，系统将智能优选适合投放的人群进行定向投放；选中"'达人'相似粉丝"，可以使用系统推荐或手动添加与自己账号相似的"达人"粉丝群进行定向投放；选中"自定义人群"，可以自定义投放人群的性别、年龄、地域、内容偏好、行业偏好等特征。此处选中"自定义人群"并进行相关设置，如图 7-36 所示，设置完成后点击"完成"按钮。

步骤 06 完成投放设置后，点击"立即支付"按钮，在打开的页面中选择支付渠道后确认支付即可，如图 7-37 所示。完成支付后，"快手粉条"会将所选作品投放至关注页、发现页、同城页、精选页等。

图 7-35　自定义推广设置　　　图 7-36　设置推广对象特征　　　图 7-37　支付订单

步骤 07 此外，也可以进入作品浏览页面，点击页面右侧的"分享"按钮，如图 7-38 所示。

步骤 08 在打开的页面中点击"上热门"按钮，如图 7-39 所示。

步骤 09 打开"快手粉条"页面，进行相关设置并支付订单即可，如图 7-40 所示。

图 7-38 点击"分享"按钮   图 7-39 点击"上热门"按钮   图 7-40 投放设置

2. 投放"磁力金牛"

"磁力金牛"是快手平台上的直播广告投放系统，它打通了公域流量池和私域流量池，是推广商品的有力工具。"磁力金牛"专为品牌商提供直播场景下的广告解决方案，结合快手平台的用户数据和广告技术，助力品牌商在直播环境中实现品牌曝光、用户转化等多种营销目标。

投放"磁力金牛"的具体操作方法如下。

步骤 01 打开快手 App 的"设置"页面，在"服务"区域点击"磁力金牛"，如图 7-41 所示。

步骤 02 进入"磁力金牛移动版"页面，"我想推广"区域包括"商品""短视频""直播间"3 个推广目标，此处选择"短视频"，然后选择要推广的作品，在"希望提升"区域选择优化目标，此处选择"高质量'涨粉'"，如图 7-42 所示。选择"高质量'涨粉'"，会将短视频推广给潜在的感兴趣的人群，让更多人关注账号；选择"有效播放"，可以提升短视频的播放量；选择"直播预约"，可以推广带有直播预告的短视频，让更多人预约下一场直播。

步骤 03 点击"推广设置"右侧的"自定义推广"，在打开的选项卡中可以自定义投入金额、推广多久、出价方式、推广给谁等，如图 7-43 所示。

步骤 04 推广设置完成后，点击"立即支付"按钮，在打开的页面中选择支付渠道进行订单支付即可，如图 7-44 所示。

步骤 05 在"磁力金牛移动版"页面中的"我想推广"区域选择"商品"，然后选择要推广的商品，在"希望提升"区域选择优化目标，此处选择"商品购买"，如图 7-45 所

微课视频

投放"磁力金牛"

示。选择"商品购买"，可以推广带有购物车商品的短视频，让更多人购买商品；选择"卖货 ROI"，系统会将商品推送给容易下单的用户，优先确保投入产出比（Return On Investment，ROI），其核心目标是 ROI 最大化而非订单量最大化。

图 7-41　点击"磁力金牛"

图 7-42　选择优化目标

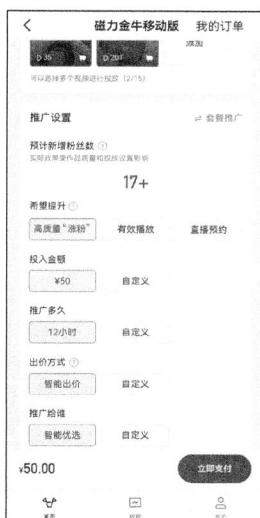

图 7-43　自定义推广

步骤 06　在"磁力金牛移动版"页面中的"我想推广"区域选择"直播间"，在"希望提升"区域选择优化目标，此处选择"商品购买"，如图 7-46 所示。选择"商品购买"，可以将直播间推送给潜在的感兴趣的人群，让更多人购买商品，优先确保直播间获得更多的订单量；选择"卖货 ROI"，可以让更多人进入直播间购买商品，优先确保投入产出比；选择"高质量进入"，可以让更多精准用户进入直播间；选择"快速进入"，可以为直播间快速引入用户，迅速提高直播间的人气；选择"高质量'涨粉'"，可以让更多用户进入直播间并关注直播账号。

图 7-44　选择支付渠道

图 7-45　设置推广商品

图 7-46　设置推广直播间

四、微信视频号付费推广工具

微课视频

微信视频号付费
推广工具

微信视频号有 2 种付费推广工具，分别是视频号内容加热和视频号广告投放。创作者使用视频号内容加热工具不仅可以推广自己的视频，还可以推广别人的视频，具体操作方法如下。

步骤 01 在微信视频号平台打开带有商品链接的短视频，点击下方的"分享"按钮，如图 7-47 所示。

步骤 02 在打开的页面中点击"帮上热门"按钮，如图 7-48 所示。

步骤 03 在打开的页面中设置优先提升目标，如"商品点击数""商品成交数""成交 ROI"，如图 7-49 所示。

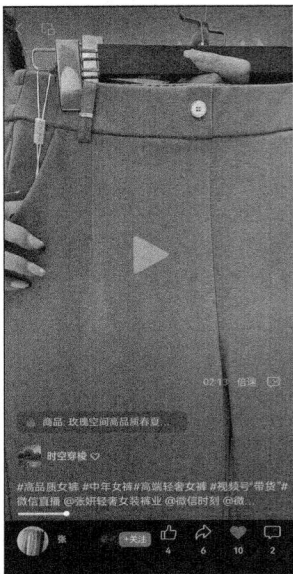

图 7-47 点击"分享"按钮　　　图 7-48 点击"帮上热门"按钮　　　图 7-49 设置优先提升目标

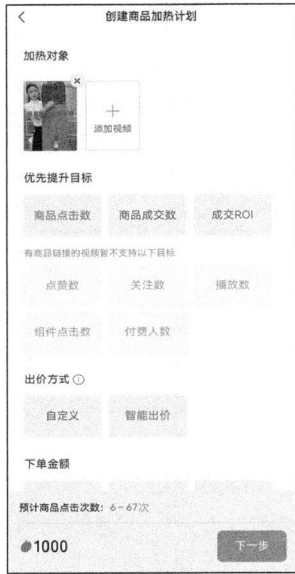

步骤 04 设置出价方式和下单金额，如图 7-50 所示。选择"自定义"，系统在加热期间不会超过自定义的价格；选择"智能出价"，系统会根据实际加热情况合理调整单价，加热期间会较快地消耗预算并增加商品点击数。

步骤 05 选择加热方式，可以选择"智能加热"或"定向加热"。若选择"定向加热"，需要设置定时加热、加热时长、根据人群推荐、根据性别定向推荐、根据年龄推荐、根据区域推荐、根据兴趣推荐、设备定向等。此处设置的定向加热如图 7-51 所示。设置完成后，点击"下一步"按钮进行订单支付即可。

步骤 06 若要加热自己的微信视频号视频，可以在微信上打开个人视频号页面，然后点击页面右上方的按钮，如图 7-52 所示。

步骤 07 打开"账号管理"页面，点击"创作者中心"，如图 7-53 所示。

步骤 08 打开"创作者中心"页面，点击"加热工具"按钮，如图 7-54 所示。

步骤 09 在打开的页面中选择"视频"选项卡，选中要加热的视频创建加热计划即可，如图 7-55 所示。

图 7-50　设置出价方式和下单金额　　图 7-51　设置定向加热　　图 7-52　点击⋯按钮

图 7-53　点击"创作者中心"　　图 7-54　点击"加热工具"按钮　　图 7-55　选中加热视频

　　此外，创作者也可以通过微信视频号付费推广，将自己的短视频展示在微信朋友圈、微信公众号和微信小程序等位置，从而提升视频播放量和互动量。

　　要进行微信视频号广告投放，可以在 PC 端打开腾讯广告投放管理平台，注册成为广告主。对个人账号来说，开通推广账号需要满足 2 个条件：一是要有符合视频内容的相关行业的资质证明，二是要有创作者本人的身份证等证件信息。对企业账号来说，开通推广账号需要满足 3 个条件：要有符合视频内容的相关行业的资质证明，要有企业营业执照，要有企业法定代表人身份信息。

开通推广账号后，进入腾讯广告投放管理平台，创作者可以在此创建推广计划和推广广告，选择自己的某些短视频作品进行定向推广。提交推广计划后，官方会在 2 个工作日之内完成对推广内容的审核。

项目实训：短视频推广引流实践

1. 实训目标

能够对短视频进行多渠道推广，并且与用户形成良好的互动，促进账号快速"涨粉"。

2. 实训内容

4 人一组，以小组为单位，完成抖音平台的短视频推广引流工作。

3. 实训步骤

（1）关注短视频的相关数据

关注抖音后台数据，观察短视频的数据表现。

（2）对短视频进行推广引流

小组成员进行分工，分别通过微信朋友圈、微信公众号、微信群、微博等不同的渠道对短视频进行推广引流。

（3）根据短视频的数据表现选择付费推广

短视频发布后，观察其基础数据，分析短视频成为爆款的潜力，选择合适的付费推广方式进行推广引流。

4. 实训总结

自我总结	
教师总结	

项目八
企业号运营，提升企业品牌效益

知识目标

- ➤ 掌握打造企业号人格化形象的方法。
- ➤ 了解企业号"3H"内容规划法则。
- ➤ 掌握企业号阶段化运营的策略。
- ➤ 了解企业号营销的内容形式。

能力目标

- ➤ 能够打造企业号人格化形象。
- ➤ 能够实施企业号阶段化运营策略。
- ➤ 能够根据需要选择企业号营销的内容形式。

素养目标

- ➤ 培养社会责任感和使命感，用短视频传播正能量。
- ➤ 在短视频制作中培养创意思维，突破思维局限。

　　与传统的图文形式相比，短视频包含的维度更多，有人物的维度、画面的维度、场景的维度、情节的维度等，不管从哪个维度上来讲，都比图文形式更具冲击力，也更容易抢占用户的视野。短视频营销的优势就在于短视频可以灵活地塑造品牌形象，所以很多企业会通过短视频来开展营销活动，以增强自身品牌的影响力。

任务一　企业号运营规划

运营人员在运营企业号之前要做好整体运营策划，主要包括 3 个方面。一是明确企业号要解决什么问题，例如，要达到什么营销目标，如增加曝光量、改善口碑和转化情况等。二是构建企业号的内容生态，即用什么内容来实现营销目标。运营人员可以使用的内容形式主要有 3 种，分别为人格化、虚拟化和情感化。运营人员要对这 3 种形式进行评估，分析哪种形式更适合实现营销目标。三是在确定营销目标和内容生态以后，要确定营销规划，找到让内容在短视频平台上传播的方法。

一、打造企业号人格化形象

打造人格化形象是运营企业号的关键一步，因为企业号的人格化形象可以帮助企业有效地实现优化企业形象的营销目标。运营人员可以使用第三方数据分析工具进行数据指导，精准地打造企业号的人格化形象。

为企业号打造人格化形象的方法如下。

（1）分析品牌目标人群。运营人员要通过数据深度分析品牌在短视频平台上的目标人群，包括年龄、性别、区域和兴趣等。

（2）分析目标人群关注的账号的特征。运营人员要找到目标人群共同关注的多个账号，并分析这些账号的特征，从而明确目标人群喜欢的内容类型。

（3）基于目标人群关注的账号的特征，打造人格化品牌形象。通过深度分析多个账号的内容风格，运营人员要找到契合自身品牌风格的账号并作为参照，列出共同特征，通过这些共同特征打造与品牌紧密结合的人格化形象。

（4）持续输出优质内容，丰富和强化品牌的人格化形象。

为企业号打造人格化形象，也就是为企业号打造一个人物 IP。目前，企业号人物 IP 主要分为以下几类。

1. 专家型 IP

专家型 IP 需要在某个领域有多年的经验，或者已经取得了不小的成就，以短视频的形式进行分享，以自身经验或成就获得大量"粉丝"。

2. 名师型 IP

名师型 IP 一般具有强烈的个人特色，以短视频的形式展现个人风采，如老师的专业实力强、知名大学毕业、讲课台风好、口才出众、亲和力强，甚至带有一些生活化的特征，如爱健身、爱美食等。

名师型 IP 一般由教育机构打造，IP 与企业品牌紧密联系，其不仅可以作为个人的一张名片，也可以作为教育机构的一张"王牌"。

3. "达人"型 IP

"达人"型 IP 的产出内容也是知识的分享，但与专家型 IP 和名师型 IP 不同的是，"达人"型 IP 对所在的行业、职业、经验没有很高的要求，只要将知识、信息或者价值传递给用户，就可以打造出"达人"型 IP。

4. 演员型 IP

演员型 IP 一般会用故事或情景剧的形式来展现内容，现实的场景加上鲜明的角色再加上搞笑或浮夸的演技，常常给人留下深刻的印象。

目前，短视频平台上的人物 IP 有很多，而很多 IP 会出现在同一个领域，要想让用户记住自己，就要将自身 IP 与同领域的其他 IP 区别开来，形成足够大的差异。例如，在人物塑造上，从性格、动作、语气、服装、口头禅等方面打造差异化；在场景上，打造不一样的场景，使用不同的道具，等等。

二、企业号"3H"内容规划法则

运营人员在建立企业号人格化形象之后，就要进行内容规划，确定在短视频平台上展现的内容类型。企业号短视频主要有以下 3 种内容类型。

1. 标签（Hashtag）型内容

标签型内容主要分为 4 类，包括：与品牌或产品存在强关联的场景；品牌人设标签，如性别、年龄、身份、性格、社会关系和价值观等；内容主体，企业号短视频常用的风格类型，如以办公室为场景的搞笑段子、知识技能分享、情景剧等；品牌内容，如品牌商标、产品信息、门店信息、品牌音乐等。企业在做标签型内容时，要从标签的形态出发，构思内容创意，形成品牌在短视频平台上的内容风格，并在与用户互动的过程中，依据用户的互动内容和互动态度及时优化标签内容。

2. 热点（Hotspot）型内容

"追"热点是内容营销的必备法则，尤其是在一些兼具强运营和智能推荐机制的短视频平台（如抖音）中，与热点相结合的内容更容易成为爆款。热点型内容主要分为 2 种：一种是社会热点，如重要节日、重大活动或赛事等；另一种是平台热门内容，如热门话题、热门舞蹈或背景音乐、热门技能等。

3. 广告（Headline）型内容

广告型内容是运营人员在关键营销节点发布的品牌广告片、代言人宣传片等。运营人员在发布这类内容时必须将其与信息流广告搭配，以短视频的曝光量为核心评估指标。

三、企业号的阶段化运营策略

以抖音平台为例，企业号的运营过程分为以下 3 个阶段。

第一阶段：爆款"增粉"。

基于抖音平台的推荐机制，运营人员在运营初期主要关注 4 个指标，即完播率、点赞量、评论量和转发量，持续推出爆款短视频，迅速地积累"粉丝"。

第二阶段：挖掘"种子"用户。

所谓"种子"用户，就是指活跃度高、互动性强、持续关注内容、与企业目标用户群体的特征高度重合的用户。运营人员筛选出"种子"用户以后，需要强化内容，以吸引更多优质用户的关注。

第三阶段：多平台、多账号流量转化。

运营人员在企业号运营的中后期，可能会遇到"粉丝"数量减少或者增长乏力的问题。为了避免出现这种问题，运营人员可以基于品牌价值、各个产品线等打造账号矩阵，让不同账号的"粉丝"相互引流；也可以在其他短视频平台上开设企业账号，并进行内容创作和优化，从而积累更多的优质"粉丝"；还可以对已有的核心"粉丝"进行精细化运营，建立社群，加强"粉丝"的参与感，使"粉丝"主动为品牌进行口碑宣传。

任务二 企业号营销的内容形式

企业在运营短视频企业号时，需要从用户需求角度出发构思新奇、有趣的短视频内容，让用户感觉好看、好玩，同时在短视频中展示商品或品牌信息，让用户在不知不觉中加深对商品和品牌的印象，刺激用户产生购买行为。

一、展示商品 TVC

电视广告影片（Television Commercial，TVC）是指为电视媒体制作的广告影片，它是一种品牌商业广告。一般来说，一条商品 TVC 的时长通常在 5~60 秒，一条优秀的 TVC 具有很强的感染力和冲击力，可以在给用户留下深刻印象的同时塑造企业的品牌形象，极大地提升品牌的知名度。

商品 TVC 通常是在电视媒体上投放的，而在短视频时代，企业在运营企业号的过程中，可以在关键的营销节点投放 TVC，以传播品牌形象，提升品牌的影响力。图 8-1 所示为宝骏汽车在抖音企业号上发布的 TVC。

图 8-1 宝骏汽车在抖音企业号上发布的 TVC

二、直接展示商品性能

直接展示商品性能是指直接在短视频中展示商品的特性与功能，让用户充分了解商品的性能。例如，在小米手机抖音企业号中，有很多短视频就是以展示商品性能为重点的。通过短视频向用户展示小米手机及其他产品的各项性能，体现小米产品的独特性能和优势。该企业号发布的一条短视频展示了小米平板 6S Pro 的各项性能，如图 8-2 所示。

图 8-2　小米手机抖音企业号发布的展示小米平板 6S Pro 的性能的短视频

三、借助周边商品侧面展示商品

假如企业的商品创意不足，与同类商品相比并没有明显的差异，企业可以尝试利用周边商品进行侧面展示。周边商品最初是指借用游戏、动漫等作品中的形象，在获得相关授权以后制作出的商品，现在指用户购买商品可以获得的其他物件。例如，如果企业的主打商品是化妆品，那么除化妆品以外的其他物件，如包装盒、优惠卡、说明书等，都可以被称为化妆品的周边商品。颇具特色的周边商品可以从侧面凸显主打商品的价值。

例如，五芳斋在销售月饼时推出一款欢沁竹篮礼盒，其外包装采用竹编工艺，古韵十足，素雅大方，图 8-3 所示为抖音账号"五芳斋官方旗舰店"在某条短视频中为用户展示欢沁竹篮礼盒的外包装。

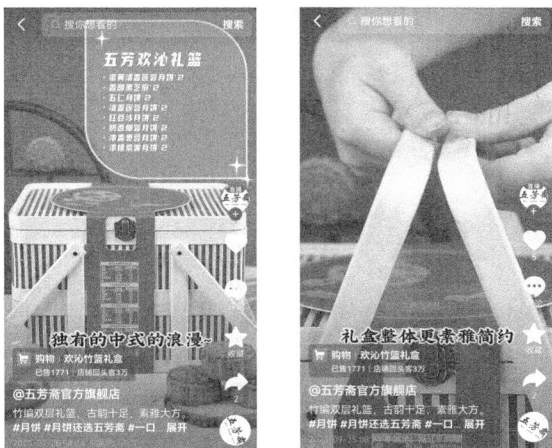

图 8-3　展示欢沁竹篮礼盒的外包装

四、展示商品的"跨界"用途

企业可以通过挖掘商品的"跨界"用途来吸引用户的注意力。例如，海苔作为一种零食，一般会被放在包装中，消费者打开包装即可食用。而抖音账号"波力官方旗舰店"在短视频中展示了波力海苔的另一种食用方法，如图 8-4 所示。在这条短视频中，波力海苔从一种零食"跨界"成为制作饭团的原材料，而且饭团制作简单、方便，自然很容易受到用户的欢迎。

图 8-4　展示波力海苔的"跨界"用途

五、借助剧情植入商品

如果想让用户对企业的商品留下深刻的印象，企业还可以将自身商品植入特定的场景中。也就是说，虽然短视频中展现的是一段搞笑内容或者感人的情景剧，但在短视频的场景中暗含着广告信息。例如，桌边摆放着带有品牌商标的商品，人物服装上十分显眼地展示品牌商标，以及背景音乐中出现品牌广告的声音，等等，这种软植入往往会起到很好的宣传效果。

例如，蒙牛在抖音账号"纯甄"推广新口味的"馋酸奶"时，就用一个关于儿童绘画天赋的剧情巧妙地展现了产品。该剧情讲述了绘画老师对一位学生的绘画作品不满，觉得她没有绘画天赋，建议她退课。这位学生的母亲一开始也很生气，直到听了女儿的解释，才知道女儿的奇思妙想，不禁感到很欣慰。于是，她拿出纯甄新口味的"馋酸奶"，介绍了此产品在各种口味上的奇妙组合，并与女儿的绘画天赋结合起来鼓励孩子，如图 8-5 所示。

图 8-5　纯甄产品的剧情植入

观看这条短视频的用户在评论区纷纷留言，如"广告打得猝不及防""你的广告甚至登上短剧热榜了"等，可见这条短视频的推广效果不错。

六、借消费者口碑展示商品

商品好不好，有时不一定非要通过语言表达出来，通过短视频也能侧面表现商品的火爆程度，这样的宣传效果会更好。例如，在短视频中展示与广大消费者合作的舞蹈、消费者不断打过来的预约电话、消费者排队等候的场景。御睡堂食养餐厅就通过抖音企业号发布了消费者排队就餐、店内座无虚席的短视频（见图8-6），表现出该餐厅受到消费者的热烈追捧。

图 8-6　消费者在御睡堂食养餐厅排队就餐的场面

七、展示员工工作日常或企业文化

用户购买商品时，除看重商品本身的质量和企业的服务水平以外，也关注着企业文化。例如，认养一头牛的抖音官方账号曾经发布过一条图文结合的短视频，其中详细介绍了该企业的发展经历，着重强调企业的主打产品、康弘牧场（见图8-7）、公益行动和用户对企业的认可，该短视频标题文案为："一个普通养牛人的第十年，未来每个十年都只为用户养好牛……"

这条短视频传达出认养一头牛的创业初心，即"只为一杯好牛奶"，并以"只为用户养好牛"为使命，同时传达了企业的社会责任感，这些都是其企业文化的体现。

> **素养课堂**
>
> 党的二十大报告指出，"必须坚持胸怀天下"。我们要培养自己的社会责任感和使命感，树立"大道之行也，天下为公"的崇高理想，共同营造"我为人人，人人为我"的社会氛围。

图 8-7　认养一头牛主打产品和康弘牧场

八、发起挑战赛

挑战赛是指企业依托抖音挑战赛形式，在抖音上发起一项挑战活动，吸引用户参与，从而实现品牌推广和商品展示的目的。例如，网易旗下的宠物品牌网易天成在抖音发起了线上挑战赛"出道吧爪爪"（见图 8-8），吸引了超 20 万名爱宠人士的积极参与，登上了抖音热搜榜单，吸引上亿人次关注。某用户发布的参赛作品如图 8-9 所示。

图 8-8　"出道吧爪爪"挑战赛　　　　图 8-9　某用户发布的参赛作品

企业在发起挑战赛时，创意是关键，发起的每个挑战赛都要围绕企业商品或品牌的特点和用户的操作习惯。具体来说，挑战赛的设置需要遵循以下原则。

1. 操作简单，玩法要适合年轻人的口味

挑战赛中短视频的拍摄要求要简单，易于操作，用户只需做几个简单有趣的动作就能挑战成功。此外，挑战赛的主题设计要符合平台的调性，玩法要适合年轻人的口味，这样才会有更多的年轻人参与互动。

2. 在挑战赛中软性植入商业化信息

如果企业发起挑战赛只是一味地追求好玩、有趣，而没有结合商品或品牌信息，那么这个挑战赛就无法达到宣传品牌、提升品牌知名度的效果。因此，企业要在挑战赛中设置能够体现商品或品牌信息的规则，将商品或品牌信息软性植入短视频中，以实现借助挑战赛进行营销的目的。

例如，在网易天成发起的"出道吧爪爪"挑战赛中，网易天成要求用户在拍摄参赛作品时使用指定贴纸，不得出现网易天成以外的其他宠物用品品牌，还要添加"网易天成专业好宠粮"这样的话题，这样就将网易天成的品牌信息植入挑战赛中了。用户在参与该挑战赛时，就会加深对网易天成这一品牌的印象。

3. 结合热点

挑战赛的主题设置可以与当下热点相结合，这个热点可以是节日热点，也可以是热点事件，还可以是平台上的热点玩法，这样能够更有效地刺激用户参与挑战赛，提高挑战赛的参与数据和热度。例如，加多宝发起的"召唤你的宝运龙"挑战赛、奇瑞汽车发起的"播放音乐准备回家"挑战赛都结合了"春节"这个节日热点。

项目实训：企业号运营实践

1. 实训目标

掌握运营企业号的策略，熟练运用企业号营销的各种内容形式。

2. 实训内容

请拆解抖音账号"小米公司"的短视频，并分析其企业号运营的具体策略，然后尝试为其构思运营策略。

3. 实训步骤

（1）拆解短视频

请搜索抖音账号"小米公司"，观看其发布的短视频，然后分析其短视频定位、企业号人格化形象的塑造，以及对"3H"内容规划法则的运用。

（2）分析"小米公司"账号营销的内容形式

请浏览"小米公司"的短视频，结合所学知识对其内容形式进行分类并分析。

（3）构思运营策略

请搜索"小米公司"的最新动态，了解其最新产品和发展动向，以此为依据，尝试为其构思最新阶段的运营策略。

4. 实训总结

自我总结	
教师总结	

项目九
商业变现，深度挖掘短视频的商业价值

知识目标

➤ 了解短视频广告变现的类型与实施策略。
➤ 了解"短视频＋电商"变现的模式与策略。
➤ 了解短视频内容付费变现的方式。
➤ 了解短视频平台奖励与分成的方式。
➤ 了解 IP 价值衍生变现的方式。

能力目标

➤ 能够根据自身情况实现广告变现与"带货"变现。
➤ 能够根据短视频内容确定内容付费变现方式。
➤ 能够参与短视频平台奖励与分成活动。

素养目标

➤ 坚持问题导向，有效解决在短视频商业变现过程中遇到的问题。
➤ 培养营销思维，将其内化于心、外化于行。

随着短视频的发展，短视频已经成为一种新的线上经济形态，通过一系列的策划、制作、发布、运营等环节，最终实现商业变现。变现既是对优质内容的回报，也是支撑创作者持续输出优质内容的动力。短视频创作者可以根据自身情况合理选择变现渠道，充分挖掘短视频的商业价值，不断积累资源，实现短视频运营的持续发展。

任务一　广告变现

广告变现是短视频变现的常用方法，也是一种比较高效的变现模式。拥有高人气的短视频可以凭借优质的内容吸引大量的精准目标用户，通过多样化的表现形式向用户传递品牌信息，因此颇受广告主的青睐。

一、广告变现的常见类型

当创作的短视频有了一定的播放量且账号积累一定的粉丝量时，创作者可以考虑拍摄广告类短视频，以实现商业变现。目前，在短视频行业，广告变现的常见类型有植入广告、贴片广告和品牌广告3种。

1. 植入广告

植入广告是随着影视剧的发展而兴起的一种广告变现形式，后来被普遍运用于游戏、直播、综艺节目和短视频领域。植入广告是在内容中插入商品或服务信息，在潜移默化中达到营销的目的，所以对内容与商品、品牌信息的契合度有较高的要求。

植入广告主要有以下几种类型。

（1）台词植入

台词植入是指短视频中的人物通过念台词的方式直接传递品牌或商品的信息与特征，让广告成为短视频内容的组成部分。这种植入方式不仅能直观地展示相关商品的优点和性能，还能有效地提升用户对品牌的认同感和好感度。需要注意的是，短视频中的人物在念台词时，语言的衔接要恰当、自然，不能生硬地插入品牌或商品介绍，否则会让用户心生反感。

例如，抖音账号"波妞波力"发布的一条短视频中，创作者在临近结尾时自然地介绍了某奶粉品牌，如图9-1所示。

图9-1　台词植入

（2）剧情植入

剧情植入是指将广告自然地与剧情结合起来，剧情的逻辑线和情节发展使品牌信息非常自然地呈现在用户眼前。例如，抖音账号"姜十七"发布的一条短视频讲述了职场故事，主人公在会议上展示 PPT 时，自然地植入了某护肤品的营销信息，如图 9-2 所示。

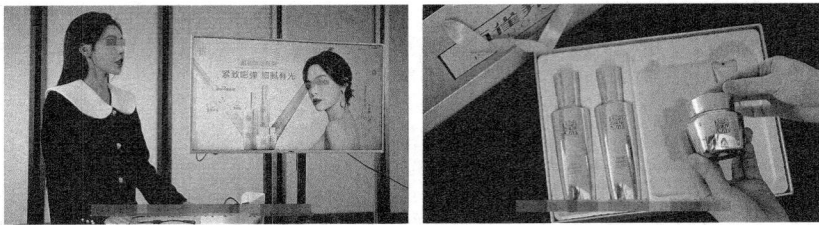

图 9-2　剧情植入

（3）场景植入

场景植入是指在短视频画面中使用一些广告牌、海报、标志性的物体等元素来布置场景，以吸引用户的注意力。

（4）道具植入

道具植入是指将商品作为短视频中的道具，直接、自然地展现在用户眼前。需要注意的是，道具植入要遵循"适度"原则，如果过于频繁或者过于生硬，就会显得很刻意，让用户觉得目的性太强，以致引起用户的反感甚至厌恶。

（5）奖品植入

为了吸引用户的注意力，扩大短视频的传播范围，创作者可以通过抽奖（如向中奖者发送优惠券、代金券或商品奖励等）活动，并在短视频的结尾植入奖品的品牌信息的方式来提升用户的活跃度，激励用户点赞、评论和转发。

（6）音效植入

音效植入是指用声音、音效等听觉方面的元素对用户起到暗示作用，传递品牌信息和理念，以达到广告植入的目的。

（7）"种草"植入

"种草"植入常见于美妆关键意见领袖（Key Opinion Leader，KOL）的短视频或测评类短视频中。用户通过短视频学习美妆知识，或者了解被测评商品的性能或特征时，就会不自觉地加深对这些商品信息的记忆。如果 KOL 再对商品的使用方法进行讲解，就可以达到事半功倍的效果，这会极大地刺激用户的购买欲望。

2．贴片广告

贴片广告是通过展示品牌本身来吸引人们注意力的一种比较直观的广告变现方式，一般出现在短视频的片头或片尾，紧贴短视频内容。贴片广告是短视频广告中比较明显的广告类型，属于硬广告。

贴片广告又分为 2 种，即平台贴片广告和内容贴片广告。平台贴片广告大多是前置贴片广告，即出现在短视频播放之前的广告，以不可跳过的独立广告形式出现。内容贴片广告大多是后置贴片广告，即在短视频本身内容播放结束后追加的广告。

贴片广告主要具有以下优势。

● 触达率高。贴片广告是用户观看短视频时必须要看的，只要一打开短视频，用户大多会接触到广告信息。

- 传递高效。与电视广告一样，贴片广告的信息丰富且传递高效。
- 互动性强。由于形式生动、立体，贴片广告的互动性也很强。
- 成本较低。投放贴片广告的成本较低，且贴片广告的播放率也较高。
- 抗干扰性强。若使用贴片广告，则在广告与短视频本身内容之间不会插播其他无关内容。

不过，贴片广告会在播放短视频之前自动播放，可能会让用户感觉有些突兀，而且用户必须等待 5～10 秒的时间，再加上大多数贴片广告与短视频本身内容不相关，可能会给用户带来不良观感。

3. 品牌广告

品牌广告是指以品牌为中心，为企业量身定做专属广告的一种广告变现类型。广告商依据不同品牌的风格与不同的传播目的，有针对性地制定专业的传播策略，充分利用短视频平台的优势，定制个性化的原生广告，将品牌信息嵌入优质的原创内容中，表达企业的品牌文化和理念，消除用户对广告的芥蒂。品牌广告变现更高效，针对性更强，受众也更明确，但制作费用比较高。

在品牌广告短视频中，主要有以下几种提升品牌力的方式。

（1）品牌创始人叙事

在短视频中，品牌创始人可以叙述自己的创业故事，讲述创业过程、创业理念，引发用户的共鸣，使用户对创始人产生好感，从而对创始人所创立的品牌产生更大的兴趣。

（2）场景故事化

没有人喜欢看广告，但没有人不喜欢听故事。因此，创作者可以将品牌化为一个元素或者一种价值主张，并将其融入一个富有感染力的故事中，通过再现日常场景，在短视频中营造强烈的代入感，吸引用户的注意力，转变其消费观念。

（3）商品展示

在短视频中，创作者可以展示商品的制作过程、使用技巧和相关创意，从而在用户的脑海中留下深刻的印象。例如，抖音账号"旺仔俱乐部食品"发布的一条短视频介绍了旺仔商品设计的很多巧妙之处，让用户食用时更方便，给用户留下了深刻的印象，如图 9-3 所示。

图 9-3　展示商品使用技巧

（4）品牌理念与视频主题融合

在短视频中，创作者可以将品牌理念融入视频主题，并贯穿始终，向用户展示商品信息。例如，抖音账号"海尔美好生活"发布的很多短视频都将美好生活的理念融入视频主题中，其中一条介绍洗碗机的短视频主要体现的是放弃洗碗工作、享受美好生活的主题，如图9-4所示。

图9-4　将品牌理念融入视频主题

（5）制造话题

要想让品牌广告产生巨大的冲击力，就要找到能够吸引用户群体的社交话题，搜集其切实关心的问题，然后借助短视频的表达给予解答。例如，抖音账号"霸王茶姬"发布的一条短视频"开学季怎么少得了姬姐的礼包呢"，如图9-5所示，引发了学生群体的共鸣，用户纷纷展开讨论，很多人表示"霸王茶姬"真的很贴心。

图9-5　"霸王茶姬"制造话题的短视频

（6）用户共创

用户共创是指运用用户生产内容（User Generated Content，UGC）模式，让用户参与到短视频的创作中，更好地通过真实人物、真实故事来表达真实情感。用户共创的短视频与用户有着较高的关联性，会引发用户共鸣。

二、实施广告变现的策略

为了提高短视频广告变现的效果，充分发挥短视频的商业价值，创作者进行广告变现时，需要注意以下三个问题。

1．植入自然

短视频中的广告植入过于生硬容易让用户产生厌恶情绪，这样不仅不利于实现广告营销的目的，还有可能导致用户产生抵触情绪，甚至取消关注。因此，创作者在创作广告类短视频时要充分发挥创意，将广告信息自然地植入内容中，让用户在观看短视频时不知不觉地接收广告信息。

2．风格一致

短视频创作者要从自己短视频账号的定位出发，选择与短视频内容风格一致的品牌，两者的契合度越高，用户就越容易接受广告信息。例如，在美妆类短视频账号中，可以为美妆类商品做广告；在美食类短视频账号中，可以为厨房用具、食品等商品做广告。

3．内容优质

对短视频创作者来说，优质的短视频是实现商业价值的根本，因为只有高质量的短视频才能获得更大范围的传播，获得更多用户的观看和喜爱。而对广告主来说，只有短视频获得更大的流量，才能实现营销目标。

如果创作者为了在短视频中植入广告而忽视内容质量，制作出一些剧情生硬、质量低下、与自身短视频账号定位完全不符的广告类短视频，那么这既是对自身账号运营和广告主的不负责任，也是对用户的不尊重，不仅会让广告资源流失，还会损害创作者之前好不容易建立起来的短视频账号形象，导致"粉丝"流失，甚至形象崩塌。

任务二　"短视频＋电商"变现

如今，通过促销活动在电商平台上获取流量越来越困难，内容电商已经成为新的流量入口和未来的发展趋势。内容电商是指将有需求价值的内容通过品牌商、电商平台及各种资源的整合传播，精准地触达目标用户，从而实现购买转化。简单地说，内容电商的核心是通过优质内容"种草"，引发用户的需求，刺激其产生购买行为。

一、创立电商品牌实现变现

创作者通过创立电商品牌实现变现的模式有两种：一种是通过短视频打造个人 IP，建立个人电商品牌；另一种是通过短视频为自建电商平台导流。

1. 建立个人电商品牌

建立个人电商品牌以打造个人品牌、成为大流量 KOL 为目标，创作者通过自己的短视频为自有网店导流。创作者在上传短视频后会在短视频播放页面下方添加商品链接，用户对短视频中的商品感兴趣时，就可以直接点击商品链接跳转到网店页面，而短视频的播放并不会被中断。

例如，抖音账号"日食记"通过持续创作大量优质的短视频（见图 9-6），提升了自己的知名度，打造出个人品牌，并创建了同名个人电商品牌，将短视频中的商品直接上架到店铺销售。

图 9-6 "日食记"短视频

2. 自建电商平台

自建电商平台以专业生产内容（Professional Generated Content，PGC）为主，通过优质短视频为自营平台导流，吸引用户购买。例如，美的官方旗舰店、小米官方旗舰店等都是在开通短视频账号后自建电商交易平台的。利用这些账号构建完整的交易闭环，吸引平台用户购买，并完善销售、运输、服务等各项交易环节。自建电商平台使得品牌直接对接消费者，省去了中间交易环节，达到了节约交易成本的目的。

二、短视频"带货"实现变现

短视频"带货"是指短视频创作者在自己的短视频作品中帮助商家推广商品，促成商品成交，并从中获得佣金。目前，很多短视频平台有商品分享功能，短视频创作者开通此功能后，可以在短视频播放页面中添加商品链接。用户在观看短视频的过程中，如果对其中的商品感兴趣，就可以点击链接进行购买，短视频创作者可以从中赚取佣金，从而实现变现。

例如，抖音账号"希希不挑食"发布的希希吃饭的短视频中就添加了商品链接，包含希希吃的、用的商品，吸引用户点击购买，如图 9-7 所示。

图 9-7　"希希不挑食"短视频播放页面中的商品链接

创作者要想提高"带货"的转化率，除了要在内容创作上有创意外，还要严格选品。常见的选品策略如下。

1. 参考大数据

创作者可以使用一些比较知名的数据平台，如卡思数据、飞瓜数据等，查看各个短视频平台上的电商数据，选择适合自己并容易推广的商品。飞瓜数据商品搜索榜中的爆款热卖榜如图 9-8 所示。

图 9-8　飞瓜数据爆款热卖榜

当然，创作者也可以查看抖音商城热搜榜，将其作为选品参考。另外，创作者还可以在各大电商平台上搜索与自己所处垂直领域相关的高销售量商品，以此为参考进行选品。

2. 洞察用户需求

不管是创作短视频，还是"带货"，创作者都要以用户需求为核心。符合用户需求、能够解决用户痛点的商品不但会有很高的转化率，而且利润空间也较大。例如，多功能切菜器，用户使用它切菜时就不会担心伤到手。这类商品能够让用户享受到一定的便利，符合他们的需求，解决他们的痛点。

3. 商品客单价低

短视频平台更适合"种草"与衣食住行、休闲娱乐等紧密相关的低价商品，这些商品的单价一般不会超过 100 元，如配菜收纳盒、家务手套、一次性浴巾、便携式香皂等。

大多数人观看短视频是为了娱乐消遣，很少有人是专门为了购物，所以在短视频内容电商模式下，用户的消费大多属于感官刺激下的冲动型消费，较低的客单价可以促使其更快地做出购买决策。即使短视频的内容再好，与商品的契合度再高，如果客单价过高，用户也会慎重考虑，犹豫再三，就可能失去购买的兴趣。

4. 参考电商网站

在做短视频电商"带货"时，通常要专注于某个垂直细分领域。短视频创作者可以在同领域的电商网站搜索相关品类，查看销售量高的商品有哪些，将其作为参考来选择要推广的商品。目前，国内参考性较强的电商网站有淘宝、拼多多、京东等。只有深入了解大趋势下用户的消费倾向，在选品时才能尽量避开不受用户欢迎的商品。

5. 借助"网红"效应

如今"粉丝"经济具有重要的地位和较大的影响力。短视频创作者可以利用"网红"效应进行选品。网络"达人"推荐的商品通常能够满足"粉丝"的心理需求，所以在选品时，短视频创作者可以选择网络红人所推荐的商品。

但需要注意的是，选品时要抓住商品的第一波热度。一方面，很多商品具有时效性，过了某个时间段，商品可能不再流行；另一方面，网络红人推荐的商品有可能很快被其他商家模仿销售。如果错过了第一波热度，就会错过商机。

素养课堂

实现商业变现几乎是所有短视频运营创作者的最终目标，在短视频运营中，创作者要强化自身的营销思维，聚焦目标用户，站在用户的角度，更好地理解其需求与愿望，从而创作出能够真正满足用户需求的内容，以提升用户的满意度，实现短视频商业变现。

任务三　内容付费变现

在信息无限而精力有限的时代，如何快速获取有价值的信息成为新的痛点，而内容付费是解决该痛点的"良药"。付费对用户而言就是一个"过滤器"，可以筛选优质内容，降低用户的时间成本，同时让用户产生满足感和充实感。而对内容生产者来说，付费则成为一种帮助他们筛选目标用户、创造价值的方式。

一、用户自愿付费激励

用户自愿付费激励在直播行业中比较常见，即在主播直播的过程中，用户为了表示对主播的喜爱和支持，向主播赠送礼物，而主播收到礼物后可以将礼物变现。

目前，在短视频行业中，一些平台也为用户提供了自愿付费功能，用户可以向自己喜爱的短视频创作者赠送礼物，如哔哩哔哩平台的"充电计划"，其是哔哩哔哩平台为用户提供的自愿付费激励功能，如图 9-9 所示。粉丝可以为自己喜欢的创作者"充电"，创作者通过"充电"获得"贝壳"，"贝壳"可以转化为现金收益。

图 9-9　哔哩哔哩平台付费激励功能

二、用户付费观看内容

如今，越来越多的人愿意付费观看优质短视频。与音频相比，短视频具有时长更短、信息承载量更丰富的特点，所以短视频成为内容付费市场的重要构成部分。短视频内容付费的本质是让用户花钱购买特定的知识内容。因此，要想让用户主动付费，短视频内容就必须有价值，且具有排他性，能够为用户提供在其他平台上看不到的独家内容。综合来看，短视频知识付费模式具有广阔的发展前景。

1. 知识付费的特征

对用户来说，知识的专业度与内容价值正相关，用户付费意愿随之提升。不过，专业知识要想迅速吸引用户付费，需要具备以下两个特征。

（1）关联性

并非所有与专业有关联的知识都可以卖给用户，这些专业知识只有与用户的生活和工作紧密相关，可以帮助用户获得知识或技能等方面的提升，才能吸引用户，如企业管理、沟通逻辑、办公技巧、法律、金融等方面的专业知识。例如，在网易公开课中，除免费课程以外，还上线了诸多付费课程，为用户讲解各种专业知识，这些知识大多与用户的生活和工作密切相关，如图 9-10 所示。

图 9-10　网易公开课专业知识付费课程

（2）稀缺性

具有稀缺性意味着有强大的竞争力，现在网络资源十分丰富，如果短视频中的专业知识普遍可得，自然无法吸引用户付费。因此，短视频中的专业知识要有一定的稀缺性，既专业又稀缺的知识对用户的吸引力往往更强，用户付费的概率就会更大。

2. 垂直领域知识付费

短视频创作者可以聚焦某一领域，在该领域持续地输出优质内容，以吸引对该领域感兴趣的用户。垂直领域知识付费，就是在垂直领域内以细分的深度吸引相对小众的用户群体付费观看。短视频中的知识越垂直细分，就越能吸引某一用户群体付费购买。

要想做好垂直细分领域短视频的知识变现，首先要找到核心目标人群，通过直击核心目标人群痛点的知识点，吸引核心目标人群的关注，并用符合其特质的内容和社区氛围增强其黏性，从而实现短视频变现。

在创作垂直细分领域知识时，创作者可以从以下几点切入。

• 服务某类目标人群，例如，教育内容主要以学生为目标人群，美妆内容主要以年轻女性为目标人群，育儿知识以母亲为目标人群，等等。

• 深入挖掘某类主题知识，如金融、旅游、餐饮、管理等，吸引对该主题感兴趣的用户。

• 聚焦某类场景知识，如急救知识、财经知识、法律知识、谈判心理等，这类知识可以帮助用户在某类场景中做到应对自如。

- 以某类社交知识为内容，只要这类内容对用户的社交活动有所帮助，如问答、辩论、约会、唱歌、舞蹈、礼仪等，有需求的用户就会付费观看。

三、购买付费会员服务

付费会员服务是指用户通过支付一定的费用，成为短视频平台的会员用户，享受平台提供的更多功能和更优质的服务。付费会员服务模式在长视频领域得到了广泛的应用，例如：普通用户观看腾讯视频、优酷或爱奇艺等平台的视频，当看到精彩剧集时，就会面临付费才能观看完整版的情况；或者在观看当前热播的视频内容时，要想抢先一步观看更多的剧集内容，也需要付费。面对这两种付费情况，用户必须付费获得会员权限才能观看。

1. 短视频付费会员服务的功能

短视频付费会员服务通常包括以下功能。

- 观看独家内容。付费会员可以观看平台上仅对会员开放的独家精品内容。
- 跳过广告。付费会员不会受到广告打扰，可以更加专注地观看视频内容。
- 观看高清视频。付费会员可以观看高清或超高清视频，提升观看体验。
- 离线下载和定制播放列表。付费会员可以将自己喜爱的视频下载到本地，随时观看，而且可以根据自己的兴趣定制播放列表。

2. 付费会员服务的实施策略

付费会员服务的实施策略如下。

- 设置不同会员等级及费用。设置不同的会员等级，如标准会员、高级会员等。用户可以根据自己需求和经济能力选择不同的会员等级，支付相应的费用并享受相应的服务。
- 提供不同的会员周期和续费优惠。提供不同的会员周期，如一个月、三个月、一年等，同时为会员提供相应的续费优惠活动，激励其继续付费享受会员服务。
- 提供独家活动和福利。付费会员可以参加独家活动，如线下见面会、名人见面会等，还可以享受专门福利，如 VIP 大礼包等。组织独家活动、设置专享福利，能够增强用户付费的动力。
- 推广与合作。利用平台资源推广付费会员服务，可以通过短视频平台首页推荐、合作机构推荐等方式，提升用户对付费会员的认知度和创造其对付费会员的需求。

任务四　平台奖励与分成

短视频平台与短视频创作者之间保持着共生共荣和互相依赖的关系。很多主流短视频平台推出了活动补贴计划和分成计划，以此吸引更多的优质创作者入驻并持续输出高品质的内容，从而提高平台自身的流量，优化平台内容生态环境。而对短视频创作者来说，通过参与平台的这些活动，不仅有机会赢得相应的奖励，获得更多的变现机会，还能有效提高短视频账号的曝光度，为账号吸引更多的流量。

一、完成有奖创作任务

各大短视频平台为了激发创作者的创作热情，鼓励创作者创作更多的优质作品，会不定期发布各类有奖创作任务。创作者可以按照规则创作短视频，完成有奖创作任务，一旦作品获得平台方的认可，就能获得相应的奖励。图 9-11 所示为抖音平台上发布的有奖创作任务。

创作者通过完成平台发布的有奖创作任务获得收益，需要注意以下两点。

图 9-11　抖音平台发布的有奖创作任务

1．按照任务规则创作作品

短视频平台发布的各项有奖创作任务都有相应的参与规则，创作者在参与之前要详细阅读任务规则，然后按照任务规则去创作短视频作品，这样才能确保作品顺利进入评选环节。

2．选择适合自己的任务

各大短视频平台都会发布有奖创作任务，对短视频创作者来说，不要一看到有任务就参与，也并非一定要选择奖励丰厚的任务，而是要根据自己的兴趣和能力，选择适合自己的任务。因为只有符合创作者兴趣和能力的任务，才能充分激发其创作热情，展现其创作能力，进而使创作者创作出符合任务规则的高质量作品，最终收获良好的收益。

二、从平台方获得分成

一些短视频平台推出了平台分成计划，为短视频创作者提供了更多商业变现的渠道。短视频创作者参与短视频平台分成计划后，平台方会在创作者发布的某些短视频中添加广告，并向创作者支付一定的广告展示费，从而使创作者获得收益。对短视频创作者来说，这是一种非常省时、省力的变现方式。

1．了解平台分成规则

创作者要想从短视频平台获得分成，首先需要了解短视频平台的分成规则。例如，快手平台推出了"光合激励计划"，创作者的"粉丝"量只要达到 10 000 人，账号类型不属于媒体号、艺人号及政务号等即可参加该计划。参与计划后，系统会在创作者发布的部分短视频作品中添加便利贴广告，从而使创作者获得相应的收益。参与"光合激励计划"，创作者无须专门拍摄短视频，参与该计划也不会对其作品播放量及上热门等权益造成任何影响。

2. 合理选择分成平台

短视频创作者入驻的分成平台越多，获得的收益就越多。但是，不同的分成平台对短视频作品的要求不同，创作者可以根据实际情况有所侧重地选择分成平台。

例如，快手平台采用智能推荐机制，短视频的播放量较少受到人为因素的干预，只要创作者的短视频作品质量够好，就能获得不错的播放量，短视频创作者也就可以从中获得不错的收益。爱奇艺平台采用人工推荐机制，但它属于综合性视频平台，很多好的资源位通常会被各大影视剧、综艺节目占据，对尚未形成广泛影响力的短视频创作者来说，要想在该平台上获得不错的分成收益可能会存在一定困难。

如今，短视频平台普遍不再将返还现金作为对创作者创作优质内容的主要激励手段，而是将关注点逐渐放在对内容和变现的指导上，即搭建内容消费闭环，培养用户的消费行为，为创作者提供商业资源方面的扶持。

三、与平台签约独播

随着短视频的发展，短视频平台越来越多，为了获得更强的市场竞争力，很多平台纷纷开始与短视频创作者签约独播。与平台签约独播是创作者实现短视频变现的一种快捷方式，但这种方式比较适合运营成熟、"粉丝"众多的创作者，因为对新手创作者来说，获得平台青睐、得到签约收益并不是一件容易的事情。

签约是平台与创作者之间相互选择的过程。短视频平台为了更好地吸引优秀创作者，通常会给予创作者丰厚的奖励。而创作者要想与平台签约独播，必须达到一定的运营水平，有一定的"粉丝"基础和影响力，如知名"网红"或 KOL，他们有着独特的创意或专注于某个特定领域，如手工艺、旅游、商品测评等，他们创作的内容在平台上具有独特的价值和吸引力。

任务五　IP 价值衍生变现

IP 价值衍生变现是指通过一系列策略和方法，将知识产权（Intellectual Property，IP）转化为具有商业价值的衍生品或服务，从而实现 IP 价值的最大化。在短视频行业，创作者可以尝试通过挖掘短视频 IP 价值进行变现，包括 IP 增值变现和 IP 衍生品变现。

一、IP 增值变现

短视频创作者形成自己的 IP 后，可以借助自身 IP 的影响力接广告代言，或者参演影视化节目等，从而实现 IP 增值变现。

王七叶被称作"广告鬼才"，她将低廉的日用品通过高级的光影模式、优质镜头切换和文案加持，拍出奢侈品广告大片的质感，通过定位矛盾，制造出既搞笑又无厘头的效果。她的幽默无厘头风格吸引了年轻、有消费能力的观众群体。通过对社会情绪的精准把握，以独特的内容形式满足了年轻观众对新鲜感、娱乐性和个性化的需求，其在短视频领域中脱颖而出，积累了大量"粉丝"。

王七叶凭借独特的 IP 形象和高关注度，在广告代言方面具有很强的商业价值，成为品牌方青睐的合作对象。她的广告短视频能将产品特点与自身风格巧妙融合，有效放大产品的优势，加深产品在用户心中的印象，实现了 IP 的商业变现。

二、IP 衍生品变现

短视频创作者可以使用 IP 中的角色人物、场景、道具、标识等开发衍生品，通过销售这些衍生品实现变现。

IP 衍生品变现模式越来越流行，短视频创作者通过将 IP 产品化，即设计生产周边商品来实现变现。例如，抖音账号"奶龙"的 IP 衍生品有单肩包、毛绒玩具、公仔、摆件、钥匙扣、抱枕等，并在天猫平台开设了"奶龙旗舰店"销售这些商品，如图 9-12 所示。

图 9-12 "奶龙旗舰店"销售的部分 IP 衍生商品

采用 IP 衍生品变现，利用的是"粉丝"对 IP 的喜爱心理，在购买同类商品时，"粉丝"会更愿意购买 IP 的周边商品。IP 的影响力影响着周边商品的销售量，同时周边商品的销售量也会影响 IP 的影响力。短视频创作者需要合理运营 IP，逐步增强 IP 的影响力，实现 IP 影响力与周边商品销售量的相互促进、相互提升。

素养课堂

成功的 IP 具有巨大的商业价值。对短视频创作者来说，塑造 IP 并非易事，而是一个漫长且艰难的过程。因此，短视频创作者要树立版权意识，保护好自己的原创作品，确保自己的作品不被侵权，保障自己的合法权益，短视频创作者还要对自身或产品的 IP 价值进行市场推广，以获取更多的商业资源。

项目实训：分析短视频的变现方式

1. 实训目标

掌握短视频变现方式与策略，学会在短视频运营过程中根据自身情况选择合适的变现方式。

2. 实训内容

3~5人一组，以小组为单位，每人收集4~6条短视频进行汇总，请小组成员分别讨论这些短视频采用了哪种变现方式。

3. 实训步骤

（1）了解短视频变现的类型

了解短视频变现的主要类型及不同的变现方式的优缺点。

（2）选择一条短视频进行具体分析

小组讨论，根据短视频账号的定位、内容类型、运营情况、"带货"商品等分析讨论该条短视频采用了哪种变现方式，以及是如何实现的。

（3）分析不同类型短视频适合的变现方式

对收集的所有短视频进行分析后，总结出不同类型的短视频分别适合哪种变现方式。

4. 实训总结

自我总结	
教师总结	

项目十
案例解析，学习"达人"成功运营的诀窍

知识目标
- ➤ 了解抖音、哔哩哔哩、微信视频号、小红书平台的特点。
- ➤ 掌握分析短视频账号运营策略的方法，并学习成功经验。

能力目标
- ➤ 能够分析各大短视频平台的特点。
- ➤ 能够根据案例分析短视频账号运营策略。

素养目标
- ➤ 坚持"以人为本"的价值原则。
- ➤ "他山之石，可以攻玉"，善于学习，善于总结。

　　在各大短视频平台上，很多短视频创作者通过策略化的运营积累了百万甚至千万"粉丝"，在短视频行业形成了极大的影响力。所谓"他山之石，可以攻玉"，本项目从抖音、哔哩哔哩、微信视频号、小红书等平台上遴选了部分具有代表性的短视频"达人"，通过分析他们的短视频的特点来探讨运营短视频账号的方法和策略。

任务一　抖音"达人"账号运营分析

抖音于 2016 年 9 月上线，是一款音乐创意短视频社交软件。用户可以通过这款软件选择歌曲，拍摄音乐短视频，发布自己的作品。当前，抖音已经成为很多短视频创作者选择的平台之一。

一、认识抖音平台

在上线初期，抖音的标签是"潮""酷""时尚"，这奠定了抖音"年轻、时尚"的基调。这个定位让抖音在开始发力时占据了优势，并吸引了大量一、二线城市的年轻人。随着用户群体规模的不断扩大，抖音的定位也发生了变化。2018 年 3 月，抖音正式启用全新的品牌口号"记录美好生活"，该定位体现了抖音向生活化方向的转变，让抖音从主要面对追求"潮""酷""时尚"的年轻人群走向范围更广的人群。

抖音平台主要具有以下特点。

1. 泛娱乐化

受到抖音前期"潮""酷""时尚"定位的影响，音乐、舞蹈、搞笑段子等泛娱乐化的内容在抖音平台上比较受欢迎，促使创作者在创作短视频时向轻松、娱乐的方向靠拢。

2. 个性化推荐

在抖音平台上，用户是在"全屏模式"下浏览视频的，可以通过在手机屏幕上向上、向下滑动切换短视频。抖音首创"单屏浏览模式"，进入抖音首页后，用户无须按照主题选择观看短视频的类型，而是以平台推送的顺序观看。

抖音平台会根据用户观看短视频时的停留时长、点赞、评论等行为数据为用户优化短视频推荐。在该个性化的推荐机制下，用户观看的短视频都是由抖音平台推送的，但用户可以关注某些抖音账号，然后在自己账号的"关注"板块中查看自己感兴趣的短视频。

3. 流量叠加支持

创作者将短视频上传到抖音平台后，抖音平台会对短视频进行审核，查看短视频是否存在违规内容。短视频如果存在违规内容，将无法在抖音平台上发布。

当短视频通过审核后，抖音平台会将短视频置入一个较小的流量池内，在小范围内测试该短视频的潜力。例如，先将该短视频推荐给同城用户，然后对该短视频的完播率、点赞量、评论数、转发量等指标进行统计和分析，决定是否继续对其给予流量支持。

如果该短视频在这些数据上表现良好，抖音平台就会将其放进一个更大的流量池内，为其提供更多的流量支持。如果在第二波推荐中，该短视频的数据表现依然良好，抖音平台就会给予更大的流量支持……如此层层递进，不断加强对该短视频的流量支持。因此，抖音平台更加看重短视频内容的质量，弱化短视频创作者的身份。

4. 内容为王

抖音会对原创的、有创意的内容给予更多的流量支持。创作者只有持续地生产优质内容，才能获得抖音平台更多的流量推荐，才能让自己的作品展现在更多的用户面前，并获得用户的认可。

5．搜索算法强大

抖音平台上的短视频数量非常多，而用户对自己需求的表达通常是比较模糊的，因此就需要一个强大的搜索算法。这个算法一方面理解短视频，另一方面理解用户需求，充当两者之间的桥梁，完成用户和短视频之间的匹配。用一句话来概括，抖音的搜索算法就是利用尽可能多的数据来增强对短视频的理解和对用户需求的理解。

这些数据主要分为三类：第一类是短视频本身的数据，包括短视频上一切可见的文字、短视频本身的清晰度、短视频内容等；第二类是用户输入的查询词，搜索算法会利用先进的自然语言处理技术来处理用户输入的查询词，理解用户需求；第三类是用户的互动数据，包括用户在推荐、搜索等场景的互动数据。

用户对主动搜索的短视频有着非常好的认知和较高的黏性。创作者要想让自己的短视频被更多的用户搜索到，需要做好两个方面的工作：一是创作高质量的短视频，让短视频获得更多的流量支持，扩大短视频的影响范围；二是给短视频添加精准的文字描述，便于搜索算法更好地理解短视频。

二、"毒舌电影"账号运营分析

"毒舌电影"是一个以提供电影评论和电影推荐为主的短视频账号，在抖音上有着不俗的表现。通过分析"毒舌电影"账号，就会发现该账号有以下特点。

1．内容类型定位符合用户需求

对很多人来说，影视娱乐类内容是他们休闲娱乐的必备"精神消费品"。而随着人们生活节奏的不断加快，以及碎片化时代的到来，人们的空闲时间变得越来越少，且呈现出"割裂式"的状态，人们的注意力也被打散。短视频凭借其短小精悍、内容丰富的特点，刚好可以满足用户利用碎片化时间浏览内容、获得放松的需求。

"毒舌电影"运用短视频的形式，为用户提供影视剪辑类内容，既满足了用户观看影视化内容的需求，又打破了观看电影对地点和时间的限制，让用户无须花费一到两个小时到电影院观看电影，在几分钟内就能快速获取自己感兴趣的影视内容。

2．封面图设计个性化

当"毒舌电影"用一条以上的短视频来讲解一部电影时，会将这些短视频的封面图拼接成一个完整的画面，如图 10-1 所示。这样的封面图更具视觉冲击力，也使原本割裂的分篇讲解形成了一个整体，让短视频更具完整性。

3．选题具有策略性

针对抖音用户偏爱惊悚、悬疑、传奇类影视作品的特点，"毒舌电影"发布了许多讲解这类影视作品的短视频。图 10-2 所示为"毒舌电影"讲解悬念电影《黄雀在后！》的画面。

另外，"毒舌电影"还善于将当下热点作为选题。例如，2024 年春节期间，"毒舌电影"利用节日热点，发布了解说关于春运的经典影片《人在囧途》的短视频，如图 10-3 所示。这条短视频是与伊利的商业合作短视频，它从电影主人公以笑面对一切挫折的角度入手，植入伊利拍摄的春节贺岁短片，并强调伊利的新春产品。

图 10-1　封面图拼接成完整画面　　图 10-2　讲解悬疑电影　　图 10-3　讲解关于春运的电影

三、"朱铁雄"账号运营分析

抖音账号"朱铁雄"凭借发布国风变装短视频，截至 2024 年 4 月，已经获得 2122.2 万"粉丝"。该账号的创作者登上 2024 年龙年春节联欢晚会西安分会场，表演节目《山河诗长安》，通过一段 11 秒的国风变装点燃全场热情。通过分析该账号的短视频，就会发现它们具有以下特点。

1. 从优秀传统文化中取材，弘扬中华文明

"朱铁雄"账号发布的短视频的最大特点是特效出彩，中国风十足，几乎每一期视频都会展现传统文化元素，如舞狮、英歌舞、皮影戏、打铁花、川剧等，他用变装的方式、具有科技感的特效告诉大家，优秀传统文化不仅很美，还会让人心潮澎湃。

例如，某期短视频宣传了舞狮和打铁花（见图 10-4），发布该短视频后，很多舞狮从业人员纷纷留言，称该视频给了他们坚持下去的动力，还有一位舞狮者申请加入团队，为舞狮文化做进一步推广。可以看出，朱铁雄在用创新的方式推广优秀传统文化，想让更多人了解、喜欢并自发推广优秀传统文化。

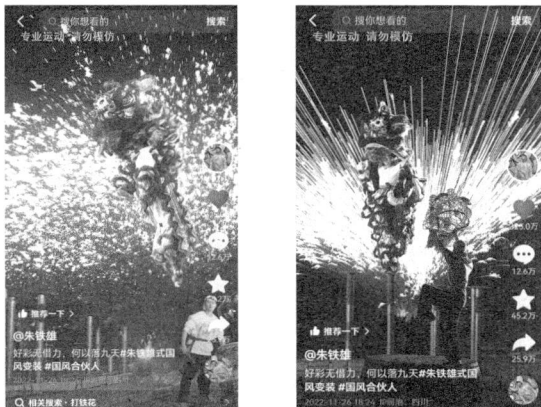

图 10-4　"朱铁雄"宣传舞狮和打铁花的短视频

2. 用亲情唤起用户情感共鸣

在"朱铁雄"账号发布的短视频中，关于亲情的元素占比很高，直戳人心。朱铁雄在短视频中扮演潇洒、令人崇拜的英雄，而在现实生活中也像很多年轻人一样，面对父母有着很多想说而说不出口的爱，他就用作品表达出来。朱铁雄提到，他想要在视频中把当代年轻人含在心里、羞于表达的情感大大方方地表达出来，于是其短视频评论区成为很多年轻人的树洞，许多用户在这里写下了动情的留言。

在某期短视频中，朱铁雄用剧情演绎了母亲对儿子的担心、骄傲与支持，剧情前半段展现了母子之间的误会，后半段则揭开真相，展现出母亲对儿子深沉的爱，最后母子和解，母亲激动得热泪盈眶，用手机拍下了儿子排练英歌舞的精彩瞬间，如图 10-5 所示。

图 10-5　表达亲情的短视频

3. 保持内容差异化

"朱铁雄"账号发布的内容属于国风类，在这个领域其实有很多同类型的账号，但很多账号面临"粉丝"量减少的不利局面。在朱铁雄看来，内容同质化严重，缺乏对内容的迭代和对国风的深度诠释可能是其"粉丝"流失的原因之一。

很多账号凭借国风内容的视觉效果吸引"粉丝"，而较少挖掘其背后的文化内涵，这种做法能让账号吸引一定的"粉丝"，却无法与"粉丝"建立更深的情感共鸣。要想创作出优质的国风类短视频作品，就必须深挖优秀传统文化背后的魅力和内涵。朱铁雄提到，为了演好角色，他会去学一些东西，如舞狮，在学习的过程中对"台上 1 分钟，台下 10 年功"有了更深刻的理解。

有的账号缺乏对国风内容的现代化改造，内容展示颇为单一，缺乏与现实生活的联系。朱铁雄坚持"内容落地"的创作理念，即以一个真实感极强的故事作为依托，这样受众才能联系到自己，产生情感共鸣。

4. 用热血和坚持鼓舞用户

"朱铁雄"账号发布的短视频除宣传中华优秀传统文化、表达亲情外，同时也会有坚持梦想、热血奋斗等精神内核。凭借精彩的剧情演绎，鼓舞人们坚持梦想。

例如，某期短视频中，父亲年老体弱，但还想参加舞狮比赛，儿子担心父亲的身体，不让父亲去，父亲只好放弃。看着父亲落寞的身影，儿子回想起父亲对舞狮的热爱及对自己的言传身教，于是激励父亲继续坚持梦想。图 10-6 所示为该短视频画面。

图 10-6　用短视频传达热血与坚持

四、"打工仔小张"账号运营分析

"打工仔小张"将很多看似简单的生活常识拍成科普视频，火爆"出圈"，更是被网友戏称为"社会生存学顶流"。该账号的运营具有以下特点。

1. 选题范围广

小张的短视频选题面向大众，涉及的内容十分广泛，如"如何找工作""如何租房""如何去剧场看演出""如何玩剧本杀"等，基本是大众生活中会涉及的。有时小张也会参考网友的意见，通过观看"粉丝"发来的私信和对短视频的评论，了解大家感兴趣的内容方向。

例如，小张发布的"如何如何"系列第 1 条短视频的灵感就来自网友发布的视频。她看到一个网友发视频说自己长这么大还不会坐飞机，评论区有很多人表示也没坐过高铁，小张便在回家坐高铁时拍摄了"如何乘坐高铁"的短视频。小张发布的这条短视频击中了一部分初入社会的年轻人"怕露怯"的心理，获得了很多人的认可，如图 10-7 所示。随后，小张推出了"如何如何"系列视频（见图 10-8），在帮助他人的同时，自己也收获了感动，在收到"粉丝"的感谢后，小张有了更大的动力，持续拍摄生活科普类短视频。

2. 满足用户需求，价值为王

要想持续运营短视频账号，只靠偶然的热度是不够的，吸引并留存用户是将账号做大做强的关键。"打工仔小张"的"粉丝"忠诚度和互动性都很好，其短视频的"赞粉比"（即获得的点赞量与粉丝量之比）和评论数据都非常好，这主要是因为该账号的内容能够满足用户的需求，即价值性较强。

"如何如何"系列视频中的很多内容是围绕用户的基本需求展开的，同时其内容细分程度非常高。以"如何订酒店，去酒店办理入住"为例，从网上预订，到办理酒店入住，再到乘坐酒店电梯、使用房卡、酒店房间内设施介绍、酒店电话和空调的使用、地巾的使用、退房方法、退回押金等，小张向用户介绍得明明白白，如图 10-9 所示。如果用户仍然存在不明白的地方，还可以在评论区询问，不少用户会争相帮忙解答。

图 10-7　短视频获得认可　　　图 10-8　"如何如何"系列视频　　　图 10-9　"打工仔小张"短视频

3. 引发用户情感共鸣

　　小张表示，"打工仔小张"的账号定位是个人 IP，因此除"如何如何"系列短视频外，她还拍摄了其他选题，如"你的'嘴替'小张"。在该系列短视频中，小张化身为广大用户的"嘴替"，说出用户的心声，代替用户表达心中的不满情绪，由此引发用户情感共鸣，受到众多用户的认可和欢迎，如图 10-10 所示。

图 10-10　引发用户情感共鸣

　　短视频创作者要做用户的互联网"嘴替"，充分表达用户心中所想，就要以用户为中心，站在用户的角度思考问题。践行"以用户为中心"，本质上是"以人为本"思想的体现。坚持"以人为本"的价值原则，可以更好地满足用户的需求与期待。

任务二　哔哩哔哩 UP 主账号运营分析

　　在早期，哔哩哔哩平台以提供与"动画、漫画、游戏"（Anime、Comics、Games，ACG）相关的垂直内容为主。而对现在的哔哩哔哩来说，ACG 已经不再是其唯一的标签了，UP 主（UP 是 Upload 的简写，UP 主是指在视频网站、论坛上传视频、音频文件的人）所创作的内容正在不断扩展着哔哩哔哩平台的边界，它已经成为一个年轻人高度聚集的文化社区和视频平台了。

一、认识哔哩哔哩平台

　　哔哩哔哩（Bilibili）简称 B 站，创建于 2009 年 6 月 26 日，是一个 ACG 弹幕视频分享网站。经过十几年的发展，现在的哔哩哔哩平台已经成了一个以泛二次元视频为核心，以专业用户生成内容（Professional User Generated Content，PUGC）为辅助的综合视频社区平台。

1. 哔哩哔哩平台的优势

　　与其他视频平台相比，哔哩哔哩平台具有以下优势。

　　（1）优质的弹幕文化

　　哔哩哔哩平台引领了弹幕的社交潮流。弹幕是指在网络上观看视频时画面上弹出的评论性字幕。弹幕可以给用户营造一种实时互动的错觉，虽然不同弹幕的发送时间有所区别，但其只会在视频中特定的时间点出现，所以在相同时间弹出的弹幕基本上具有相同的主题，用户在参与评论时就会产生与其他用户同时评论的错觉。与其他视频平台上可有可无的弹幕相比，哔哩哔哩平台上的弹幕已经成为视频内容的组成部分。对一部分用户来说，他们看的主要是弹幕，而视频只是背景画面而已。

　　（2）无贴片广告

　　哔哩哔哩平台上的视频没有贴片广告，与其他视频网站 60～108 秒的广告相比，用户在哔哩哔哩平台上观看视频的过程会更加顺畅。

　　（3）重社交、"粉丝"价值高

　　哔哩哔哩是一个重社交、"粉丝"价值高的平台，对"粉丝"基数大的 UP 主来说，从哔哩哔哩平台迁移到其他平台所花费的成本较高，可能会流失大量"粉丝"，UP 主往往需要在新的平台上重新运营账号。

　　（4）独特的流量分配机制

　　在流量分配机制上，哔哩哔哩的私域流量占比高，视频的流量依靠 UP 主创作内容形成的私域流量分发，用户渗透率高，用户黏性强；流量中长尾占比高，区别于其他平台的推荐机制。因此高质量视频在哔哩哔哩平台历久弥新，能为 UP 主持续带来新的"粉丝"和播放量。

2. 哔哩哔哩平台的内容生态

哔哩哔哩平台上的内容大致分为两类，即版权采购内容和 UP 主创作内容。

（1）版权采购内容

在版权采购内容方面，哔哩哔哩平台大多选择与自身目标用户风格相符的内容进行采购，各类番剧（即连载动画电视剧）是重点采购内容。除番剧外，平台也会采购纪录片、电视剧、电影、综艺节目等内容。

哔哩哔哩在电影、电视剧、综艺及纪录片板块展开了积极的布局。一方面通过采购经典片源、参与院线电影下线后的分发建立基本盘；另一方面切入上游，参与符合社区调性的垂类内容制作，形成平台中的内容差异化。

除大量引进正版番剧外，哔哩哔哩平台也在积极尝试自制二次元内容，不仅创建了动画制作社，还通过开设"国创"分区、投资国产动画等方式在助力"国漫"崛起的同时为自己的二次元版权"开疆拓土"。

（2）UP 主创作内容

哔哩哔哩平台上大多数视频是 UP 主自制和原创的内容，所以说 UP 主创作的内容是哔哩哔哩平台的生命力所在，同时也是平台作为一个内容社区最重要的基础。

随着哔哩哔哩平台的不断发展，其内容服务范围在不断扩大。在内容分区上，现在的哔哩哔哩平台已经不局限于 ACG 内容，还开拓了生活、时尚、娱乐、数码等内容分区，吸引更多领域的内容生产者入驻哔哩哔哩平台，使平台的内容更加多元化。而多元化的内容又吸引了更多用户进入平台，从而形成用户与内容丰富程度同时增长的正向循环。图 10-11 所示为哔哩哔哩 App 的内容分区。

随着专业领域 UP 主的入驻，课堂、讲座等形式的内容也逐渐出现，这说明哔哩哔哩已经成为一个既能满足用户的娱乐需求，又能满足用户学习技能、传递信息需求的平台，同时也说明该平台不再只是二次元亚文化聚集地，已经成为整个年轻群体的大型文化社区。图 10-12 所示为哔哩哔哩 App 上的"课堂"专区。

图 10-11　哔哩哔哩 App 的内容分区

图 10-12　"课堂"专区

3. 哔哩哔哩平台为 UP 主提供的创作环境

为了保持平台的活力，并为用户持续输出高品质内容，哔哩哔哩平台采取了多种措施来帮助 UP 主提升创作能力。

（1）培养计划

培养计划是指哔哩哔哩平台为 UP 主提供线上线下全方位培训的计划。哔哩哔哩平台在线上开设"创作学院"（见图 10-13），在线下开展"UP 主学园交流日"活动，为 UP 主提供选题创意、音频处理、后期剪辑、特效合成等方面的技能培训，帮助他们提升创作能力。"UP 主学园交流日"作为对线上课程的补充，会在不同的城市开展，为当地的 UP 主提供线下交流学习的机会。相对于线上课程，该模式对 UP 主能力提升的作用不高，但更有利于"UP 主学园"的品牌打造，能够增强平台与 UP 主的情感联系。

在"创作学院"中，哔哩哔哩还创建了"UP 主起航计划"（见图 10-14），该计划是面向平台新手 UP 主的专项扶持成长计划，旨在帮助新手 UP 主快速了解哔哩哔哩平台的内容创作技巧和运营方法，创作出更多优质作品。

图 10-13　"创作学院"

图 10-14　"UP 主起航计划"

（2）激励计划

激励计划主要包括荣誉激励和利益激励两种方式。在荣誉激励方面，哔哩哔哩平台每年会举办"BILIBILI POWER UP"百大 UP 主颁奖典礼，从创作力、影响力和口碑力 3 个维度评选出上一年拥有出色表现的 100 位 UP 主，并赋予他们荣誉称号，提升其荣誉感。在利益激励方面，哔哩哔哩平台采取视频创作激励计划、充电计划、悬赏计划、花火商单、签约合作等多种方式为 UP 主创造获取收益的机会。

- 视频创作激励计划。该计划指哔哩哔哩平台推出的针对 UP 主创作的自制稿件进行综合评估，并提供相应收益的系列计划。在符合加入条件的情况下，UP 主可以申请加入视频创作激励计划。2024 年，该计划在鼓励优质原创内容的基础上，重点关注暂无变现能力的个人 UP 主，通过激励计划为他们的早期创作和成长提供帮助。平台在每月初会根据 UP 主近半年的收入水平，判断 UP 主当月是否享有基础激励，基础激励根据内容质量、用户互动、更新频率等情况综合计算得出。为了使更多 UP 主获得享有基础激励的机会，视频基础激励会设置月收入上限，同时新增多样化的月度活动激励。每月平台会在商业化尚不成熟的 UP 主中邀请部分 UP 主参与活动，并根据参与活动的视频的观看时长、用户互动等数据给予奖励。

- 充电计划。该计划是哔哩哔哩平台为"粉丝"提供的在线付费激励功能，"粉丝"可以为自己喜爱的 UP 主"充电"，UP 主获得的"贝壳"可以转化为收益。UP 主可以通过专属视频、专属抽奖等方式回馈付费"粉丝"。"粉丝"只能用 B 币"充电"，UP 主可以在"贝壳"账户中查询获得的"充电"收益。为了鼓励原创，UP 主加入充电计划后，只有自制且无任何商业元素的作品的页面才会显示"充电"面板。也就是说，充电计划是哔哩哔哩平台采取的一个针对无商业元素的自制作品的特殊激励政策。

- 悬赏计划。该计划是哔哩哔哩平台为 UP 主提供的通过在自己发布的视频的下方挂广告来获取收益的官方商业计划。UP 主参加悬赏计划后，可以在悬赏计划中自主选择广告并将其关联在自己的视频的下方，广告将被标上"UP 主推荐广告"字样，哔哩哔哩平台会根据 UP 主的视频所产生的广告曝光量或商品销售量为其发放收益。

- 花火商单。这是哔哩哔哩提供的一个撮合广告主和 UP 主进行商单交易的平台，它有效地缓解了 UP 主和广告主信息不对称的局面，让 UP 主和广告主能够更好地实现对接。花火商单的入驻条件包括 18 岁以上并完成实名认证，粉丝量不少于 1 万，信用分在 60 分以上。

- 签约合作。哔哩哔哩平台为了留住头部 UP 主，或者吸引一些其他平台的"达人"入驻，会与他们开展签约合作，让其只在哔哩哔哩平台上发布作品。

4．哔哩哔哩平台上容易火的内容风格

在哔哩哔哩平台上，不同的分区各有独具特色的火爆内容。哔哩哔哩平台较火的分区主要有生活区、游戏区、娱乐区、影视区、番剧区、动画区、科技区、音乐区和舞蹈区等。

从投稿风格来说，能够在哔哩哔哩平台上火起来的内容可以用 5 个字来概括：美、奇、笑、泪、学。声音甜美、演员形象气质好、画面精美的作品，内容新奇的作品，搞笑、有趣的作品，能够刺激用户泪点的作品，以及教用户学习技能、知识的作品比较容易火。

当然，对 UP 主来说，不能哪个分区火就去哪个分区，什么类型的内容火就去做什么类型的内容，而要从自身条件出发，选择适合自己的分区来发布作品。

二、"飞碟说"账号运营分析

在当前竞争激烈的社会环境中，多学一些知识总会有用，所以以传递各类知识为核心的短视频受到了人们的热烈欢迎，而"飞碟说"账号就是一个代表。"飞碟说"账号的短视频运营具有以下特点。

1．清晰的定位

"飞碟说"短视频创作者的创作初心是让知识变得通俗，即简单、有趣、有态度，通过动画形式对知识进行视频化的解说，用一种充满趣味的方式向用户分享实用知识。

2. 独特的动画风格

"飞碟说"短视频中的动画偏向二维扁平化风格，短视频中的各种事物多是由线条加上简单的表情构成的，独具特色，如图 10-15 所示。

图 10-15　独特的动画风格

3. 将碎片化的知识系统化

"飞碟说"短视频创作者将大量碎片化的信息进行整理，将这些信息制作成一个个时长为 1～5 分钟的动画，这些动画使多而碎的信息变得系统化、条理化，而且易于用户理解。"飞碟说"短视频的节奏较快，虽然时长较短，但承载的信息量很大。

例如，《一分钟告诉你如何区分生抽、老抽、味极鲜》这则短视频仅用了 1 分钟的时间，就将生抽、老抽、味极鲜等调味品的特点和用法系统地讲解了出来，而且语言富有逻辑，如图 10-16 所示。这个看似简短的短视频，却承载了非常大的信息量。

图 10-16　《一分钟告诉你如何区分生抽、老抽、味极鲜》

4．选题多样

"飞碟说"短视频的选题范围非常广泛，涉及常识、职业群体知识、婚恋技巧、社会热点话题等。不管是热点，还是"槽点"，只要是用户关心的问题，"飞碟说"账号都会发布相关短视频进行解说。

5．解说词幽默诙谐

"飞碟说"短视频的解说语速较快，解说词中运用了大量的网络用语，并运用了一些修辞手法，语言风格诙谐、幽默且犀利。

6．态度严谨

"飞碟说"短视频创作者对知识秉持严谨的态度，短视频中涉及的知识点都是通过分析各类权威资料和数据得出的，并不是毫无根据的。

三、"绵羊料理"账号运营分析

"绵羊料理"是美食制作类短视频账号，UP 主擅长将各种食材制作成精美的料理。视频中不仅有详细的制作步骤，还有精美的画面和温馨的背景音乐，给观众带来视觉和听觉上的双重享受。

具体来说，"绵羊料理"的短视频账号运营特点主要表现在以下几个方面。

1．保持独特的内容风格

视频中 UP 主会用严谨认真的态度制作美食，同时搭配幽默风趣、充满创意的文案和解说，让观众在轻松愉快的氛围中观看美食制作过程。

例如，在介绍食材或制作步骤时，会用一些俏皮的语言和独特的比喻，使视频更具趣味性和吸引力。以《如何用 2 块钱，复刻米其林餐厅的必点菜！》（见图 10-17）为例，UP 主在一开始模仿探案纪实节目的口吻引入短视频的主题，吸引观众的注意力。在一本正经地讲述之后，UP 主露出笑容，开始讲述美食制作的流程。在讲述过程中，时而严肃认真，时而无厘头搞笑，并搭配表情包图案和"顺口溜"文案，营造出一种愉快的氛围。

图 10-17　保持独特的内容风格

2．制作精良，节奏流畅

视频保持了一贯的高水准画面质量，从场景布置、灯光效果到镜头运用都十分讲究。采用高清拍摄设备展现美食的细节和色泽，让观众能清晰地看到食材的新鲜度和制作过程中的每一个环节。例如，在制作精致的甜点或复杂的料理时，通过特写镜头捕捉食材的纹理和烹饪时的微妙变化，给观众带来视觉上的享受，如图 10-18 所示。

图 10-18　制作精良的美食短视频

在后期剪辑上，"绵羊料理"剪辑手法娴熟，节奏把握精准。"绵羊料理"会根据美食制作的步骤和情节发展，合理安排视频的节奏，使整个视频张弛有度。在制作过程中，"绵羊料理"会适当加快一些烦琐步骤的播放速度，以免让观众感到枯燥，同时在关键步骤和精彩瞬间放慢节奏，进行重点展示，让观众能够跟上制作思路，也能突出视频的亮点。

3. 标题特色鲜明

"绵羊料理"善于通过在标题中设置疑问、挑战或矛盾，引发观众的好奇心和求知欲，促使他们想要点击视频一探究竟。例如，《花 7 天拉一碗面，能否拉成比头发还细的线？》，标题用"7 天""一碗面"这种极致的数字对比，以及"比头发还细"的描述来吸引观众的注意力，激发观众的好奇心，促使其点击观看短视频。该短视频详细介绍了制作线面的过程，如图 10-19 所示。

"绵羊料理"的短视频标题还会强调菜品的独特之处、制作方法的稀有性或食材的特殊性，让观众觉得这些视频内容与众不同，具有一定的观看价值。例如，《南方妹子体验蒙餐，居然直接上了个大羊头！》，标题中的"南方妹子体验蒙餐"体现了地域文化的独特碰撞，"大羊头"也突出了蒙餐的特色菜品，引发观众对不同饮食文化的好奇心，如图 10-20 所示。

4. 通过"粉丝"运营提升"粉丝"活跃度

"绵羊料理"的 UP 主会举办"粉丝"见面会、美食体验活动等线下活动，让"粉丝"有机会与 UP 主本人面对面交流，增强"粉丝"的参与感和归属感。通过线下活动，UP 主还可以收集"粉丝"的反馈和建议，更好地了解"粉丝"的需求和喜好，为后续的内容创作和账号运营提供参考。

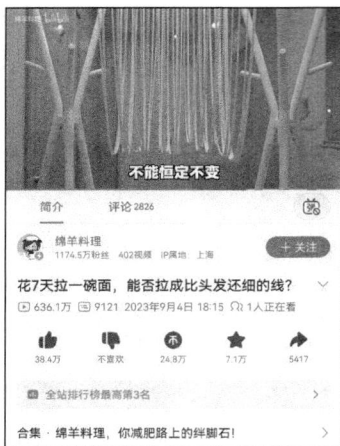

图 10-19　制作线面

图 10-20　南方妹子体验蒙餐

UP 主在哔哩哔哩平台上利用社区功能，如动态发布、话题讨论、"粉丝"群等，打造了一个活跃的"粉丝"社区，鼓励"粉丝"之间进行交流和互动，分享自己的美食制作经验、对视频的看法，以及与美食相关的生活点滴。"绵羊料理"UP 主也会参与到社区互动中，与"粉丝"共同营造温馨、有趣的社区氛围。

例如，在"绵羊料理"的"活动"页面中，UP 主发布了面向"粉丝"的网络活动，如"和绵羊一起料理"，号召"粉丝"在该话题下给绵羊"交作业"，即投稿，分享料理日常，或者推荐美味餐厅。

四、"日食记"账号运营分析

"日食记"在美食类视频账号中颇具代表性，它以"温暖治愈你的心和胃"为口号，凭借小清新风格的短视频获得了用户的喜爱。在哔哩哔哩平台上，"日食记"拥有 840 万以上的"粉丝"，其发布的短视频获赞量已达 2677.5 万。具体来说，"日食记"账号的短视频运营有以下几个特点。

1．人格化的表现形式

"日食记"短视频的固定角色有两个，一个是姜老刀，另一个是酥饼。他们都具有鲜明的人格特征：姜老刀是一个留着胡子、身着衬衫，外形粗犷实则内心细腻的大叔，而酥饼是一只干净、高冷的大白猫。形象鲜明的一人一猫有效地提高了"日食记"的辨识度，加深了用户对它的印象。

在"日食记"短视频中也会出现配角，配角的表演也非常自然，可以说是本色出演，体现了"日食记"人格化的特点。

2．向用户传达一种生活状态

"日食记"注重氛围的营造，强调用人格化的元素向用户传达轻松、舒适的美好生活状态。在"日食记"短视频中，简约又文艺的厨房、精致且带有设计感的餐具、温馨的光线、一只可爱的猫咪、一个做饭的男主人公，这些元素为用户构建了一个美好的家居生活场景。

3. 注重挖掘美食背后的故事

"日食记"看重感性诉求，注重通过烹饪美食来展现生活百态。几乎每条短视频都是通过一人一猫的对话，打造出与美食相关的温暖治愈的故事短片。短视频注重情境的营造，不仅展现美食的制作过程，还展现美食的享用过程，在视频的结尾处还会融入创作者的某些情感体验或人生感悟，将用户从嘈杂、疲惫的生活中解放出来，让用户通过美食重新感受生活的美好。

4. 多样化和创新性的选题

在选题上，"日食记"首先体现出了多样化的特点，尽可能挖掘不同地域、不同风味、不同类别的美食和情感故事，并将其呈现在用户面前。从日常面点到西式糕点，从风味小吃到特色零食，从时令菜肴到年节必备菜品，极大地满足了不同用户对美食的需求。

其次，体现出了创新性。"日食记"会将看似普通的食材用十分新颖的做法加工成美食，让人们产生想要尝试的冲动。

最后，"日食记"的选题多与人们的生活和成长经历有关，用户在观看这些短视频时，能够通过这些极为普通的美食找回属于自己的情绪和回忆。

5. 诗意的画面

"日食记"短视频的画面非常精致，营造了一种温暖、治愈的艺术审美氛围。下面从场景选择、光线设计、镜头运用3个方面进行详细说明。

（1）场景选择

"日食记"短视频的拍摄场景既有室内场景，也有室外场景。室内场景即厨房，用于展示美食的烹饪过程，如图 10-21 所示。厨房的装修具有明显的风格，家具多是木质的，厨具也非常精致，桌布是棉麻材质的，为用户展现了小清新的生活场景。室外场景会涉及铁轨、火车、树木、庭院、草地等，如图 10-22 所示，用于烘托气氛，营造"诗和远方"的文艺气氛。

图 10-21　室内场景

图 10-22　室外草地场景

（2）光线设计

"日食记"在白天拍摄的短视频多使用自然光，带有明暗层次变化的自然光照射在食物、餐具和其他事物上，能够营造出一种安逸、温馨的氛围。在夜间或阴天拍摄短视频时则会使用人工光，创造出与"深夜食堂"相似的、带有复古色调的视频画面效果。

（3）镜头运用

从镜头上来说，"日食记"的短视频多采用大光圈拍摄，突出前景，虚化背景，如图 10-23 所示。这种做法能让短视频的画面更加干净、整洁，避免画面中的杂物分散用户的注意力。

图 10-23　突出前景，虚化背景

"日食记"的短视频多使用近景、中景和特写镜头，这些镜头会频繁切换。展现人物烹饪食物的画面多使用中景镜头，以全方位展现人物处理食材的动作，并为用户营造身临其境的氛围，如图 10-24 所示；展现食材状态和美食制作成果的画面多使用特写镜头，能够清晰地展现食材的处理细节和美食的色泽，如图 10-25 所示；涉及故事情节的画面则使用全景镜头，说明人物所处的环境和故事发生场景的特点，如图 10-26 所示。

图 10-24　中景镜头　　　　图 10-25　特写镜头　　　　图 10-26　全景镜头

6. 贴合视频主题的听觉语言

"日食记"短视频中的背景音乐多是舒缓、温情、清新的曲风，让用户在观看短视频的同时，听着清爽、轻柔的音乐，沉浸在悠然自得的美食烹饪之中，从而获得身心上的放松。

除背景音乐外，"日食记"短视频中还会出现脚步声、猫的叫声、洗菜时流水的声音、切菜的声音、搅拌鸡蛋的声音、碗碟碰撞的声音、锅中水沸腾的声音等，这些声音都是对现实生活的真实还原，为短视频增添了些许烟火气息。

7. 诗意、走心的文案

"日食记"短视频创作者会在短视频结尾处添加一段短小精悍且鞭辟入里的文案，作为对短视频故事情节的总结，用充满诗意的语句对美食进行升华。

例如，《老板天水人，请全公司 100 人吃麻辣烫》短视频结尾处的文案："有人说，所有的乡愁都是因为馋，但也不尽然。在我给大家做这些从小吃到大的食物时，年少的时光在脑海里也会像走马灯一样闪过。几年前我回过一次故乡，然而记忆里的画面早就已经无法跟眼前的景象映照在一起了。回得去的故乡，却怎么也回不去的乡愁。也许，只有食物还能让我们的味觉回到曾经的那个地方。"

"日食记"的短视频都配有少量的字幕，主要用来介绍食材，如图 10-27 所示，以及制作美食的步骤要点，这一类字幕会放在视频最后，以文字菜谱的形式出现，如图 10-28 所示。

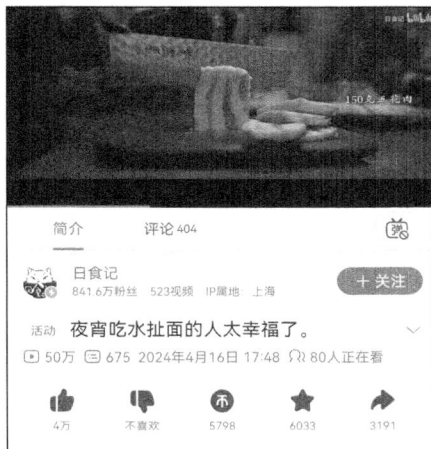

图 10-27　介绍食材的字幕　　　图 10-28　短视频结尾处的文字菜谱

8. 吸睛的标题

"日食记"的短视频的标题极具吸引力。有数字式的标题，如"剥 1000 只虾，简单吃碗面吧""吃炸串吗？食材 100 块，卤油秘方 10 000 块"；也有悬念式的标题，如"一半人爱到疯狂，一半人碰都不碰""如何把 5 块钱的食材做成吃不起的样子？"；还有借势热点的标题，如"老板天水人，请全公司 100 人吃麻辣烫"。总之，"日食记"的短视频的标题非常精彩，让人看到标题就想点开短视频一探究竟。

任务三　微信视频号"达人"账号运营分析

微信视频号是腾讯公司 2020 年 1 月 22 日推出的短视频平台，它不同于微信订阅号、微信服务号，是一个全新的内容记录与创作平台，也是一个了解他人、了解世界的窗口。微信视频号入口被放在微信的"发现"页内，在微信朋友圈入口的下方。

微信视频号内容以图片和视频为主，用户可以发布时长不超过 1 分钟的视频，或者不超过 9 张的图片，还能添加文字和微信公众号文章链接，而且不需要通过 PC 端，可以直接在手机上发布。微信视频号支持用户通过点赞、评论进行互动，也支持用户将短视频转发到微信朋友圈、聊天场景，与好友分享。

一、认识微信视频号平台

随着微信视频号生态的不断完善，越来越多的企业和个人加入微信视频号的创作中，在做微信视频号运营之前，应先了解微信视频号的推荐机制。微信视频号的推荐机制为社交推荐、个性化推荐和搜索推荐相结合的机制，但其核心是内容，创作者只有创作出吸引人的视频内容，才能获得好友、"粉丝"和平台的认可，进而获得更多的流量。

微信视频号主要具有以下特点。

1. 社交属性强

微信视频号依托于微信庞大的社交网络，使用户的视频作品能够迅速传播到更广泛的受众群体中。这意味着只要视频内容有足够的吸引力，便有可能在短时间内获得大量的关注和"粉丝"。另外，微信视频号支持用户与创作者互动，如点赞、评论、转发等，良好的互动可以增强用户黏性，使社交网络更加紧密。

2. 内容信任度高

微信作为一款熟人社交产品，微信视频号基于微信进行内容输出和传播，能够快速构建一种信任关系。因此，用户对微信视频号的内容会有高度信任感，微信视频号小店的转化率也相对较高。

3. 微信全场景覆盖

微信视频号是微信的一个子产品，而非一个独立的 App，因此微信视频号可以无缝地嵌入微信的大部分场景，这让它具有极其稳固的基本盘。这个基本盘甚至并不建立在微信视频号这个独立产品的用户心智上，很多微信用户甚至不知道自己在看微信视频号的短视频，他们只是在对话页面、群聊页面、微信朋友圈页面、微信公众号页面很自然地观看视频，然后不由自主地浏览，整个过程自然、流畅，完全是下意识的行为。

微信视频号中的短视频在微信上无处不在，这种全场景的覆盖让微信视频号在消费时间上更加碎片化，但对用户内容消费层面的影响会更全面、更深刻。

4. 微信视频号生态良性发展

随着互联网生态治理的不断推进，微信视频号生态的内容质量在持续提升，从微信视频号优质的原创内容，到演唱会、春节联欢晚会，高质量内容在微信视频号轮番播出，符合微信视频号生态的典型内容也深受创作者与用户喜欢，头部创作者的发布意愿和用户互动规模均有显著提升。

微信视频号创作者以生活类、教育类、企业类居多，其中生活类创作者占比最高，而汽车类、运动类、时尚艺术类创作者也在逐渐增多。从微信视频号头部创作者竞争格局来看，整体形态尚未稳定，头部账号变动较大，一半以上的类目冠军会发生更换。

二、"顺子说茶"账号运营分析

来自潮州的陈镜顺在 2022 年 4 月入局微信视频号，目前已成为微信视频号茶行业细分领域的佼佼者，甚至在 2023 年微信公开课年度大会上被官方推荐。通过分析其微信视频号账号，可以发现其账号运营具有以下特点。

1. 内容与文化的完美结合

"顺子说茶"不仅分享茶的基础知识，还深入探索茶行业的各个方面，与茶界大咖和非物质文化遗产传承人对话，带领用户领略茶文化的魅力。此外，通过实地探访茶叶产地和生产过程，"顺子说茶"为用户展现了茶叶背后的真实故事，进一步增强了用户的信任感。

图 10-29 所示为陈镜顺带领用户参观普洱市的景迈山古茶园，领略古树春芽的魅力。图 10-30 所示为陈镜顺对话非物质文化遗产传承人黄志明，带领用户了解黄志明做瓷器的思路与初心。不管是古茶园还是瓷器的生产制作，都与茶文化有关，间接强化了用户对"顺子说茶"所介绍的产品的信任度和好感度。

图 10-29 参观古茶园

图 10-30 对话非物质文化遗产传承人

2. 成功打造 IP 定位

在"顺子说茶"的账号定位中，IP 定位十分成功。首先，名字的选择非常关键，"顺子"这个名字既亲切又接地气，同时与真实的姓名陈镜顺相得益彰。其次，形象定位十分精准，作为一个爱品茶的中年男性，陈镜顺的形象完美地契合了茶叶品类的目标用户画像，给人一种沉稳、专业的感觉。最后，陈镜顺的身份背景也为 IP 定位增色不少，作为国家一级评茶师，他拥有权威的专业背景。

3. 为用户提供实用价值

"顺子说茶"的目标用户群体为爱茶人士，而爱茶人士在饮茶时普遍关注茶具和茶叶的选择，以及泡茶的正确方法。因此，"顺子说茶"短视频会介绍如何挑选茶叶、茶具，如何正确泡茶，帮助人们更好地享受茶饮。图 10-31 所示为教授如何品味熟茶的短视频，图 10-32 所示为教授如何泡岩茶的短视频。

图 10-31　教授如何品味熟茶

图 10-32　教授如何泡岩茶

4. 引发用户情感共鸣

"顺子说茶"的短视频还涉及人生感悟，用经典古籍中的语句阐释人生哲理，如爱情、梦想、感恩、家庭等，这些阐述会使目标用户群体产生情感共鸣，无形中增强账号的用户黏性，如图 10-33 所示。

图 10-33　引发用户情感共鸣

三、"奇点生活号"账号运营分析

"奇点生活号"的运营者和出镜者叫奇点，是一位"90 后"，她在 2020 年 6 月开始运营自己的微信视频号，短短半年时间，其微信视频号"粉丝"数量达到上百万，一度占据微信视频号情感类榜单榜首，长期在微信视频号总榜单名列前茅。作为一个普通女生，她是如何从零开始，做到今天的成绩的呢？经过分析，我们就会发现该账号运营具有以下特点。

1. 抢占情感赛道，引发用户情感共鸣

在微信视频号中，情感类账号很容易成功。微信拥有近乎全量的网民基数，受众人群涉及各个年龄段，而情感类话题受众面广，也更容易引起共鸣，这反映了用户对情感类账号和话题的需求旺盛。

与其他领域的话题相比，情感类话题对专业能力的要求并不高，门槛较低。奇点是一个普通女生，有着丰富的心路历程，选择情感类赛道非常合适。

"奇点生活号"的短视频文案以情感鸡汤、正能量语录和成长感悟为主，她总能在视频中用金句引人深思，用朴素的话语揭示人世间的冷暖，使人感同身受，且总在视频结尾表达积极、乐观的情绪，给人以鼓励和信心，如图 10-34 所示。

图 10-34 "奇点生活号"的情感类短视频

2. 塑造形象上的亲切感，拉近距离

"奇点生活号"从一开始就给人一种朴素、接地气的感觉。首先，奇点的文案和话术基本以"朋友"开头，她并没有居高临下地进行教育和教导，而是循循善诱式地诉说，再加上其轻柔的语气和平稳的情绪，很容易将用户带入情感中，使用户产生情感共鸣。

其次，奇点一般是边走边说边拍摄，语调缓慢，拍摄视角为自拍，减弱了正式感和距离感，仿佛短视频内容没有经过精心策划，是随时有感而发，给人一种真诚、不做作的感觉，朴素而不夸张。

最后，视频中的奇点总是穿着朴素，一般穿着浅色系服装，盘着头发，戴着眼镜，再加上她的圆脸和白净的皮肤，给人一种朴素的邻家小妹的感觉，这样的形象与其文案相搭配，使其视频内容更有说服力和感染力，可以迅速拉近和用户之间的距离。

3. 与用户互动，接受用户的意见

即使在寒冷的冬季，长春的温度低到零下二十几摄氏度，手机都经常被冻到关机，奇点也坚持在户外拍摄，这是奇点与用户沟通互动的结果。奇点曾在车内拍过一两次短视频，很多用户评论车内空间狭小，觉得有些束缚，更喜欢她在户外拍摄。

因为用户喜欢，奇点就坚持去做，这样就成了习惯。有时候，奇点也会拍摄热门推荐话题，但由于内容同质化比较严重，用户表示失望，于是奇点在之后谈论热点话题时也会加入自己的观点和独特的表达方式，形成差异化。

四、"形象搭配师乔教主"账号运营分析

"乔教主"是专注于服装穿搭的微信视频号"达人"，其运营的账号"形象搭配师乔教主"用轻松、潇洒的生活方式和自信、美丽的个人形象引起了用户对其生活方式的向往，进而对其产品和服务产生信任。通过观看该账号的短视频，可以发现其账号运营具有以下特点。

1. 视频内容情感性强

"乔教主"用情感类短视频来传达微信视频号上的主流用户群体认可的价值观，做用户的"嘴替"，这样的视频时长较短，用户更容易产生共鸣，点赞和评论意愿强，视频也就更容易被推荐与分发。即使"乔教主"后期增加了剧情类内容，但剧情也大多围绕励志、自强等情感类内容展开，更容易引起用户的互动，如图 10-35 所示。

图 10-35　视频情感性强

2. 推广美好的生活方式

从账号名称和账号简介（见图 10-36）中，我们可以为"乔教主"本人的 IP 提炼出以下关键词：形象搭配师、优雅、惊艳、气质。

根据个人 IP 定位，"乔教主"发布的短视频的重点不是特定的衣服或者搭配本身，而是其本人松弛、潇洒的生活方式，以及自信、美丽的形象，这种内容能够引起用户对 IP 本人生活方式的向往。

当用户在视频中直观地看到"乔教主"穿着不同衣服展示出来的精神状态（见图 10-37）后，自然会被她自带的魅力吸引，心里会想"她这么优秀的一个人，推荐的衣服一定不会差"，对其的信任感也会增强。

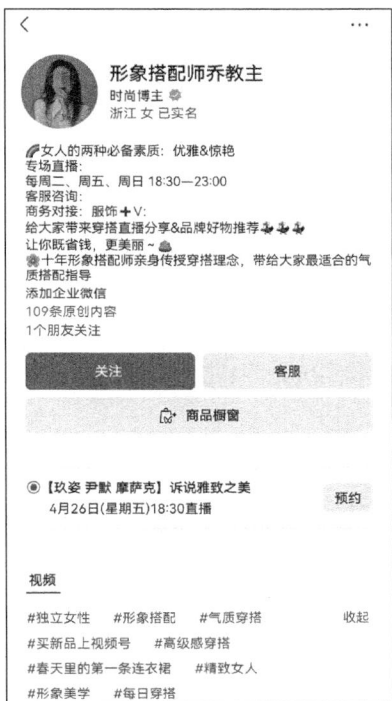

图 10-36　账号名称和简介

图 10-37　视频中的"乔教主"

任务四　小红书"达人"账号运营分析

小红书是一个以图文笔记为主的"种草"平台，但随着短视频的发展，小红书也开始入局短视频领域，在平台首页"发现"页面中创建"视频"入口，"推荐"页面也出现大量短视频形式的笔记。

一、认识小红书平台

小红书创立于 2013 年，是一个展示生活方式的平台和消费决策入口。小红书通过机器学习对海量信息和用户进行精准、高效匹配，用户在平台上可以通过短视频、图文等形式记录生活点滴，分享生活方式，并基于兴趣形成互动。截至 2023 年年底，小红书的月活跃用户量突破 3 亿，日活跃用户量突破 1 亿。

小红书平台具有以下特点。

1. 用户群体年轻化，消费力强

小红书平台用户以"90 后""00 后"等年轻人为主，其中以女性用户居多，他们思想观念超前，易于接受新事物。这些年轻用户通常是在校大学生或职场新人，她们关注时尚、美妆、护肤等话题，喜欢通过小红书了解新的潮流和趋势。同时，年轻用户也是购买力较强的消费群体，他们在小红书上寻找适合自己的产品，并分享自己的购物经验和心得。

2. 用户多元化和需求个性化

小红书的用户群体是多元化的，不同地域、不同职业、不同兴趣爱好的用户都能在这个平台上找到归属感。这种多元化也带来了个性化的需求，每个用户在小红书上都有自己独特的消费偏好和关注点。无论是美妆、时尚、旅游还是家居领域，都有用户在追求自己喜欢的东西，这也为商家提供了更加精准的营销机会。

3. 社交属性强，社交电商优势明显

小红书平台的社交属性很强，用户可以通过评论、点赞等方式与他人进行交流，各用户之间的黏性很强，关联度很高。好友推荐或平台"种草"，会增强用户对商品的信任度，很容易做出购买行为。小红书商城正是通过社交方式引导用户到商城，实现社交电商的。

4. 强大的个性化推荐系统

小红书通过智能算法和机器学习技术构建了一个强大的个性化推荐系统。该系统能够分析和理解用户的兴趣与偏好，为用户提供定制化的内容，提升用户体验和用户参与度，增加用户的依赖和信任，从而延长用户在平台上的停留时间，提高用户活跃度。

二、"硕硕的装修日记"账号运营分析

"硕硕的装修日记"是小红书平台上的家居类账号，发布的内容以短视频为主，主要介绍装修和家居等方面的知识，帮助用户解决家居生活中的常见痛点。通过浏览该账号在小红书平台上发布的短视频，可以发现其账号运营具有以下特点。

1. 内容实用性强，价值度高

"硕硕的装修日记"发布的内容与家居生活密切相关，其目标用户群体为热爱家居生活、想要装修、购买家居产品的人。由于装修涉及的事务比较多，一旦有所疏忽，往往会造成难以挽回的损失，很多人在面对装修时会感到十分头疼，而该账号的短视频介绍了很多规避装修误区的知识和技巧，可以解决用户在装修中面临的难题，实用性很强，因此受到用户的欢迎和认可，点赞量非常高。

例如，该账号的置顶笔记为"学会这几点，选瓷砖不被坑！"，分别从密度、平整度、抗污性、防滑性、反光性、产地等几个角度来介绍选择瓷砖的技巧，同时将错误示范与正确方法进行对比，帮助大家规避常见的选择误区，如图 10-38 所示。

图 10-38　教授如何挑选瓷砖的短视频

2. "字幕+哑剧式表演"，创新内容表现形式

"硕硕的装修日记"没有采用剧情表演或者出镜解说等方式，而是创新性地采用"字幕+哑剧式表演"来介绍各种知识，字幕是介绍装修和家居等知识的文案，哑剧式表演则是用表情、动作等元素来强化表达，配合各种有趣的音效、字幕和特效，令人印象深刻，如图 10-39 所示。

图 10-39　创新内容表现形式

3. 品牌推荐客观，高效说服用户

"硕硕的装修日记"在推荐产品时往往采用开门见山的方式，以一问一答的形式简单说出品牌名称，干脆利落，力求客观、公正，不偏袒任何一个品牌。这样的推荐更有权威性，

深得用户的信任。

而在重点推荐某款合作品牌的产品时，"硕硕的装修日记"往往会展现用户在生活中经常遇到的痛点问题，然后介绍可以解决痛点问题的产品，这样就很容易说服用户购买这种产品，因此其短视频的转化率很高，而且很多用户会在评论区询问与产品相关的问题。

4．短视频封面统一，真人出镜

优质的短视频封面会给用户留下深刻的第一印象，促使用户点击短视频进行观看，还可以提升短视频的推荐量。

"硕硕的装修日记"的所有短视频封面都使用真人出镜的图片，并搭配关键词信息，让内容具备统一性和完整性，如图 10-40 所示。

图 10-40　统一的真人出镜短视频封面

三、"吕小厨爱美食"账号运营分析

"吕小厨爱美食"是小红书平台上的一个美食类账号，专注于家常菜教程。截至 2024年 4 月，该账号粉丝数量已经突破 60 万人。"吕小厨爱美食"的账号简介也提到，"*每天更新家常美食*"，其账号名称和账号简介明确了账号定位。通过浏览并分析其发布的短视频，可以发现其短视频运营具有以下特点。

1．生活化气息浓厚，拉近与用户的距离

该账号的短视频主要展现博主在厨房制作家常美食的过程，博主本人出镜，与其妻子的画外音配合，妙趣横生的对话充分展现了两人的幽默感，生动地体现了家庭生活的和谐与美好。该账号的每一期短视频都会展现这样的美好场景，生活气息浓厚，十分接地气，可以快速拉近与用户之间的心理距离。

2. 短视频的标题结构相对统一，强化定位

该账号的大部分短视频的标题通常采用"……（某家常美食）在家怎么做才能……（家常菜的完美口感）"句式，结构相对统一，强化了家常美食制作这一定位，而且突出视频内容的价值，如图 10-41 所示。

图 10-41　短视频的标题结构相对统一

3. 成品展示，激发用户的观看兴趣

"吕小厨爱美食"会在短视频的开头先展示制作好的成品，搭配博主与妻子对成品的赞美，用精致的成品引起用户的观看兴趣，激发其食欲，促使其跟着视频学习制作美食，从而提高短视频的完播率和互动率。

素养课堂

> 热爱生活是一种态度、一种境界，更是一种能力。热爱生活的人会在意自己的身体和精神健康，注重自我修养和成长。他们会有自己的生活规划和节奏，常常保持积极向上的情绪和心态。热爱生活的人，也会被生活所爱。

四、"阿鱼爱学习."账号运营分析

"阿鱼爱学习."是一个学习类账号，主要向用户分享各种与学习有关的内容，为用户推荐好书、好的学习软件和文案。通过浏览"阿鱼爱学习."账号发布的短视频，可以发现其账号运营具有以下特点。

1. 推出合集，做系列化内容

"阿鱼爱学习."发布的短视频内容分为多个系列，包括"App 好物分享""推荐的好书""收集的文案""文学圈的那些事"等，为用户分享辅助学习的各种 App、值得推荐的好书、

令人耳目一新的文案、文学领域的趣闻等，可以满足用户在学习上的多元化需求，如图 10-42 所示。

图 10-42　做系列化内容

2．画面元素多样化，令用户眼前一亮

"阿鱼爱学习."发布的短视频并非单纯由博主个人出镜进行简单讲解，而搭配有众多特效元素及转场效果。例如，在解读书籍时，会用精美的特效画面再现文字描写的场景，让透明度较高的画面浮现在自己身后，给用户一种沉浸感，如图 10-43 所示。

图 10-43　画面元素多样化

3．语言生动幽默，娱乐性较强

在大多数短视频中，博主都是以轻松、幽默的语调来讲解，充分展现了她的幽默和乐观，用户在观看短视频的过程中也能获得快乐，放松身心，同时接受博主推荐的产品。

4. 定位清晰，账号设置符合定位

"阿鱼爱学习."发布的大部分短视频都是紧紧围绕学习场景来展开的，包括学习软件、好书、文案和文学典故等，都能帮助用户获得知识，促进学习能力的提升。除账号名称以外，其账号简介也符合账号定位——"过期编导|写手|夜读者，分享好书、好句、软件和使用教程……"，如图 10-44 所示。

图 10-44　"阿鱼爱学习."的账号简介

项目实训：短视频"达人"账号运营分析

1. 实训目标

学习"达人"成功运营的技巧，掌握在不同平台运营短视频账号的策略。

2. 实训内容

请拆解各短视频平台的热门短视频，并分析其账号运营的具体策略。

3. 实训步骤

（1）列出主流短视频平台的热门短视频

分别在抖音、哔哩哔哩、微信视频号和小红书中查看其热门短视频，挑选有代表性的短视频，将其标题记录下来。

（2）对短视频内容进行分类

大致浏览这些短视频，并按照所学知识将其按照内容类型、内容表现形式进行分类，分析其账号定位。

（3）拆解内容策划方法

分析短视频的选题策划方法，以及短视频内容优化的方法。

（4）拆解短视频拍摄方法

分析拍摄短视频时用到的拍摄角度、光线、画面构图和运镜，并尝试撰写短视频脚本。

（5）拆解短视频后期剪辑方法

分析短视频中的转场方式、色调、背景音乐、字幕和特效。

（6）分析短视频账号的推广策略

分析短视频账号的各种宣传和推广策略，包括评论互动、转发分享、构建账号矩阵、付费推广等。

（7）分析相同内容在不同平台的传播效果

若采用多平台账号矩阵，"达人"通常会在多个短视频平台上传相同的短视频内容，请分析该相同内容在不同平台的传播效果，并总结提炼传播效果不同的原因。

4. 实训总结

自我总结	
教师总结	